AS ALMAS DO POVO NEGRO

AS ALMAS DO POVO NEGRO
W.E.B. DU BOIS

TRADUÇÃO
ALEXANDRE BOIDE

ILUSTRAÇÕES
LUCIANO FEIJÃO

Título original: *The Souls of Black Folk*

Notas e comentários:
Rogério de Campos

Revisão:
Guilherme Mazzafera e Andréa Bruno

Diagramação:
Lilian Mitsunaga

Capa:
Gustavo Piqueira (Casa Rex),
sobre ilustração de Luciano Feijão

Agradecimentos:
Silvio Almeida, Paul Buhle, Asad Haider,
Silvana Jeha, Alexandre Linares, Marcelo D'Salete,
Lia Vainer Schucman e Maurício Tagliari.

Alguns trechos de partituras que aparecem neste livro têm pequenas inconsistências, mas tão pequenas que decidimos mantê-los da maneira como eles têm sido reproduzidos há mais de cem anos nas diversas edições deste livro.

Dados Internacionais de Catalogação na Publicação (CIP)
(Câmara Brasileira do Livro, SP, Brasil)

D816 Du Bois, W. E. B. (1868-1963)
As almas do povo negro / W. E. B. Du Bois. Tradução de Alexandre Boide. Ilustração de Luciano Feijão. Prefácio de Silvio Luiz de Almeida. – São Paulo: Veneta, 2021.

296 p.; Il.
Título original: The Souls of Black Folk.
ISBN 978-65-86691-1-39

1. Política Identitária. 2. Política anti-racista. 3. Identidade. 4. Racismo. 5. Lutas de Classes. 6. Luta Identitária. 7. Movimentos Sociais. 8. Estados Unidos da América. 9. Segregação Racial. 10. Dupla Consciência. I. Título. II. Boide, Alexandre, Tradutor. III. Feijão, Luciano, Ilustrador. IV. Almeida, Silvio Luiz de. VI. Du Bois, William Edward Burghardt (1868-1963).

CDU 316   CDD 305

Rua Araújo, 124, 1º andar, São Paulo
www.veneta.com.br
contato@veneta.com.br

Para
Burghardt e Yolande
O que foi perdido e a que se encontrou[1]

[1] Os dois filhos do casal W.E.B. Du Bois e Nina (Gomer) Du Bois: Burghardt Gomer Du Bois (1897-1899) e Nina Yolande (Du Bois) Williams (1900-1961).

DOS CONTEÚDOS AQUI ESCRITOS

Prefácio à edição brasileira — *Silvio Almeida*	11
Reflexão preliminar	15
1. Sobre nossos conflitos espirituais	19
2. Sobre o raiar da liberdade	33
3. Sobre o sr. Booker T. Washington e outros	61
4. Sobre o significado de progresso	87
5. Sobre as asas de Atalanta	101
6. Sobre a formação dos homens negros	115
7. Sobre o Cinturão Preto	135
8. Sobre a busca do Velo de Ouro	161
9. Sobre os filhos do senhor de escravos e sobre o homem	185
10. Sobre a fé dos ancestrais	207
11. Sobre o falecimento do primogênito	225
12. Sobre Alexander Crummell	233
13. Sobre a vinda do precursor	249
14. Sobre as canções de lamento	269
Reflexão posterior	289
Prefácio à edição do aniversário de cinquenta anos de As Almas do Povo Negro (1953)	291

PREFÁCIO À EDIÇÃO BRASILEIRA

*Silvio de Almeida**

A importância da obra de W.E.B. Du Bois transcende as fronteiras de seu país de origem, os Estados Unidos da América. Seus livros, seus artigos e suas intervenções políticas constituem um dos mais importantes legados intelectuais do século XX.

Du Bois, nascido em 1868, padece da sina de todo intelectual negro: ser reduzido a um intelectual "negro". Du Bois era um homem negro que, certamente, falava a partir de sua condição existencial. Mais do que isso: ele foi um militante na luta pelos direitos civis, além de fundador de uma das mais importantes organizações negras da história americana, a National Association for the Advancement of Colored People (NAACP). Seu compromisso com o antirracismo era inegável e a reflexão sobre a condição do negro constitui o núcleo de suas reflexões.

Entretanto, o perigo de denominar Du Bois como um intelectual negro é não captar a amplitude de sua obra que, justamente ao refletir sobre a situação racial nos Estados Unidos pós-abolição, se lança à investigação dos processos mais profundos de constituição da sociedade e da subjetividade humana.

---

* Silvio Luiz de Almeida, doutor em Direito pela Universidade de São Paulo, presidente do Instituto Luiz Gama e professor da Fundação Getulio Vargas e da Universidade Presbiteriana Mackenzie.

O livro que o leitor agora tem em mãos, *As Almas do Povo Negro*, é a demonstração de que Du Bois parte da experiência negra para compreender o mundo em suas tramas mais complexas. O livro é formado por um conjunto de ensaios que retratam e analisam a trajetória, a cultura e a luta dos negros e negras nos Estados Unidos após a abolição e a Guerra Civil (1861-1865). O que Du Bois faz é mostrar como a sociedade estadunidense se reorganizou depois da Guerra Civil para reconstituir, sob novas bases, a subalternidade do povo negro. A violência da escravidão foi substituída pela violência do racismo em uma sociedade industrializada. Com isso, o autor nos ensina que "liberdade" e "cidadania" nunca foram independentes da condição negra; ou seja, o racismo sempre funcionou como um fator limitante de quaisquer perspectivas emancipatórias. Como afirma o próprio autor, trata-se de um livro que pode revelar "o estranho significado de ser preto" no que, quando da publicação do livro, era a "alvorada do século XX".

Du Bois nos traz nesta obra dois conceitos fundamentais para a compreensão do racismo e da história dos Estados Unidos: *véu* e *dupla consciência*.

O *véu* é algo que impede que sejamos vistos como realmente somos, mas também nos impede de ver o mundo como ele realmente é. Nesse sentido, a metáfora de Du Bois diz respeito ao modo como as relações raciais nos Estados Unidos foram constituindo-se.

Nas palavras de Du Bois: "Foi quando me veio a percepção quase imediata de que eu era diferente dos demais; ou semelhante, talvez, em termos de coração e de força vital e de aspirações, mas apartado do mundo deles por um enorme véu". Negros e brancos vivem simultaneamente no mesmo mundo e em mundos distintos. Negros e brancos são criações desse processo permanente de divisão da vida por um "véu" em que cada lado implica uma distinta forma de existir. A raça é, portanto, uma condição existencial que, para além das características físicas, se define pelo processo de formação de nossas "almas". O racismo é, com efeito, um processo de formação de almas cindidas e despedaçadas, tanto de negros como de brancos. Com o tratamento da raça como condição existencial, Du Bois inaugurou o que mais tarde seria conhecido como o campo dos estudos sobre a branquitude.

O segundo conceito trazido por Du Bois é o de *dupla consciência*. Segundo Du Bois, ser negro

> é uma sensação peculiar, essa consciência dual, essa experiência de sempre enxergar a si mesmo pelos olhos dos outros, de medir a própria alma pela

régua de um mundo que se diverte ao encará-lo com desprezo e pena. O indivíduo sente sua dualidade — é um norte-americano e um negro; duas almas, dois pensamentos, duas lutas inconciliáveis; dois ideais em disputa em um corpo escuro, que dispõe apenas de sua força obstinada para não se partir ao meio.

Ser negro, como eu disse antes, é ser permanentemente cindido. E Du Bois publicou este livro quando os negros dos Estados Unidos estavam sob o domínio das Jim Crow, como ficaram conhecidas as leis segregacionistas que separavam negros e brancos, especialmente no sul dos Estados Unidos, e que permaneceriam em vigor até 1965. Vale ressaltar que a Suprema Corte Americana, apenas sete anos antes da primeira edição de *As Almas do Povo Negro* (1903), havia julgado o caso *Plessy vs Ferguson*, em que as leis de segregação racial foram consideradas constitucionais.

Assim se coloca um grande dilema: ser um cidadão dos Estados Unidos e ser negro é algo inconciliável — especialmente, mas não só, no contexto da segregação racial — e é disso que nasce o que Du Bois chama de *dupla consciência*. Mas aí repousa a genialidade de Du Bois: essa impossibilidade de conciliação entre ser cidadão e ser negro, esse conflito, é algo constitutivo da "história do negro norte-americano".

Desse modo, a história do negro nos Estados Unidos é a história, nas palavras de Du Bois, "desse desejo de tomar consciência de si mesmo como homem, de fundir esse duplo eu em um único indivíduo, melhor e mais verdadeiro". A fusão depende, portanto, da superação dessa dupla consciência, que não é somente um processo mental, mas é, sobretudo, um processo político em que a reconciliação consigo mesmo depende da retirada do véu que impede o negro de ver a si mesmo. Ultrapassar os limites entre os mundos impostos pelo racismo depende do ativismo político e da atividade intelectual. Essa "tomada de consciência de si" é o que se chamaria depois de "Consciência Negra".

Assim, *As Almas do Povo Negro* é um livro especial porque trata das *dimensões subjetivas e objetivas do racismo* sem separar ou priorizar qualquer uma das duas dimensões. A busca pela compreensão existencial da situação do negro nas dimensões subjetivas e objetivas fez Du Bois avançar sua reflexão para a filosofia, a história, a sociologia e a psicologia, o que o coloca como um dos mais profundos investigadores da constituição material e espiritual da sociedade contemporânea.

A raça é o resultado das múltiplas formas de dominação, de exercício da violência e da exploração econômica em nível global, que se manifesta de modo diferente em diferentes contextos. Negros e negras do mundo, por mais diferentes que sejam, dividem o mesmo lado do véu. Essa conclusão é que leva Du Bois ao ativismo em prol dos direitos civis, mas também à defesa do socialismo e à construção do pan-africanismo.

A publicação de *As Almas do Povo Negro* no Brasil nos permite agora pensar questões centrais levantadas por um dos maiores intelectuais do nosso tempo a partir de nossa experiência. A violência que nos caracteriza como país é também uma violência racial. A desigualdade que nos marca enquanto país é uma desigualdade estruturada pelo racismo. O véu que nos divide enquanto sociedade é o da democracia racial. Nossa dupla consciência está em ser negro e ser brasileiro. Todas essas são questões importantes para pensar a luta política, sobretudo a antirracista, dentro das condições específicas de nossa experiência histórica.

REFLEXÃO PRELIMINAR

Encontram-se soterradas aqui muitas coisas que, se lidas com paciência, podem revelar o estranho significado de ser negro, na alvorada do século XX. Esse significado é de seu interesse, generoso leitor, pois o problema do século XX é o problema da linha de cor[2]. Sendo assim, peço que por favor receba meu livrinho com uma disposição caridosa, estudando minhas palavras comigo, perdoando meus erros e minhas falhas em benefício da fé e do fervor que habitam em mim e procurando pela semente de verdade escondida aqui.

Procurei esboçar, em contornos vagos e incertos, o mundo espiritual em que 10 milhões de norte-americanos vivem e lutam. De início, tentei mostrar em dois capítulos o que a Emancipação[3] significou para eles e qual foi sua consequência. No terceiro capítulo, destaquei a lenta ascensão das lideranças pessoais e critiquei de maneira franca o líder que carrega a maior parte do fardo de sua raça hoje[4]. Então, em dois outros capítulos, fiz uma rápida descrição dos dois mundos, dentro e fora do Véu, e assim cheguei à

---

[2] O termo "color line" como forma de descrever a discriminação racial nos Estados Unidos surgiu em meados do século XIX. É o título, por exemplo, de um artigo de Frederick Douglass publicado em 1881. O próprio Du Bois usou o termo em textos e falas já no final do século XIX, mas foi somente a partir dessa citação em *As Almas do Povo Negro* que o termo se consolidou. Ele também tem sido traduzido como "barreira de cor".

[3] A emancipação dos escravizados foi proclamada pelo presidente Abraham Lincoln no dia 22 de setembro de 1862, durante a Guerra Civil.

[4] De Bois se refere a Booker T. Washington.

questão central da formação dos homens para a vida. Aventurando-me a um maior detalhamento, tratei em dois capítulos das lutas dos milhões de camponeses negros, e em outro busquei deixar claras as atuais relações entre os filhos dos senhores de escravos e dos libertos.

Deixando então o mundo dos brancos, eu me coloquei sob o Véu, suspendendo-o para que você possa ter um distante vislumbre de seus recônditos — o significado de sua religião, a paixão de seu sofrimento humano e a luta de suas almas grandiosas. Concluí tudo isso com uma história contada mais de uma vez, porém raramente escrita.

Alguns desses meus pensamentos já vieram à luz de outra forma. Por gentilmente permitirem sua republicação aqui, de forma revista e ampliada, agradeço aos editores de *Atlantic Monthly, The World's Work, The Dial, The New World* e *Annals of The American Academy of Political and Social Science*. Antes de cada capítulo, da forma como estão impressos aqui, há compassos das Canções de Lamento[5] — alguns ecos de melodias jamais esquecidas da única música norte-americana a transbordar das almas negras em um passado sombrio. E, por fim, será que existe a necessidade de acrescentar que este que lhe fala é carne da mesma carne e ossos dos mesmos ossos daqueles que vivem sob o Véu?

W.E.B. Du B.
Atlanta, Geórgia, 1º de fevereiro de 1903

---

[5] Du Bois chama assim os spirituals, um gênero de canções criado nos Estados Unidos pelos afro-americanos durante o período da escravidão. Impedidos de usarem os instrumentos de percussão de origem africana (que, como a dança, foram proibidos pelos escravagistas brancos dos Estados Unidos), os negros desenvolveram esse tipo de música, que incorpora elementos da cultura branca (musicais, temáticos etc.) e até, segundo alguns pesquisadores, elementos da cultura islâmica. Os spirituals estão na base da música popular negra norte-americana. Para Du Bois, trata-se de "uma herança espiritual única da nação e o grande presente do povo negro".

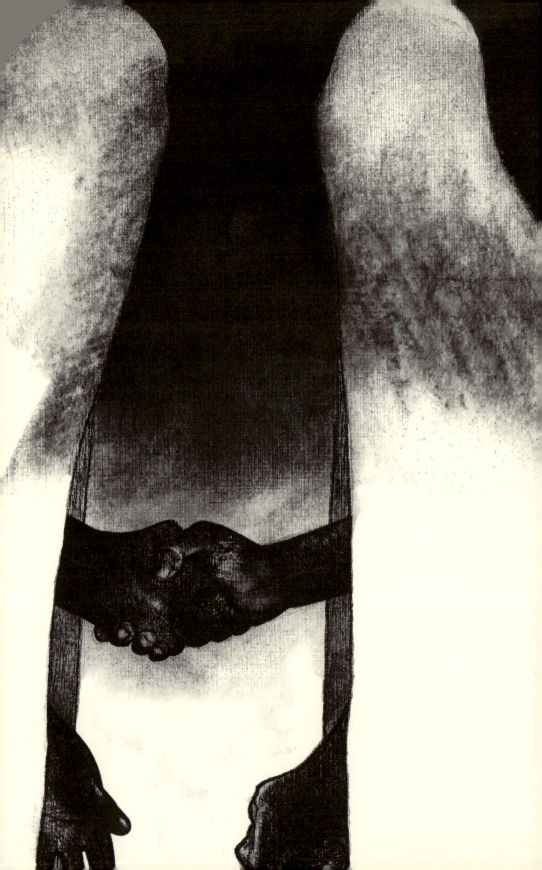

1
SOBRE NOSSOS CONFLITOS ESPIRITUAIS

Ó água, que chora na areia, voz de meu coração,
Por toda a noite a lamentar em meio ao breu,
Enquanto deitado escuto, tentando entender em vão
A voz de meu coração ao meu lado ou a voz do mar,
Ó água, clamando por descanso, por acaso você seria eu?
A água durante toda a noite para mim a chorar.

Água inquieta, descanso nenhum haverá de vir
Até a última lua minguar e a última maré descer
E o fogo final a partir do oeste começar a tudo consumir;
E o coração cansado e maravilhado fará como o mar,
Por toda a vida a lamentar sem arrefecer,
Como a água durante toda a noite para mim a chorar.[6]

— Arthur Symons[7]

6 O water, voice of my heart, crying in the sand,/ All night long crying with a mournful cry,/ As I lie and listen, and cannot understand/ The voice of my heart in my side or the voice of the sea,/ O water, crying for rest, is it I, is it I?/ All night long the water is crying to me.// Unresting water, there shall never be rest/ Till the last moon droop and the last tide fail,/ And the fire of the end begin to burn in the west;/ And the heart shall be weary and wonder and cry like the sea,/ All life long crying without avail,/ As the water all night long is crying to me.

7 Arthur Symons (1865-1945), poeta e crítico britânico.

8 Abertura de "Nobody Knows the Troubles I've Seen", um antigo spiritual dos tempos do escravismo que foi gravado por várias dezenas de artistas, como Louis Armstrong, Paul Robeson, Archie Shepp, Dizzy Gillespie, Richie Havens e Sam Cooke. A letra teve várias versões, mas esta parece ser a primeira registrada: *Oh, nobody knows de trouble I've seen,/ Nobody knows but Jesus,/ Nobody knows de trouble I've seen./ Glory Hallelujah!/ Sometimes I'm up, sometimes I'm down;/ Oh, yes, Lord;/ Sometimes I'm almost to de groun',/ Oh, yes, Lord./ Although you see me goin' long so/ Oh, yes, Lord;/ I have my trials here below,/ Oh, yes, Lord.// One day when I was walkin' along,/ Oh yes, Lord/ De element opened, an' de Love came down,/ Oh yes, Lord/ I never shall forget dat day,/ Oh yes, Lord/ When Jesus washed my sins away,/ Oh yes, Lord/ Oh, nobody knows de trouble I've seen.* ("Ah, ninguém sabe o sofrimento que vivi,/ Ninguém além de Jesus,/ Ninguém sabe o sofrimento que vivi./ Glória Aleluia!/ Às vezes tô de pé, às vezes oprimido/ Às vezes tô quase caído/ Ah, sim, Deus./ Apesar de seguir firme na minha direção/ Tenho minhas provações aqui neste chão,/ Ah, sim, Deus.// Um dia eu tava na minha caminhada,/ Ah, sim, Deus/ O céu se abriu, e o Amor desceu à Terra/ Ah, sim, Deus/ Um dia para ser sempre recordado,/ Ah, sim, Deus/ Quando Jesus limpou todos os meus pecados,/ Ah, sim, Deus/ Ninguém sabe o sofrimento que vivi.")

Entre mim e o mundo existe um questionamento nunca feito: por alguns, em razão de sentimentos de delicadeza; por outros, pela dificuldade de encontrar palavras para fazê-lo. Mesmo assim, todos dançam ao redor dele. Me abordam de uma forma meio hesitante, me olham com curiosidade ou compaixão, e então, em vez de perguntar de forma direta "Como é a sensação de ser um problema?", dizem coisas como "Eu conheço um excelente homem de cor em minha cidade"; ou "Eu lutei em Mechanicsville"[9]; ou "Esses absurdos sulistas não fazem seu sangue ferver?". Para esses eu sorrio, ou demonstro interesse, ou abrando o fervor, de acordo com o que a ocasião exigir. Ao verdadeiro questionamento — "Como é a sensação de ser um problema?" —, quase nunca respondo.

E, no entanto, ser um problema é uma experiência estranha — peculiar mesmo para mim, que nunca fui outra coisa, a não ser talvez na época de bebê ou na Europa. É logo nos primeiros dias da alegre infância que a revelação se abate sobre a pessoa, tudo em um único dia, com toda a força. Eu me lembro bem de quando a sombra se projetou sobre mim. Eu era pequenino, vivendo nas colinas da Nova Inglaterra[10], onde as águas escuras do Housatonic fazem seu percurso sinuoso entre as montanhas da serra de Hoosac e Taghkanic para chegar ao mar. Em uma pequena escola de madeira, algum motivo levou os meninos e as meninas a comprar belíssimos cartões de visita — a dez centavos de dólar o pacote — e os trocar entre si. A troca estava divertida, até que uma garota, alta e recém-chegada, recusou meu cartão — e de forma categórica, com um olhar. Foi quando me veio a percepção quase imediata de que eu era diferente dos demais; ou semelhante, talvez, em termos de coração e de força vital e de aspirações, mas apartado do mundo deles por um enorme véu. Não senti nenhum desejo de rasgar esse véu, de atravessá-lo; passei a desprezar todos os que estavam do outro lado e a viver acima desse véu em uma região de céu azul e grandes sombras errantes. O céu se

---

9 A Batalha de Mechanicsville, na Virgínia, aconteceu em 26 de junho de 1862, durante a Guerra Civil, e foi vencida pelas tropas da União (Norte).
10 Nova Inglaterra é uma região no nordeste dos Estados Unidos que reúne seis estados: Connecticut, Maine, Massachusetts, New Hampshire, Rhode Island e Vermont. Boston, capital de Massachusetts, é a principal cidade da região. A Nova Inglaterra foi um polo importante do movimento abolicionista e aparece ao longo deste livro como a porção mais civilizada, mais europeizada, da América. Du Bois nasceu em Great Barrington, no condado de Bershire, no extremo oeste de Massachusetts, e viveu lá até os 17 anos.

tornava ainda mais azul quando eu superava meus colegas nas provas, ou os vencia na corrida, ou até mesmo quando batia em suas cabeças estreitas. Infelizmente, com o tempo esse fino desprezo começou a esvanecer; pois as palavras que eu queria para mim, e todas as belas oportunidades, iam para eles, não para mim. Mas eles não deveriam ganhar essas recompensas, eu falei; algumas, todas, eu as arrancaria deles. Só não soube decidir como: lendo e entendendo as leis, curando os doentes, narrando as histórias fantásticas que habitavam minha mente — de alguma forma. Para outros meninos negros o conflito não era assim tão radiante: sua infância se limitou a uma subserviência tediosa, ou a um ódio ao mundo pálido acima deles, com uma desconfiança zombeteira de tudo o que era branco; ou então desperdiçando a meninice em um lamento amargo: "Por que Deus me fez um proscrito em minha própria casa?". As sombras da prisão se fechavam sobre todos nós: paredes estreitas e rígidas para os mais claros, mas implacavelmente apertadas[11], altas e impossíveis de escalar para os filhos da noite, a quem só resta se deixar arrastar sombriamente pela resignação, ou bater em vão com as mãos espalmadas nas pedras, ou de forma obstinada, mas quase sem esperança, observar o céu azul lá no alto.

Depois dos egípcios e indianos, dos gregos e dos romanos, dos teutos e dos mongóis, o negro é uma espécie de sétimo filho, nascido com um véu[12] e

---

11 Aqui Du Bois faz referência a Mateus 7:14: "Estreita, porém, é a porta e apertado o caminho que conduz à Vida. E poucos são os que encontram" (*Bíblia de Jerusalém*. São Paulo: Paulus, 2002).
12 No folclore de diversos países, o sétimo filho de uma família tem algum tipo de poder paranormal ou é amaldiçoado (a ser vampiro ou lobisomem, por exemplo). Em algumas regiões dos Estados Unidos acreditava-se que o sétimo filho teria o poder da clarividência. Também há a crendice de que bebês nascidos ainda envolvidos na membrana do saco amniótico (quando a bolsa não se rompeu antes do parto) terão muita sorte e o poder da clarividência. Essa membrana é chamada de véu.
Mas o conceito duboisiano é mais complexo e inclui também a referência bíblica, na qual o véu aparece em diversas ocasiões e com sentidos diferentes. Em Êxodo 26:31, Deus ordena a Moisés que faça um véu para proteger o Santo dos Santos, principal compartimento do Tabernáculo, onde ficavam as Tábuas da Lei. Tradicionalmente, apenas o sumo sacerdote tinha a permissão de entrar ali e, mesmo assim, apenas uma vez por ano (quando Jesus morreu, esse véu, segundo Mateus 27:51, rasgou-se em duas partes, marcando, segundo os cristãos, o fim do antigo culto mosaico). Em Êxodo 34:29-35, o rosto de Moisés resplandece depois do encontro com Deus na montanha do Sinai, e isso atemoriza os israelitas. Por isso, Moisés usa um véu quando vai falar com eles e o retira quando vai falar com Deus. Em Isaías 25:7, o Deus vitorioso ("Iahweh dos Exércitos" que "reina no monte

dotado de clarividência neste mundo americano — um mundo que não lhe deixa tomar uma verdadeira consciência de si mesmo e que lhe permite ver a si mesmo apenas através da revelação do outro mundo. É uma sensação peculiar, essa consciência dual, essa experiência de sempre enxergar a si mesmo pelos olhos dos outros, de medir a própria alma pela régua de um mundo que se diverte ao encará-lo com desprezo e pena. O indivíduo sente sua dualidade — é um norte-americano e um negro; duas almas, dois pensamentos, duas lutas inconciliáveis; dois ideais em disputa em um corpo escuro, que dispõe apenas de sua força obstinada para não se partir ao meio.

A história do negro norte-americano é a história desse conflito — desse desejo de tomar consciência de si mesmo como homem, de fundir esse duplo eu em um único indivíduo, melhor e mais verdadeiro. Com essa fusão, ele espera que nenhuma de suas antigas partes se perca. Ele não africanizaria a América, pois os Estados Unidos da América têm muito o que ensinar ao mundo e à África. Ele não clarearia sua alma negra em uma torrente de americanismo branco, pois sabe que o sangue negro tem uma mensagem para o mundo. Ele simplesmente deseja tornar possível para um homem ser ao mesmo tempo negro e norte-americano, sem ser insultado ou escarrado por seus compatriotas, sem ter as portas da oportunidade batidas de forma brusca em sua cara.

Este, então, seria o fim de seu conflito: ser um colaborador no âmbito da cultura, escapar da morte e do isolamento, compartilhar o uso de suas melhores capacidades e de seu gênio latente. Essas capacidades de corpo e mente foram estranhamente desperdiçadas, desmobilizadas e esquecidas no passado. A sombra de negros poderosos do passado paira sobre a história da Etiópia, a Misteriosa, e do Egito da Esfinge. Ao longo da história, as capacidades de homens negros lampejam aqui e ali como estrelas cadentes, e às vezes morrem antes que o mundo tenha de fato reconhecido seu brilho. Aqui nos Estados Unidos da América, nos poucos anos que se passaram desde a Emancipação, o perambular hesitante e temeroso do homem negro muitas vezes fez sua força perder a efetividade e parecer falta de capacidade, parecer fraqueza. No entanto, não se trata de fraqueza — é a contradição de objetivos

Sião e em Jerusalém") "destruiu sobre esta montanha o véu que envolvia todos os povos e a cortina que se estendia sobre todas as nações".

conflitantes. A dupla luta do artesão negro — de um lado para escapar do desprezo dos brancos por uma nação de meros rachadores de lenha e carregadores de água[13], e de outro para arar e pregar e cavar para uma horda relegada à pobreza — só poderia ter como resultado transformá-lo em um mau trabalhador, pois só é capaz de dedicar metade de seu coração a cada causa. Em razão da pobreza e da ignorância de seu povo, os pastores e doutores negros foram tentados a se valer do charlatanismo e da demagogia; e, em razão das críticas do outro mundo, foram levados a abraçar ideias que os envergonhavam de suas ocupações inferiores. O homem negro aspirante a sábio era confrontado com o fato paradoxal de que o conhecimento de que seu povo precisava era notícia velha no mundo dos brancos, e que seu conhecimento capaz de esclarecer os brancos equivalia a falar grego para as pessoas que eram sangue de seu sangue. O amor inato pela harmonia e pela beleza que faziam até as almas mais rudes de seu povo dançar e cantar gerava apenas dúvida e confusão na alma do artista negro; pois a beleza que lhe era revelada era a beleza de alma de uma raça que o público mais amplo desprezava, e ele não era capaz de articular essa mensagem para outras pessoas. Esse desperdício de ter objetivos cindidos, essa busca por satisfazer dois ideais inconciliáveis, transformou em um triste caos a coragem e a fé e o senso de dever de 10 milhões de pessoas — e as levou a adorar falsos deuses e a pregar falsas formas de salvação, e às vezes as fez parecer inclusive envergonhadas de si mesmas.

Na época dos grilhões, essas pessoas vislumbravam em um único acontecimento divino o fim de todas as dúvidas e frustrações; poucos homens idolatravam a Liberdade com uma fé tão inquebrantável quanto a do negro norte-americano ao longo de dois séculos. Para ele, em seus pensamentos e sonhos, a escravidão era de fato a soma de todas as vilanias, a causa de todas as tristezas, a raiz de todos os preconceitos; a Emancipação era a chave para uma terra prometida da mais doce beleza a ser exposta diante de seus olhos

---

[13] No capítulo 9 do Livro de Josué, os gabaonitas, temendo serem massacrados pelo exército israelita (como haviam sido massacrados os habitantes de Jericó e Hai), usaram da astúcia e fizeram uma aliança com Israel a partir de uma mentira. Ao descobrir a verdade, Josué, líder dos israelitas, não pôde voltar atrás na aliança porque ela havia sido feita perante Deus. Deixou os gabaonitas vivos, mas amaldiçoados, transformados em servos: "Agora, pois, sois malditos e jamais cessareis de ser servos como rachadores de lenha e carregadores de água na casa do meu Deus".

de israelitas exaustos. Em suas canções e exortações, erguia-se apenas um refrão — Liberdade; em suas lágrimas e imprecações a Deus, ele implorava para ter a Liberdade ao alcance de sua mão. Por fim ela veio — de forma repentina e temerosa, como em um sonho. Em um carnaval de sangue e sentimentos exaltados, veio a mensagem na mesma cadência de suas súplicas:

Gritem, ó crianças!
Gritem que livres são!
Pois Deus comprou a sua libertação![14]

Anos se passaram desde então — dez, vinte, quarenta; quarenta anos na vida nacional, quarenta anos de renovação e desenvolvimento. E, no entanto, o espectro escuro ainda ocupa o assento de sempre no banquete da nação. Em vão choramos pelo maior de nossos problemas sociais:

Toma qualquer forma que não essa, e meus firmes nervos
Jamais haverão de estremecer![15]

A nação ainda não pacificou seus pecados; o liberto ainda não encontrou na liberdade sua terra prometida. A despeito do que possa ter ocorrido de bom nestes anos de mudanças, a sombra de uma decepção profunda ainda recai sobre os negros — uma decepção tanto mais amarga porque o ideal não alcançado era desmesurado, a não ser para a ignorância simplória de uma gente humilde.

A primeira década foi um mero prolongamento de uma busca vã pela liberdade, uma dádiva que parecia escapar de seu alcance o tempo todo — como um hipnotizante fogo-fátuo que enlouquece e engana a multidão inconsciente. O sacrifício da guerra, os horrores da Ku Klux Klan, as mentiras

---

14 *"Shout, O children!/ Shout, you're free!/ For God has bought your liberty!"* — Trecho de um spiritual chamado "Shout, O children!".
15 *"Take any shape but that, and my firm nerves/ Shall never tremble!"* Aqui Du Bois cita *Macbeth*, de Shakespeare. Durante o banquete que comemoraria sua ascensão ao trono escocês, Macbeth se aterroriza ao ver o fantasma de Banquo, que ele covardemente mandou assassinar. Os outros convivas não veem o fantasma, mas se assustam com o comportamento de Macbeth, que, desesperado, pede a Banquo que desapareça ou que retorne à vida para enfrentá-lo na espada.

dos *carpetbaggers*[16], a desorganização da Economia e os conselhos contraditórios de amigos e inimigos deixaram o desorientado servo sem nenhuma palavra de ordem a seguir além do antigo grito por liberdade. À medida que o tempo passou, porém, ele começou a formar uma nova ideia. A realização do ideal de liberdade demandava meios poderosos, e a Décima Quinta Emenda[17] lhe forneceu tais meios. O voto, antes visto como um sinal visível de liberdade, passou a ser considerado por ele a principal forma de conquistar e aperfeiçoar a liberdade parcial que a guerra lhe trouxera. E por que não? Os votos não levaram à guerra e à emancipação de milhões? Os votos não haviam concedido direitos aos libertos? Alguma coisa seria impossível para um poder capaz de tudo isso? Um milhão de negros retomaram com vigor renovado a caminhada rumo à terra prometida através do voto. Assim a década se passou, veio a revolução de 1876[18], e o servo parcialmente livre se viu cansado

---

16 Termo depreciativo que surgiu no sul dos Estados Unidos, depois da Guerra Civil, para definir pessoas que vinham do norte do país para supostamente se aproveitar do caos do pós-guerra e explorar a população local. O termo, que tem origem em malas baratas feitas com tecido grosso de tapetes, passou imediatamente a ser usado também para definir pastores, professores, intelectuais e políticos que vinham do Norte para defender no Sul as propostas progressistas, como o direito de afro-americanos votarem e serem votados. Os brancos do Sul que defendiam as mesmas ideias eram chamados de "scalawags". Ainda hoje o termo "carpetbagger" é usado, mas para definir políticos "paraquedistas", que se candidatam por cidades ou regiões onde não vivem.
17 Essa emenda, ratificada em fevereiro de 1870, estabeleceu que o governo federal dos Estados Unidos e os governos estaduais não podem impedir o voto de um cidadão por motivo de raça, cor ou condição prévia de servidão.
18 A chamada "revolução de 1876" talvez seja mais bem descrita como uma contrarrevolução. Antes mesmo de terminada a Guerra Civil norte-americana (1861-65), iniciou-se um período conhecido como Reconstrução, no qual o governo federal começou a forçar os estados confederados a aceitar a hegemonia do partido governista, o Republicano, e suas reformas progressistas, entre as quais as que combatiam a discriminação racial. O próprio exército ocupou os estados do Sul para garantir, por exemplo, a construção de escolas para afro-americanos e combater a violência racial. A Klu Klux Klan, que surgiu em reação à Reconstrução, foi exterminada. Foi criado um departamento, chamado Gabinete dos Libertos (Freedmen's Bureau), de apoio aos ex-escravizados, com a missão de, por exemplo, distribuir as terras de latifúndios abandonados entre a população negra. Mas em 1876, para resolver a crise política depois de uma eleição presidencial com resultado muito apertado, o Partido Republicano fez uma barganha com o Partido Democrata (que era, na época, o partido mais forte do Sul e reacionário). Os democratas reconheceram a eleição do republicano Rutherford B. Hayes para a presidência e, em troca, o governo dos republicanos aceitou retirar as tropas federais dos estados do Sul. Foi o final da Reconstrução. A violência contra os afro-americanos voltou

e sem morada, mas ainda inspirado. De forma lenta, porém constante, nos anos seguintes uma nova visão aos poucos começou a substituir o sonho do poder político — um movimento poderoso, a ascensão de um novo ideal para guiar os sem rumo, mais uma coluna de fogo que se erguia noite adentro depois de um dia nebuloso. Era o ideal do "tornar-se culto"; a curiosidade, nascida da ignorância que lhe fora imposta, de conhecer e testar o poder das cabalísticas letras dos brancos, o desejo de saber. Ali ele enfim pareceu ter descoberto o montanhoso caminho de Canaã[19]; mais longo que a estrada da Emancipação e da lei, mais íngreme e acidentado, porém direto, capaz de levá-lo até uma altura suficiente para poder enxergar a vida a partir de cima.

Pela nova trilha seguiu sua vanguarda, em um caminhar lento, pesado e obstinado; apenas os que observaram e guiaram os pés vacilantes, as mentes enevoadas e os problemas de entendimento dos estudantes escuros dessas escolas sabem com que fidelidade e fé essas pessoas se esforçaram para aprender. Foi um trabalho exaustivo. As frias estatísticas registraram seus mínimos progressos aqui e ali, anotando também onde seus passos derraparam ou onde alguns caíram. Para os exaustos montanhistas, o horizonte estava sempre encoberto, a neblina era sempre fria, e Canaã parecia sempre indistinta e longínqua. No entanto, ainda que o panorama não revelasse nenhum objetivo, nenhuma perspectiva de descanso, e o máximo que se conseguia eram alguns incentivos e críticas, a jornada pelo menos ofereceu a oportunidade de reflexão e autoanálise; transformou o filho da Emancipação em um jovem com um princípio de consciência de si mesmo, de autorrealização e de respeito próprio. Nessa sempre sombria e conflituosa floresta, sua alma se elevou diante dele — obscura como se estivesse atrás de um véu; mas ainda assim ele enxergou em si mesmo uma pálida revelação de sua capacidade, de sua missão. Começou a alimentar uma vaga sensação de que, para conquistar seu lugar no mundo, precisaria ser ele mesmo, e não outra pessoa. Pela primeira vez, buscou analisar o fardo que carregava nas costas, o peso morto da degradação social em parte mascarada atrás de um problema racial que não se declarava abertamente. Ele sentiu sua pobreza; sem um

---

a crescer, o número de linchamentos aumentou nas décadas seguintes e para muitos negros não houve outra saída a não ser se mudar para o Norte, em um movimento que ficou conhecido como Exodus.

19 Na Bíblia, Canaã é a terra prometida por Deus a Abraão e seus descendentes.

centavo, sem casa, sem propriedade, ferramentas ou economias, entrou em competição direta com seus vizinhos ricos, instruídos e donos de terras. Ser pobre é difícil, mas ser um homem de uma raça inferiorizada em um lugar dominado pelo dinheiro é a maior das agruras. Ele sentiu o peso de sua ignorância — não apenas em relação às letras mas também em relação à vida, aos negócios, aos assuntos humanos; a preguiça e a indolência e a inadequação acumuladas durante décadas e séculos o deixaram de mãos e pés atados. E seu fardo não se limitava à pobreza e à ignorância. O estigma da bastardia — que dois séculos de violação sistemática e legalizada das mulheres negras impôs sobre sua raça — significava não apenas a perda de sua antiga pureza africana mas também o peso hereditário da corrupção em massa dos adúlteros brancos, que ameaçava os lares negros quase ao ponto da obliteração.

Um povo em tamanha desvantagem não deveria ser obrigado a competir com o mundo, e sim ter permissão para dedicar todo seu tempo e pensamento a seus próprios problemas sociais. Mas, infelizmente, enquanto os sociólogos contabilizam com satisfação os bastardos e as prostitutas desse povo, a alma do negro que derrama o suor de seu rosto é obscurecida pela sombra de um enorme desespero. Os homens chamam essa sombra de preconceito, e com erudição a definem como a defesa natural da cultura contra a barbárie, do saber contra a ignorância, da pureza contra o crime, das raças "superiores" contra as "inferiores". E a isso o negro diz amém e é capaz de jurar que boa parte desse estranho preconceito tem como base uma justa homenagem à civilização, à cultura, à retidão e ao progresso, prostrando-se humildemente para oferecer sua mansa reverência. Mas diante do preconceito inominado que a tudo domina ele permanece indefeso, submisso e quase mudo; diante do desrespeito pessoal e da galhofa, da ridicularização e da humilhação sistemática, da distorção dos fatos e dos injustificáveis caprichos, do cínico desconhecimento do que existe de melhor e do ruidoso alarde sobre o que há de pior, do desejo onipresente de inculcar o desdém em relação a tudo o que é negro, de Toussaint[20] ao diabo — diante disso surge um desespero agoniado que desmobilizaria e desencorajaria qualquer nação, a não ser a hoste de negros para quem não existe a palavra "desencorajar".

---

20 Uma referência a François-Dominique Toussaint L'Ouverture (1743-1803), grande líder da Revolução Haitiana, que foi ao mesmo tempo uma luta anticolonial e uma luta contra o escravismo. O exemplo do Haiti se tornou um pesadelo para escravagistas de todo o mundo.

Mas ao encarar tamanho preconceito seria impossível não surgir o inevitável autoquestionamento, a autodepreciação e a desvalorização de ideais que sempre acompanham a repressão e criam uma atmosfera de desprezo e ódio. Os sussurros e os maus agouros se espalharam aos quatro ventos: "Vejam, estamos doentes e moribundos", clamavam as hostes negras; "não sabemos escrever, nossos votos não mudam nada; para que precisamos de educação se nossa obrigação se resume a cozinhar e servir?". E o país ecoava e reforçava essa autocrítica, dizendo: "Contentem-se com o servilismo, e nada mais; qual é a necessidade de cultura para quem não é homem por inteiro? Abaixo o voto dos negros, pela força ou pela fraude — e contemplemos o suicídio de uma raça!". Ainda assim, desse mal adveio algo de bom — o ajuste mais bem pensado da educação à vida real, a percepção mais clara das responsabilidades sociais dos negros, e o sóbrio entendimento do significado de progresso.

Então veio o tempo de *Sturm und Drang*[21]: a tempestade e a tensão que hoje sacodem nosso pequeno barco nas águas enlouquecidas do mar do mundo; por dentro e por fora há o som da disputa, da queima dos corpos e da dilaceração das almas; a inspiração está em conflito com a dúvida, e a fé, com questionamentos vãos. Os radiantes ideais do passado — liberdade física, poder político, a instrução das mentes e o treinamento das mãos —, tudo isso foi desgastado e encolhido, até que o último deles se tornasse turvo e opaco. Estavam todos errados — eram todos falsos? Não, não é isso, mas cada um deles era simplificado e incompleto — os sonhos da crédula infância de uma raça ou as imagens benevolentes do outro mundo, que não conhece e não quer conhecer nossa capacidade. Para serem realmente verdadeiros, todos esses ideais precisam ser remoldados e fundidos em um. Hoje mais do que nunca precisamos da instrução das escolas — do treinamento de mãos inaptas, de olhos e ouvidos alertas, e acima de tudo cultivar de forma mais ampla e profunda as mentes talentosas e os corações puros. Precisamos do poder do voto por pura autodefesa — senão o que vai nos salvar de uma segunda escravidão? A liberdade também, nosso desejo de longa data, ainda buscamos

---

21 *Sturm und Drang* (tempestade e ímpeto/tensão) foi um movimento filosófico e literário protorromântico alemão do século XVIII que colocou a emoção acima da razão e criticou o racionalismo iluminista. Du Bois foi muito influenciado por "stürmers" como o filósofo Johann Gottfried Herder (1744-1803) e Johann Wolfgang von Goethe (1749-1832), que era seu poeta favorito.

— a liberdade de corpo e de vida, a liberdade para viver e pensar, a liberdade de amar e ter aspirações. Trabalho, cultura, liberdade — de tudo isso precisamos, não individualmente, mas juntos, não sucessivamente, mas ao mesmo tempo, cada coisa alimentando e ajudando a outra, e todas lutando por um ideal mais vasto que se apresenta diante das pessoas negras, o ideal da irmandade humana, conquistado através do ideal unificante da Raça; o ideal de fomentar e desenvolver as características e o talento do negro, não em oposição ou desdém por outras raças, e sim em grande conformidade com os ideais maiores da República estadunidense, para que algum dia no solo norte-americano duas raças do mundo possam ceder uma à outra as características que tão tristemente lhes faltam. Nós, os mais escuros, não estamos de mãos vazias por completo nem mesmo agora: não existem expoentes mais verdadeiros do espírito humano em estado puro da Declaração de Independência do que os negros norte-americanos; não existe música mais norte-americana do que as doces melodias selvagens dos escravos negros; os contos de fadas e o folclore norte-americanos são indígenas e africanos; e, apesar dos pesares, nós, os homens negros, parecemos ser o único oásis de fé e reverência em um deserto arenoso de dólares e ardilezas. Os Estados Unidos ficariam mais pobres se trocassem sua cruel e indigesta obtusidade pela ingênua porém determinada humildade dos negros? Ou seu sarcasmo bruto e cruel por um senso de humor amoroso e jovial? Ou sua música vulgar pela expressão da alma das Canções de Lamento?[22]

O problema do negro é meramente um teste concreto dos princípios subjacentes desta grande república, e o conflito espiritual dos filhos dos libertos é a angústia de almas cujo fardo vai quase além da medida de sua força, mas eles o suportam em nome de uma raça histórica, em nome

---

[22] No original: "Or her vulgar music with the soul of the Sorrow Songs?". Em diversas ocasiões, Du Bois fala em "soul" (alma) da música negra. No entanto, o termo demorou a entrar no léxico da música popular norte-americana. Aparentemente, as primeiras vezes em que o termo foi usado ocorreram no mundo do jazz dos anos 1940. A primeira aparição do termo "soul music" para descrever o que surgia como uma versão laica de música gospel, na qual uma garota ou um garoto tomam o lugar de Jesus como objeto de adoração, deu-se em 1961.
O filósofo William James, que era amúsico (ou seja, sofria de amusia, uma espécie de daltonismo sonoro) e foi o professor favorito, além de amigo e incentivador de Du Bois, usou o termo "soul music" já em 1900, mas para descrever uma "música interior" que tem pouca relação com sons.

desta terra que é a de seus antepassados e em nome do desenvolvimento humano.

E, agora que esbocei os contornos mais gerais, me permitam nas próximas páginas reafirmar de diversas maneiras, com uma ênfase apaixonada e em maiores detalhes, que os homens devem conhecer os conflitos das almas do povo negro.

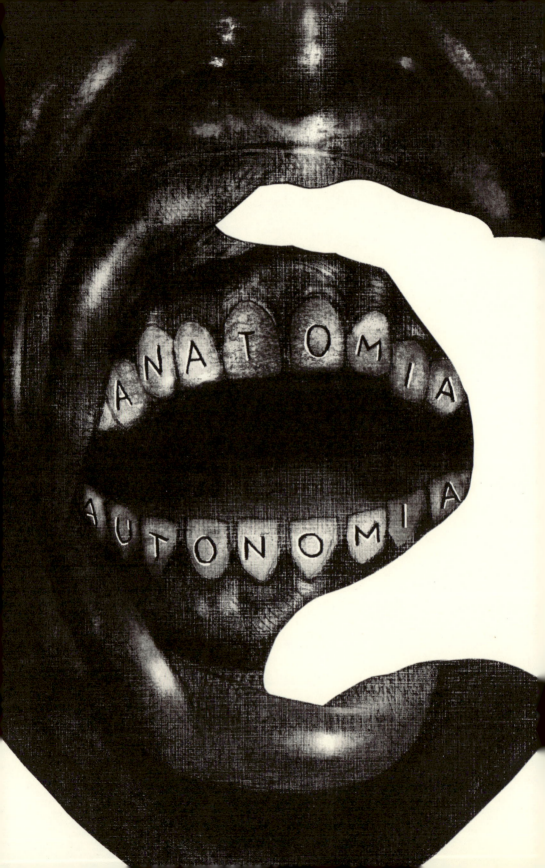

2

SOBRE O RAIAR DA LIBERDADE

Como parece descuidado o grande Vingador;
As lições da história registram apenas
Uma luta mortal na escuridão
Entre os antigos sistemas e a Palavra;
A verdade para sempre no cadafalso,
A injustiça para sempre no trono;
Mas o cadafalso governa o futuro,
E por trás do que ninguém notou
Está Deus oculto nas sombras
Cuidando de quem Ele mesmo criou.[23]

— James Russell Lowell[24]

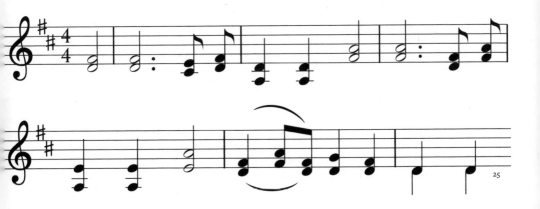

23 *Careless seems the great Avenger;/ History's lessons but record/ One death-grapple in the darkness/ 'Twixt old systems and the Word;/ Truth forever on the scaffold,/ Wrong forever on the throne;/ Yet that scaffold sways the future,/ And behind the dim unknown/ Standeth God within the shadow/ Keeping watch above His own.*

24 Poeta romântico norte-americano, James Russell Lowell (1819-1891) foi ativo no movimento abolicionista.

25 Trecho de "My Lord, What a Mourning", também conhecido como "My Lord, What a Mourning When the Stars Begin to Fall", um spiritual criado provavelmente na primeira metade do século XIX: *My Lord, what a mourning, my Lord, what a mourning/ My Lord, what a mourning, when the stars begin to fall./ You'll hear the trumpet sound to wake the nations underground,/ Looking to my God's right hand, when the stars begin to fall./ You'll hear the sinner mourn,/ To wake the nations underground,/ Looking to my God's right hand,/ When the stars begin to fall./ You'll hear the Christian shout,/ To wake the nations underground,/ Looking to my God's right hand,/ When the stars begin to fall.* ("Meu Senhor, que tristeza, meu Senhor, que tristeza/ Meu Senhor, que tristeza, quando as estrelas começarem a cair./ Você ouvirá o som da trombeta para despertar as nações ao rés do chão,/ Olhando para a mão direita do meu Deus, quando as estrelas começarem a cair./ Você ouvirá o pecador chorar,/ Para acordar as nações ao rés do chão,/ Olhando para a mão direita do meu Deus,/ Quando as estrelas começarem a cair./ Você ouvirá o cristão gritar,/ Para acordar as nações ao rés do chão,/ Olhando para a mão direita do meu Deus,/ Quando as estrelas começarem a cair.")

O problema do século XX é o problema da linha de cor — a relação entre as raças de homens mais claros e mais escuros na Ásia e na África, nas Américas e nas ilhas do mar[26]. Foi uma fase desse problema que causou a Guerra Civil nos Estados Unidos; e, embora muitos dos que marcharam pelo Sul e pelo Norte em 1861 tenham se prendido a questões técnicas em relação à união e à autonomia local como palavra de ordem, ainda assim todos sabiam, como nós sabemos, que a questão da escravidão do negro foi a real causa do confronto. Foi curioso também notar como essa questão mais profunda sempre encontrou uma forma de vir à tona apesar de todo o esforço e propaganda em contrário. Assim que os exércitos nortistas adentraram o solo sulista, uma antiga questão, em nova roupagem, brotou da terra: "O que deve ser feito com os negros?". Os impositivos comandos militares, de uma forma ou de outra, não souberam como responder ao questionamento; a Proclamação da Emancipação só pareceu ampliar e intensificar as dificuldades; e as Emendas de Guerra[27] criaram os problemas que o negro enfrenta hoje.

O objetivo deste ensaio é examinar o período histórico de 1861 a 1872 no que diz respeito ao negro norte-americano. Na prática, a narrativa deste raiar da Liberdade é um relato sobre aquilo que o governo dos homens chamou de Gabinete dos Libertos (Freedmen's Bureau[28]) — uma das mais peculiares e interessantes tentativas feitas por uma grande nação para enfrentar seus enormes problemas raciais e sociais.

"A guerra não tem nada a ver com os escravos", bradavam o Congresso, o presidente e o país; no entanto, assim que os exércitos, pelo leste e pelo oeste, invadiram a Virgínia e o Tennessee, escravos fugitivos começaram a aparecer em suas linhas. Eles chegavam à noite, quando as fogueiras dos acampamentos surgiam como uma infinidade de estrelas de brilho instável contra o horizonte escuro; homens envelhecidos e magros, com cabelos

---

26 Nas escrituras hebraicas, o termo "ilhas do mar" aparece para designar genericamente lugares diversos longínquos, uma espécie de *et cetera* geográfico.
27 Mais conhecidas como Reconstruction Amendments, a 13ª, 14ª e 15ª emendas à Constituição dos Estados Unidos foram adotadas no período imediatamente posterior à Guerra Civil, com o objetivo de implementar as políticas progressistas da chamada Reconstrução (ver nota 18), garantindo a liberdade dos antigos escravizados e proibindo a discriminação racial. Mas no Sul essas emendas acabaram sendo praticamente anuladas com o fim da Reconstrução pelas legislações estaduais (as "Jim Crow laws") e por decisões da Suprema Corte.
28 O nome oficial era Bureau of Refugees, Freedmen and Abandoned Lands (ver nota 18).

grisalhos e ralos; mulheres com olhos assustados, arrastando crianças famintas e chorosas; homens e garotas, entre robustos e emaciados — uma horda de andarilhos desnutridos, sem teto, indefesos e sofridos, em estado de imensa privação. Dois métodos de tratamento aos recém-chegados pareciam igualmente lógicos a mentes de disposições opostas. Ben Butler[29], na Virgínia, logo declarou que os escravos, por serem propriedades, eram contrabandos de guerra e colocou os fugitivos para trabalhar; já Fremont[30], no Missouri, libertou os escravos sob lei marcial. A medida de Butler foi aprovada, mas a de Fremont logo foi contestada, e seu sucessor, Halleck[31], via a questão de outra forma. "Daqui em diante", ele ordenou, "nenhum escravo deve ter permissão para se juntar a nossas linhas; caso tenha conhecimento de algum, quando os proprietários os requisitarem de volta, devolva-os". Tratava-se de uma política difícil de pôr em prática; alguns negros refugiados se declaravam homens livres, outros contavam que seus senhores os haviam abandonado, e outros ainda foram capturados junto com fortes e fazendas. Isso sem contar que, evidentemente, os escravos eram um dos pontos de apoio da Confederação, já que eram usados como trabalhadores braçais e produtores rurais. "Eles constituem um recurso militar", escreveu o secretário Cameron[32] no fim de 1861; "e, sendo assim, a questão de devolvê-los ao

---

[29] Benjamin Franklin Butler (1818-1893) foi um advogado e político transformado em general das forças da União durante a Guerra Civil.

[30] John Charles Fremont (1813-1890) foi um explorador e líder do bando de aventureiros militares que, ainda sem autorização do governo norte-americano, iniciou a tomada da Califórnia para os Estados Unidos em 1846. Virou celebridade, um herói do país, mas logo após o final da Guerra contra o México, entrou em atrito com o governador militar indicado por Washington e acabou condenado na Corte Marcial por insubordinação. Deixou o Exército, ficou rico na corrida do ouro e foi o primeiro senador eleito pela Califórnia, em 1850. E foi também, em 1856, o primeiro candidato do Partido Republicano à presidência dos Estados Unidos. Era já um destacado abolicionista havia muito tempo quando começou a Guerra Civil e foi escolhido general das forças da União pelo próprio Abraham Lincoln. Mas acabou sendo removido de seu posto por decretar, sem antes comunicar a Lincoln, a libertação dos escravizados que eram propriedade dos rebeldes confederados.

[31] Pode-se dizer que Henry Wager Halleck (1815-1872) via quase todas as questões de maneira diferente de Fremont. Era um militar de gabinete, mais afeito ao planejamento e à logística que à luta na frente de batalha. E, até o início da Guerra Civil, era simpático aos confederados escravagistas.

[32] Secretário de Guerra, Simon Cameron (1799-1889) era um abolicionista que desde o início da Guerra Civil defendeu que os escravizados deveriam ser libertados e alistados no exército da União.

inimigo é óbvia demais até para ser discutida". Então, aos poucos, a postura dos comandantes do Exército foi começando a mudar; o Congresso proibiu a devolução de fugitivos, e os "contrabandos" de Butler foram recebidos de bom grado como mão de obra para os militares. Isso, em vez de resolver o problema, complicou-o ainda mais, pois os fugitivos até então dispersos começaram a chegar em um fluxo constante, cujo ritmo se acelerava à medida que os exércitos avançavam.

O homem de rosto comprido e expressão preocupada que ocupava a Casa Branca[33] percebeu o inevitável e emancipou os escravos dos rebeldes no Ano-Novo de 1863. Um mês depois, o Congresso incorporou de forma oficial os soldados que a lei de julho de 1862, um tanto a contragosto, havia permitido que fossem alistados. Assim as barreiras foram eliminadas, e o ato estava consolidado. O fluxo de fugitivos se transformou em uma enxurrada, e os oficiais militares, preocupados, não paravam de perguntar: "O que deve ser feito com os escravos que chegam quase todos os dias? Devemos providenciar comida e abrigo para as mulheres e crianças?".

Foi um tal Pierce[34], de Boston, que mostrou o caminho, e assim se tornou, em certo sentido, o fundador do Gabinete dos Libertos. Era um amigo próximo do secretário Chase[35]; e quando, em 1861, foi entregue aos funcionários do Tesouro a responsabilidade de tratar da questão dos escravos e das terras devolutas, Pierce foi encarregado de estudar as condições de campo. Primeiro, cuidou dos refugiados na Fortaleza Monroe[36]; e, em seguida,

---

33 O autor refere-se a Abraham Lincoln.
34 Durante a Guerra Civil, Hampton, na Virgínia, tornou-se um importante refúgio para afro-americanos que fugiam da escravidão. O oficial Edward Lillie Pierce (1829-1897) foi encarregado de reunir alguns deles para cavar trincheiras. Isso foi o início da integração de negros ao Exército. A experiência de Pierce teve tão bons resultados que ele passou a ser encarregado de desenvolver projetos de melhoria das condições de vida dos libertos em Port Royal, Hilton Head e outras das chamadas Sea Islands, na costa sudeste dos Estados Unidos. Ele reuniu uma equipe de professores e técnicos, distribuiu terras (que haviam sido abandonadas por fazendeiros confederados), construiu escolas etc.
35 Antes de Salmon Portland Chase (1808-1873) entrar para a política, era já um abolicionista e, como advogado, defensor frequente de escravos fugitivos. Chegou a disputar a indicação para presidente pelo Partido Republicano, mas perdeu para Lincoln, que, eleito, o convidou para ser o secretário do Tesouro.
36 Instalação militar em Hampton, na Virgínia.

depois que Sherman[37] capturou Hilton Head[38], Pierce foi enviado até lá para iniciar em Port Royal[39] seu experimento de transformar escravos em trabalhadores livres. Mal o experimento havia começado, porém, e o problema dos fugitivos foi retirado das mãos do sobrecarregado Departamento do Tesouro e entregue a oficiais do Exército. A essa altura, centros para receber as massas de libertos já estavam sendo organizados na Fortaleza Monroe, em Washington, em Nova Orleans, em Vicksburg e Corinth, em Columbus, no Kentucky, e em Cairo, em Illinois — além de Port Royal. Os capelães do Exército encontraram ali novos e frutíferos campos de trabalho; os "superintendentes de contrabandos"[40] se multiplicaram, e algumas tentativas de trabalho sistemático foram feitas, alistando os homens fisicamente aptos e arrumando empregos para os demais.

Então surgiram as sociedades de amparo aos libertos, nascidas dos tocantes apelos de Pierce e dos demais centros de triagem. Havia a American Missionary Association (Associação Missionária Americana), surgida a partir do incidente do *Amistad*[41], e na época em pleno funcionamento; as várias organizações ligadas a igrejas, a National Freedmen's Relief Association (Associação Nacional de Auxílio aos Libertos), a American Freedmen's Union (União dos Libertos Americanos), a Western Freedmen's Aid Commission (Comissão do Oeste de Amparo aos Libertos), no total, cinquenta ou mais organizações, que enviavam roupas,

---

[37] William Tecumseh Sherman (1820-1891) tornou-se um dos principais generais da União durante a Guerra Civil.
[38] Ilha na Carolina do Sul que faz parte das chamadas Sea Islands.
[39] Outra das ilhas da Carolina do Sul.
[40] Os afro-americanos que fugiam do Sul eram chamados de "contrabandos".
[41] No início de julho de 1839, um grupo de 53 escravizados (49 adultos e 4 crianças), que era transportado de Havana para Puerto Príncipe (atual Camagüey), revoltou-se e tomou o comando do navio *Amistad*. Na luta, liderada por Sengbe Pieh (também conhecido como Joseph Cinqué), o capitão, um tripulante e três escravizados foram mortos. O navio acabou indo parar na costa dos Estados Unidos e foi capturado. Os escravizados foram detidos, acusados de motim e assassinato. E o caso virou um grande imbróglio jurídico/diplomático. A Espanha exigia que o navio fosse devolvido para sua então colônia Cuba, junto com sua "carga humana", para que os revoltosos fossem punidos. O então presidente dos Estados Unidos, Martin Van Buren, concordava com a reivindicação espanhola. Mas, por causa da grande campanha movida pelos abolicionistas norte-americanos, a Justiça dos Estados Unidos decidiu a favor dos escravizados, libertando-os.

dinheiro, livros didáticos e professores para o Sul. Tudo o que faziam era necessário, pois o estado de destituição dos libertos era muitas vezes descrito como "inacreditável de tão assustador", e a situação só piorava a cada dia, em vez de melhorar.

E a cada dia ficava claro também que não era uma questão que poderia ser resolvida com auxílios pontuais, e sim uma crise nacional. Havia no horizonte um problema trabalhista de enormes dimensões. As massas de negros estavam sem trabalho, ou, quando trabalhavam, de forma esporádica, nunca havia a certeza de que teriam pagamento; e caso recebessem se entregavam à novidade da gastança sem a menor consciência. Dessa e de outras maneiras, a vida nos acampamentos e a nova liberdade corroíam o moral dos libertos. A organização econômica mais abrangente, claramente necessária, surgia apenas aqui e ali, de acordo com o acaso e as condições locais. Foi dessa forma que o plano de arrendamento de terras e supervisão de trabalhadores de Pierce em Port Royal apareceu para mostrar o caminho, que estava longe de ser o mais fácil. Em Washington, o governador militar, diante do apelo urgente do superintendente, abriu as propriedades confiscadas para que fossem cultivadas pelos fugitivos, e sob a sombra do domo[42] surgiram os vilarejos rurais dos negros. O general Dix[43] outorgou propriedades aos libertos da Fortaleza Monroe, e o mesmo aconteceu no restante do Sul e do Oeste. O governo e as sociedades beneficentes forneceram os meios de cultivo, e assim nasceram, e rapidamente se espalharam, aqui e ali, estranhos pequenos governos, como o do general Banks[44] na Louisiana, com sua população de 90 mil negros, 50 mil trabalhadores sob sua supervisão e um orçamento anual de 100 mil dólares ou mais. Ele administrava 4 mil folhas de pagamento por ano, registrava todos os libertos, encarregava-se de seus litígios, decretava e coletava impostos e

---

42 O autor se refere à famosa cúpula do prédio do Capitólio, sede do Legislativo norte-americano em Washington.

43 John Adams Dix (1798-1879) serviu as Forças Armadas quando jovem, e chegou ao posto de capitão. Mas depois entrou para a política e chegou a senador por Nova York. Foi secretário do Tesouro do presidente James Buchanan, que antecedeu Lincoln. Quando começou a Guerra Civil, foi mais um dos políticos transformados em generais.

44 Nathaniel P. Banks (1816-1894) foi outro dos "political generals", ou seja, políticos sem grande experiência militar que foram feitos generais na Guerra Civil. Tornou-se o comandante da região da Louisiana.

estabeleceu um sistema de escolas públicas. Assim como o coronel Eaton[45], superintendente do Tennessee e de Arkansas, que governava 100 mil libertos, arrendava e supervisionava o cultivo de quase 3 mil hectares de algodoais e alimentava 10 mil necessitados por ano. Na Carolina do Sul, havia o general Saxton[46], que tinha um profundo interesse pelo povo negro. Foi ele o sucessor de Pierce e dos funcionários do Tesouro, e vendeu propriedades confiscadas, arrendou terras devolutas, incentivou o estabelecimento de escolas e recebeu de Sherman, depois da terrivelmente espetacular Marcha para o Mar[47], milhares de flagelados que orbitavam em torno de seus acampamentos militares.

Há três elementos que podem ser destacados da incursão de Sherman pela Geórgia, que deu à nova situação contornos sombrios: o Conquistador, o Conquistado e o Negro. Alguns concentram todo o foco no destruidor implacável, e outros nos amargos sofredores da Causa Perdida. Mas para mim nem soldados nem fugitivos são capazes de transmitir uma mensagem tão profunda quanto a da nuvem humana de gente escura que se agarrava como penitentes à retaguarda daquelas velozes colunas, chegando às vezes à metade de seu contingente, quase as engolfando e sufocando. Em vão eles eram enxotados, em vão as pontes eram derrubadas sob seus pés; eles avançaram com seus passos arrastados e trôpegos até chegarem a Savannah — uma horda faminta e esfarrapada de dezenas de milhares de pessoas. Foi quando veio a típica solução militar: "As ilhas ao sul de Charleston, as lavouras de arroz abandonadas ao longo dos rios a partir de cinquenta quilômetros do mar e os campos à beira do rio St. John, na Flórida, estão reservados e separados para o

---

[45] John Eaton, um educador transformado em militar durante a Guerra Civil, foi nomeado "Superintendent of Negro Affairs" do Tennessee pelo principal comandante do exército da União, o general Ulysses S. Grant.

[46] Rufus Saxton (1824-1908) é um exemplo de militar de carreira que sempre foi um abolicionista. Foi o recrutador do primeiro regimento de soldados afro-americanos que lutaram no exército da União.

[47] Em uma das mais decisivas operações militares da Guerra Civil, o general Sherman comandou a força militar que saiu de Atlanta no final de 1864 e seguiu até Savannah, no litoral da Geórgia, destruindo tudo o que encontrava pela frente: pontes, linhas de trem, plantações etc. — não à toa, o famoso tanque de guerra norte-americano da Segunda Guerra Mundial foi apelidado Sherman. A incursão foi um duro golpe para as tropas confederadas, abalando suas bases de sustentação econômica.

assentamento de negros libertados pela guerra". Era isso o que dizia a celebrada "Ordem de Campo Número Quinze"[48].

Todos esses experimentos, sistemas e ordens militares inevitavelmente atrairiam a atenção e a perplexidade do governo nacional. Logo após a Proclamação da Emancipação, o deputado Eliot[49] apresentou um projeto de lei para a criação de um Gabinete de Emancipação; mas ele nunca foi votado. Em junho do ano seguinte, uma comissão de investigação, instaurada pelo secretário de Guerra, deu um parecer favorável a um gabinete temporário com o objetivo de promover "melhorias, proteção e empregos para os libertos refugiados", mais ou menos na mesma linha que mais tarde foi seguida. O presidente Lincoln recebeu petições de distintos cidadãos e organizações, que recomendavam com grande ênfase um plano abrangente e unificado para lidar com a questão dos libertos, administrado por um gabinete que ficaria "encarregado do planejamento e da execução de medidas para orientar sem grandes traumas, sem deixar de fornecer amparo de forma judiciosa e humana, a transição de nossos emancipados e negros em processo de emancipação da antiga condição de mão de obra forçada a sua nova condição de trabalho por iniciativa própria".

Algumas medidas um tanto vacilantes foram tomadas nesse sentido, sendo uma delas colocar a questão de novo na mão dos agentes especiais do Tesouro. Leis estabelecidas em 1863 e 1864 orientaram seu trabalho de confiscar e arrendar terras devolutas por períodos que não podiam exceder doze meses, e para "direcionar esses arrendamentos, ou outras iniciativas, para promover empregos e o bem-estar geral" dos libertos. Muitos oficiais do Exército encararam isso como uma bem-vinda dispensa da incômoda

---

48 Ordem militar pela qual o general Sherman determinou o confisco de 400 mil acres de terras na costa da Carolina do Sul, Geórgia e Flórida e sua divisão em lotes de até quarenta acres (16,1 hectares) entre 18 mil famílias de libertos e afro-americanos que já viviam na região. O general Saxton comandou o processo. O presidente Andrew Johnson, que sucedeu Abraham Lincoln, anulou o decreto. O general Saxton, com seus subordinados, recusou-se a cumprir as ordens de Johnson e acabou sendo removido. O caso deu origem à expressão "quarenta acres e uma mula" (ainda que a mula não estivesse incluída na ordem assinada por Sherman) para descrever a ilusão criada pela Reconstrução, a promessa não cumprida do governo norte-americano.

49 Thomas Dawes Eliot (1808-1870), deputado por Massachusetts.

"questão dos negros", e o secretário Fessenden[50], em 29 de julho de 1864, instituiu um excelente sistema de regulamentações, que mais tarde foi seguido à risca pelo general Howard[51]. Sob a supervisão dos agentes do Tesouro, enormes extensões de terras foram arrendadas no vale do Mississippi, proporcionando empregos para muitos negros; mas, em agosto de 1864, a nova regulamentação foi suspensa por razões de "política pública", e o Exército reassumiu o controle.

Nesse meio-tempo, o Congresso também voltou sua atenção ao tema; e em março os deputados aprovaram por maioria um projeto de lei estabelecendo um Gabinete dos Libertos no Departamento de Guerra. Charles Sumner[52], relator do projeto no Senado, argumentou que as medidas relacionadas aos libertos e às terras devolutas deveriam ser administradas pelo mesmo departamento, e apresentou um substitutivo ao projeto de lei do Congresso, vinculando o Gabinete ao Departamento do Tesouro. O projeto foi aprovado, mas era tarde demais para que o Legislativo pudesse torná-lo efetivo. Os debates abrangeram toda a política governamental sobre o tema e até a questão geral da escravidão em si, mas em nenhum momento foram tratados com maior atenção os méritos específicos da questão. Então vieram as eleições nacionais, e o governo, com um voto de confiança renovado pela população do país, passou a tratar do assunto com mais seriedade. Em uma conferência envolvendo as duas casas do Legislativo foi definido um acordo cuidadosamente deliberado, que contemplava as principais medidas do projeto de Sumner, mas propunha a criação de um departamento independente tanto do secretário do Tesouro como do secretário de Guerra. Era um projeto de lei conservador, que concedia ao novo departamento "a superintendência geral de todos os libertos". Seu objetivo era "estabelecer regulamentos" para os libertos, cuidar de sua proteção, arrendar terras, determinar seus salários e representá-los em tribunais civis e militares como

---

50 William Pitt Fessenden (1806-1869) foi um dos secretários do Tesouro de Lincoln e também um ativo abolicionista.
51 O general Oliver Otis Howard (1830-1909) era também um abolicionista e ficou encarregado do Gabinete dos Libertos em 1865. A Universidade Howard, que surgiu em 1867 para atender afro-americanos, tem seu nome em homenagem a ele.
52 Nascido em Boston, Charles Sumner (1811-1874) foi o maior defensor dos direitos civis dos afro-americanos no Senado e inimigo feroz dos escravagistas.

"next friend"⁵³. Havia diversas limitações a esses poderes concedidos, e a organização foi concebida em caráter permanente. Mesmo assim, o Senado rejeitou o projeto de lei, e uma nova comissão foi criada. Essa comissão apresentou um novo projeto de lei em 28 de fevereiro, pouco antes do encerramento da sessão do dia, e assim nasceu a lei de 1865 que estabelecia dentro do Departamento de Guerra um "Gabinete de Refugiados, Libertos e Terras Devolutas".

Essa última iniciativa tinha como base uma legislação vaga e de contornos incertos, elaborada às pressas. Um Gabinete foi criado, "a ser mantido durante a atual Guerra de Rebelião, e por um ano depois de seu término", ao qual foram concedidos "a supervisão e administração de todas as terras devolutas e o controle de todos os assuntos relacionados a refugiados e libertos", sob "regulamentação a ser apresentada pelo chefe do Gabinete e aprovada pela Presidência". Um comissário, nomeado pelo presidente e pelo Senado, seria responsável por dirigir o Gabinete, cuja administração não deveria envolver mais de dez funcionários. O presidente também nomearia subcomissários para os estados separatistas, que teriam oficiais do Exército à sua disposição mediante pagamento de seus soldos regulares. O secretário de Guerra poderia distribuir alimentos, roupas e combustível aos destituídos, e todas as terras devolutas foram entregues ao Gabinete para arrendamento e venda a ex-escravos em lotes de dezesseis hectares cada.

Foi dessa maneira que o governo dos Estados Unidos se encarregou formalmente do negro emancipado, que passou a ser como um tutelado da nação. Era uma empreitada e tanto. Com uma canetada, foi criado um governo responsável por milhões de homens — e não eram homens quaisquer, mas negros emasculados por um sistema escravista de uma complexidade toda peculiar, com dois séculos de duração; e de repente, de forma brusca, eles receberam um novo direito de nascença, em uma época de guerra e sentimentos exaltados, no seio de uma população ferida e amargurada de antigos senhores de escravos. Qualquer um hesitaria diante da perspectiva de assumir essa tarefa de imensa responsabilidade, poderes indefinidos e recursos limitados. Talvez apenas um militar fosse capaz de atender a esse chamado prontamente; e, de fato, ninguém além de um militar poderia ser

---

53 Na lei estadunidense, "next friend" (amigo próximo) é uma figura processual um tanto semelhante a um tutor ou guardião, cuja função é representar um menor ou uma pessoa com alguma deficiência, incapaz de manter um processo em seu próprio nome.

convocado, pois o Congresso não havia previsto nenhuma verba para salários e despesas.

Menos de um mês depois do falecimento do exaurido Emancipador[54], seu sucessor[55] designou o major-general Oliver O. Howard como comissário do novo Gabinete. Era um homem nascido no Maine e na época tinha apenas 35 anos de idade. Ele marchara com Sherman até o mar, fizera um bom papel na Batalha de Gettysburg e, cerca de um ano antes, havia sido colocado no comando do Departamento do Tennessee. Um homem honesto com uma fé exagerada na natureza humana e pouca aptidão para os negócios e para minúcias intricadas, ele teve uma excelente oportunidade de se familiarizar em primeira mão com boa parte do trabalho que teria pela frente. E sobre esse trabalho foi afirmado com razão que "nenhuma história da civilização minimamente correta pode ser escrita sem destacar em letras garrafais, como um dos grandes marcos do progresso político e social, a organização e administração do Gabinete dos Libertos".

Em 12 de maio de 1865, Howard foi nomeado; e ele assumiu o cargo logo no dia 15 e começou os trabalhos com uma análise de campo. O que encontrou foi um curioso emaranhado de iniciativas: pequenos despotismos, experimentos comunais, escravidão, trabalho não remunerado, especulações comerciais, ações organizadas de caridade, distribuição aleatória de doações — tudo isso feito com o objetivo declarado de ajudar os libertos, e encoberto pela nuvem de fumaça e sangue da guerra e a revolta e o silêncio de homens enraivecidos. Em 19 de maio, o novo governo — pois na prática o Gabinete era um governo — promulgou sua constituição; para cada um dos estados separatistas seriam nomeados comissários, que deveriam se encarregar de "todos os assuntos relacionados a refugiados e libertos", e todos os donativos e alimentos só poderiam ser distribuídos com seu consentimento. O Gabinete considerava bem-vinda a cooperação com as sociedades

---

54 Por muitas décadas depois de sua morte, Lincoln foi em geral louvado pela comunidade afro-americana como o Grande Emancipador. Em 1963, Martin Luther King Jr. fez seu famoso discurso "I have a dream" nos degraus do Lincoln Memorial, em Washington. Mas, a partir dos anos 1960, o papel de Lincoln na luta abolicionista passou a ser bem questionado pelos historiadores.

55 O vice-presidente Andrew Johnson (1808-1875) assumiu a presidência em 1865, depois do assassinato de Lincoln.

beneficentes e declarou: "Caberá a todos os comissários implementar sistemas viáveis de trabalho remunerado" e criar escolas. Eles deveriam se dirigir de imediato a seus locais de trabalho; fechar de forma gradual os locais de caridade e tornar os destituídos autossuficientes; assumir o papel de administradores da lei onde não havia tribunais, ou onde os negros não eram reconhecidos como livres; promover a instituição do matrimônio entre os ex-escravos e manter os devidos registros; garantir que os libertos seriam livres para escolher seus empregadores, e que trabalhariam sob contratos justos; e, por fim, a circular determinava: "A simples boa-fé, que esperamos de todos os interessados na superação da escravidão, será especialmente útil para auxiliar os comissários assistentes no cumprimento de seus deveres para com os libertos, assim como para promover seu bem-estar geral".

Assim que o trabalho começou, e o sistema geral e a organização local em alguma medida começaram a funcionar, duas dificuldades graves surgiram e alteraram de forma drástica a base teórica e os resultados práticos do trabalho do Gabinete. A primeira eram as terras devolutas do Sul. Desde muito tempo, havia sido estabelecida de maneira quase definitiva no Norte a teoria de que todos os principais problemas da Emancipação deveriam ser resolvidos assentando os libertos nas terras tomadas dos senhores de escravos — uma espécie de justiça poética, segundo alguns. Mas essa poesia, quando traduzida à prosaica realidade, significava o confisco generalizado da propriedade privada no Sul ou desapropriações de larga escala. O Congresso não havia autorizado a desapropriação de nem um centavo e, assim que os acordos de anistia geral foram assinados, os mais de 300 mil hectares de terras devolutas que estavam nas mãos do Gabinete dos Libertos viraram pó imediatamente. A segunda dificuldade estava em adequar a organização local do Gabinete ao seu vasto campo de trabalho. Formar uma nova máquina burocrática e enviar funcionários comprovadamente aptos para uma grande empreitada de reforma social não é brincadeira de criança; mas essa tarefa em especial era ainda mais difícil, pois uma nova organização centralizada precisaria se encaixar em um sistema heterogêneo e confuso, porém já existente, de amparo e controle dos ex-escravos; e os agentes disponíveis para esse trabalho deveriam ser retirados de um exército ainda ocupado com operações de guerra — homens cuja natureza não era nem um pouco apropriada para um serviço social de caráter delicado — ou entre as figuras questionáveis que orbitavam em torno dos acampamentos de uma hoste invasora. Consequentemente, depois de um ano de trabalho, por maior que fosse o vigor com que fosse implementado, o problema parecia ainda mais difícil de mensurar e resolver do que no início. Mesmo assim, três coisas podem ser destacadas como contribuições valiosas da empreitada: o alívio de um enorme sofrimento físico; o transporte de 7 mil fugitivos de centros de triagem superlotados de volta para a zona rural; e, o melhor de tudo, o início da cruzada das professoras da Nova Inglaterra.

Os anais dessa Nona Cruzada[56] ainda não foram registrados — a história de uma missão que para nossa época parecia muito mais exótica do que a jornada de são Luís devia parecer em seu tempo[57]. Por trás da névoa da ruína e da rapinagem, farfalhavam os vestidos de chita de mulheres corajosas, e depois do silenciar das armas começou a ecoar o ritmo do alfabeto. Havia entre elas ricas e pobres, pessoas sérias e figuras curiosas. Depois de perder um pai, ou um irmão, ou ainda mais, partiram em busca de erigir a obra de uma vida, implantando as escolas da Nova Inglaterra entre os brancos e negros do Sul. Elas fizeram bem seu trabalho. Só naquele primeiro ano, alfabetizaram cem mil almas ou mais.

Evidentemente, o Congresso precisava rever a legislação que instituía um Gabinete organizado às pressas que em tão pouco tempo ganhou maior relevância e abriu uma ampla gama de possibilidades. Uma instituição como aquela era tão difícil de desmantelar como havia sido de implantar. No início de 1886, o Congresso se ocupou da questão, quando o senador Trumbull[58], de Illinois, apresentou um projeto de lei para expandir o Gabinete e ampliar seus poderes. Essa iniciativa recebeu do Congresso muito mais atenção do que sua predecessora. A nuvem da guerra havia se dissipado o suficiente para permitir uma concepção mais clara do trabalho representado pela Emancipação. Os defensores do projeto de lei argumentavam que o fortalecimento do Gabinete dos Libertos ainda era uma necessidade militar; que isso era fundamental para o cumprimento da Décima Terceira Emenda, e

---

56 Parte dos historiadores (e, pelo jeito, Du Bois concorda com eles) considera que foram oito as cruzadas cristãs criadas na Idade Média na tentativa de conquistar a Terra Santa. A chamada Nona Cruzada teria sido apenas um prolongamento da Oitava. Por isso a conta de Du Bois.
57 O rei Luís IX (1214-1270) organizou duas cruzadas (a sétima e a oitava) contra o Islã. Ambas foram um completo fracasso, e Luís morreu na última. Mas seu marketing funcionou muito bem e ele foi canonizado.
58 Lyman Trumbull (1813-1896) foi um dos autores da Décima Terceira Emenda, que aboliu a escravatura nos Estados Unidos.

que era uma questão de justiça para com o ex-escravo que teria um custo irrisório para o governo. Já os opositores afirmavam que a guerra estava encerrada, e que as medidas de guerra haviam se tornado desnecessárias; que o Gabinete, em razão de seus poderes extraordinários, era claramente inconstitucional em tempos de paz, e que causaria inquietação no Sul além da pauperização dos libertos, a um possível custo final de centenas de milhões de dólares. E houve dois argumentos que ficaram sem resposta, pois eram de fato incontestáveis: um era o de que os poderes extraordinários do Gabinete representavam uma ameaça aos direitos civis de todos os cidadãos; e o outro argumento era o de que o governo deveria ter poder para fazer o que precisava ser feito, e que o estado de abandono dos libertos significava na prática sua recondução à condição de escravos. O projeto de lei por fim foi aprovado, e com isso o Gabinete dos Libertos foi ampliado e tornado permanente. Mas foi imediatamente vetado pelo presidente Johnson, sob a justificativa de ser "inconstitucional", "desnecessário" e "extrajudicial". Os parlamentares não conseguiram derrubar o veto. Com o passar do tempo, porém, o Congresso e o presidente se distanciaram ainda mais[59], e o segundo veto presidencial a uma versão modificada do projeto de lei foi derrubado em 16 de julho.

A legislação aprovada em 1866 estabeleceu a configuração definitiva do Gabinete dos Libertos — aquela pela qual ele será conhecido na posteridade e julgado pelos homens. Sua existência foi prorrogada até julho de 1868; o Gabinete recebeu autorização para nomear mais comissários assistentes, manter oficiais do Exército fora de seus postos regulares, vender algumas terras confiscadas aos libertos em termos nominais, leiloar propriedades públicas da Confederação para a construção de escolas para negros, e passou a contar com um escopo mais amplo de interpretação e reconhecimento judicial de suas atividades. O governo do Sul em reconstrução foi colocado em grande parte nas mãos do Gabinete dos Libertos, em especial nos muitos casos em que o comandante militar do departamento acumulou também o cargo de

---

[59] Membro do Partido Democrata do Tennessee, um dos estados confederados, Andrew Johnson foi escolhido para vice de Lincoln nas eleições de 1864 numa tentativa de reunificar politicamente o país. Johnson havia sido o único senador do Sul a se manter fiel à União durante a Guerra Civil. Mas depois que assumiu a presidência tentou desfazer o que pôde das políticas progressistas de Lincoln e por pouco não sofreu o impeachment em 1868. Sempre aparece na lista dos piores presidentes norte-americanos de todos os tempos.

comissário assistente. Foi assim que o Gabinete dos Libertos se tornou na prática um governo de homens[60]. A instituição criava leis, executava-as e interpretava-as; decretava e coletava impostos; definia crimes e determinava as punições; empregava e fazia uso de forças militares; e ditava as medidas que considerasse necessárias e apropriadas para o cumprimento de seus variados objetivos. Naturalmente, nem todos esses poderes foram exercidos de forma contínua em toda sua extensão; ainda assim, como o general Howard afirmou: "raramente alguma questão regulatória concernente à sociedade civil deixou de, em um ou outro momento, exigir o acionamento deste singular Gabinete".

Para compreender e criticar de forma inteligente um trabalho tão amplo, é possível ter em mente o estado de coisas na segunda metade da década de 1860. Lee[61] havia se rendido, Lincoln estava morto, e o presidente Johnson e o Congresso andavam às turras; a Décima Terceira Emenda estava em vigor, a Décima Quarta andavam pendente e a Décima Quinta fora decretada à força em 1870. As ações de guerrilha, as sempre presentes chamas que persistem depois de controlado o incêndio da guerra, concentravam suas forças contra os negros, e o Sul como um todo despertava de um sonho de grandeza para a miséria e a convulsão social. Em um tempo de total tranquilidade, em meio a vizinhos amigáveis e prosperidade, a elevação de 4 milhões de escravos a uma posição garantida e autossustentável no corpo político e econômico nacional já teria sido uma tarefa hercúlea; mas às dificuldades inerentes a uma operação social tão delicada e benigna ainda foram acrescentados o ressentimento e o ódio do conflito, o inferno da guerra; a desconfiança e

---

60 A Constituição de Massachusetts de 1780, que serviu de modelo para a Constituição dos Estados Unidos (de 1787), estabelece em seu parágrafo XXX que "o Legislativo nunca exercerá os poderes Executivo e Judiciário, ou qualquer um deles: o Executivo nunca deve exercer os poderes Legislativo e Judiciário, ou qualquer um deles: o Judiciário nunca deve exercer os poderes Legislativo e Executivo, ou qualquer um deles: até o fim, será um governo de leis, e não de homens". O principal autor dessa constituição de Massachusetts, John Adams, ao se tornar o segundo presidente dos Estados Unidos, volta ao mesmo trecho para declarar que seu governo é um "de leis, não de homens". Ou seja, um em que todos, principalmente o próprio governante, se submete às leis. A alternativa, o governo de homens, seria um governo despótico, ditatorial.

61 Robert Edward Lee (1807-1870), comandante do Exército Confederado durante a Guerra Civil.

a crueldade eram a moeda corrente, e o rosto macilento da Fome chorava ao lado da Privação — em um contexto como esse, o trabalho de qualquer instrumento de regeneração social estaria em grande parte condenado ao fracasso[62]. O próprio nome do Gabinete representou no Sul algo que, por dois séculos, mesmo os melhores homens se recusavam até a discutir — a vida entre negros livres era nada menos que impensável, o mais insano dos experimentos.

Os agentes que o Gabinete pode recrutar variavam de filantropos altruístas a ladrões e oportunistas de mentalidade estreita. E, embora fosse verdade que na média tivessem mais méritos do que falhas, foi a mosca ocasional que fez arruinar o óleo[63].

No meio de tudo isso estava o acuado escravo emancipado, perdido entre amigos e inimigos. Ele escapara da escravidão — não a pior escravidão do mundo, não uma escravidão que tornava a vida insuportável, mas uma escravidão que tinha aqui e ali seus momentos de bondade, lealdade e felicidade —, mas ainda assim escravidão, que em termos de aspirações humanas e sua negação igualava o homem negro ao gado. E o negro sabia muito bem que, qualquer que fosse a profundidade de suas convicções, os sulistas lutaram desesperadamente e com todas as forças para perpetuar a escravidão sob a qual as massas de negros, com seus pensamentos mal articulados, debatiam-se e estremeciam. Eles receberam a liberdade com um grito. Eles se encolhiam diante do senhor de escravos que ainda queria mantê-los acorrentados; fugiam na direção dos amigos que os libertaram, apesar de esses amigos estarem dispostos a usá-los como uma arma para garantir a lealdade dos recalcitrantes estados sulistas. Assim, o abismo entre brancos e negros no Sul só cresceu. É inútil dizer que isso jamais deveria ter acontecido; mas era tão inevitável quanto suas consequências foram lamentáveis. Elementos curiosamente incompatíveis se juntaram uns contra os outros — de um lado,

---

[62] No livro *Black Reconstruction in America*, de 1935, Du Bois usa várias vezes a palavra "failure" (fracasso) ao descrever a chamada Reconstrução, mas mantém: "A tentativa de fazer dos negros cidadãos americanos foi em certo sentido um completo fracasso, mas um esplêndido fracasso" ("The attempt to make black men American citizens was in a certain sense all a failure, but a splendid failure").

[63] Eclesiastes 9:18 e 10:1 "Um só pecador anula muita coisa boa. Moscas mortas fazem com que o perfumista rejeite o óleo, um pouco de insensatez conta mais que sabedoria e glória".

o Norte, o governo federal, os oportunistas recém-chegados e o escravo; do outro, os brancos do Sul como um todo, fossem cavalheiros ou andarilhos, homens honestos ou vigaristas, assassinos fora da lei ou mártires do dever.

Portanto, é duplamente difícil escrever sobre esse período com sobriedade, tamanha era a intensidade dos sentimentos, tamanhas eram as paixões humanas que moviam e cegavam os homens. Em meio a tudo isso, duas figuras são sempre citadas para tipificar essa época para as gerações vindouras — uma delas era o cavalheiro grisalho cujos pais se conduziram como homens e cujos filhos jazem em sepulturas não identificadas; que se curvava ao mal da escravidão porque sua abolição ameaçava a todos de uma maneira nunca vista; e que por fim, no crepúsculo da vida, mostrava-se exaurido e arruinado, com ódio nos olhos; e a outra, a forma silenciosa de um rosto negro e maternal, obscurecido pelas brumas dos séculos, que se amedrontou diante dos comandos de seu senhor de escravos branco, que se inclinava amorosamente sobre os berços dos filhos e filhas dele, e que na hora da morte fechara os olhos da esposa dele, e que também se rebaixara diante da luxúria dele, gerando um homem-menino pardo para o mundo, apenas para ver os membros escuros do garoto serem espalhados aos quatro ventos por assaltantes noturnos que cavalgavam atrás de "malditos crioulos". Essas eram as visões mais tristes daquela época de infelicidade; e homem nenhum fez um esforço para fazer essas duas figuras transientes do presente-passado darem as mãos; odiando-se, elas seguiram em seu longo caminho para casa e, odiando-se, os filhos de seus filhos vivem hoje.

Esse, portanto, era o campo de trabalho do Gabinete dos Libertos; e como, com alguma hesitação, sua existência foi prolongada pela lei de 1868 até 1869, tomemos seus quatro anos de trabalho como um todo. Em 1868, havia novecentos funcionários do Gabinete espalhados de Washington ao Texas, governando, de forma direta e indireta, milhões e milhões de homens. Os feitos desses governantes se resumem principalmente a sete iniciativas: o alívio do sofrimento físico, a supervisão dos primórdios do trabalho livre, a compra e a venda de terras, o estabelecimento de escolas, o pagamento de indenizações, a administração da justiça e o financiamento de todas essas atividades.

Até junho de 1869, mais de meio milhão de pacientes foram tratados pelos médicos e cirurgiões do Gabinete, e sessenta hospitais e sanatórios foram postos em operação. Em cinquenta meses, 21 milhões de porções gratuitas de alimentos foram distribuídas, a um custo de 4 milhões de dólares.

Em seguida vinha a difícil questão trabalhista. De início, 30 mil homens negros foram transportados dos centros de refugiados e atendimento de volta à zona rural, para o experimento fundamental de uma nova forma de trabalho. De Washington, vinham apenas instruções básicas: os trabalhadores deveriam ser livres para escolher seus empregadores, nenhum patamar de remuneração foi estabelecido, e não poderia haver trabalho forçado nem em troca de pagamento de dívidas. A princípio, tudo bem; mas os agentes locais diferiam *toto cœlo*[64] em termos de capacidade e caráter e, como os encarregados estavam sempre mudando, os resultados eram necessariamente desiguais. O principal fator de sucesso era o fato de que a maioria dos libertos estava disposta, ansiosa até, para trabalhar. Assim, os contratos de trabalho foram redigidos — chegando a 50 mil em um único estado —, os empregadores foram instruídos, os salários foram garantidos e os empregos foram criados. Na verdade, a organização se transformou em uma imensa agência de empregos — não era perfeita; na verdade, era notavelmente falha em determinados lugares, mas em seu todo foi bem-sucedida além do que poderiam sonhar os homens mais cautelosos. Dois grandes obstáculos confrontados por seus funcionários eram o tirano e o indolente — o senhor de escravos determinado a perpetuar a escravidão sob um novo nome; e o liberto que encarava a liberdade como um eterno descanso —, o Diabo e o Mar Profundo[65].

Em seu trabalho de estabelecer os negros como proprietários rurais, a atuação do Gabinete foi desde o início prejudicada e por fim totalmente tolhida. Algumas coisas foram feitas, e coisas maiores foram planejadas; terras devolutas foram arrendadas enquanto permaneceram sob a posse do Gabinete, e uma receita total de quase meio milhão de dólares foi obtida de arrendatários negros. Determinadas propriedades de que o governo nacional se apropriou foram vendidas em termos favoráveis, e as terras públicas foram abertas para o assentamento dos pouquíssimos libertos que dispunham de

---

64 "Por toda a extensão do céu ", em latim. Tem o sentido de "completamente", "totalmente", "redondamente".
65 Expressão da língua inglesa para descrever um dilema, uma situação angustiante em que as duas únicas alternativas são ambas desagradáveis ou mesmo fatais. Estar "between the Devil and the Deep Sea" é equivalente a estar "entre a cruz e a espada", "entre a cruz e a caldeirinha" ou "entre o fogo e a frigideira".

ferramentas e capital. Mas a visão de "quarenta acres e uma mula"[66] — a ambição justa e razoável de se tornar proprietário de terras, que a nação prometera de forma quase categórica aos libertos — estava destinada na maioria dos casos a uma amarga frustração. E esses homens dotados da maravilhosa capacidade de prever apenas o que já aconteceu e que hoje tentam conduzir o negro de volta à zona rural sabem bem, ou deveriam saber, que a oportunidade de vinculá-lo de forma voluntária ao trabalho no campo foi perdida no dia em que o comissário do Gabinete dos Libertos precisou viajar à Carolina do Sul e contar aos infelizes libertos que, depois de anos de trabalho, suas terras não eram deles, que houve algum erro em algum lugar. Se em 1874 os negros da Geórgia eram proprietários de 140 mil hectares de terra, foi por obra de sua própria capacidade de prosperar, e não por algum ato generoso do governo.

O principal sucesso do Gabinete dos Libertos foi a disponibilização da educação gratuita aos negros, e a disseminação de escolas primárias públicas para todas as classes sociais no Sul. Além de mobilizar as professoras através das sociedades beneficentes e construir escolas para elas, a organização ajudou a descobrir e a apoiar apóstolos da cultura humana como Edmund Ware[67], Samuel Armstrong[68] e Erastus Cravath[69]. A oposição à educação dos negros no Sul foi a princípio irredutível e se revelava na forma de cinzas, insultos e sangue. O Sul acreditava que um negro instruído era um negro pe-

---

66 Ver nota 48.
67 Edmund Asa Ware (1837-1885), educador e missionário da American Missionary Association, foi o primeiro reitor da Universidade de Atlanta, onde Du Bois lecionou em dois períodos: 1897-1910 e 1934-1944.
68 Samuel Chapman Armstrong (1839-1893) nasceu no Havaí, onde seus pais eram missionários. Alistou-se no exército da União durante a Guerra Civil, teve uma carreira militar espetacular e chegou a general. Ainda durante a guerra, criou escolas para a educação dos soldados negros. Depois, passou a integrar o Gabinete dos Libertos. Em 1868, criou a Hampton Agricultural and Industrial School, que depois se tornaria a Universidade de Hampton. Um dos primeiros alunos da escola foi Booker T. Washington, que descreveu Armstrong como "o mais nobre e raro ser humano que eu já tive o privilégio de conhecer", "o mais perfeito espécime de homem, fisicamente, mentalmente e espiritualmente o mais semelhante a Cristo".
69 Os pais de Erastus Milo Cravath (1833-1900) eram já ativos abolicionistas e sua casa servia de refúgio para escravos fugitivos. Depois de servir no exército da União durante a Guerra Civil, Cravath tornou-se agente de campo da American Missionary Association, criou diversas escolas para negros no Sul e foi um dos fundadores da Universidade Fisk, na qual foi reitor por vinte anos. Du Bois se formou na Fisk.

rigoso. E o Sul não estava totalmente errado: a educação de qualquer tipo de homem sempre teve, e sempre terá, um elemento de perigo e revolução, de insatisfação e descontentamento. De qualquer forma, os homens anseiam pelo saber. Talvez uma vaga consciência desse paradoxo, mesmo nos tempos inquietos do Gabinete, tenha ajudado as baionetas a sufocar uma oposição à instrução humana que até hoje permanece ardendo em brasas no Sul, mas não a ponto de explodir em chamas. As universidades de Fisk, Atlanta, Howard e Hampton foram fundadas nessa época, e 6 milhões de dólares foram gastos em obras educacionais, sendo 750 mil dólares extraídos dos parcos rendimentos dos próprios libertos.

Tais contribuições, aliadas à compra de terras e várias outras iniciativas, mostraram que ex-escravos já dispunham de algum capital livre. Sua principal fonte inicial foi o trabalho no exército, o pagamento do soldo de militar. Os pagamentos dos soldados negros eram dificultados primeiro pela ignorância dos recebedores, e também pelo fato de que as cotas de homens negros dos regimentos dos estados do Norte eram preenchidas em sua maior parte por recrutas do Sul, figuras desconhecidas de seus camaradas militares. Consequentemente, os pagamentos eram acompanhados de uma quantidade tamanha de fraudes que o Congresso, em resolução conjunta das duas Casas em 1867, pôs a questão como um todo nas mãos do Gabinete dos Libertos. Em dois anos, seis milhões de dólares foram assim distribuídos a cinco mil requerentes, e no fim essa soma superou os oito milhões de dólares. Inclusive nesse sistema, as fraudes eram frequentes; mas ainda assim o trabalho levou o capital necessário à mão dos verdadeiros pobres, e pelo menos uma parte dele foi bem investida.

A parte mais constrangedora e menos bem-sucedida do trabalho do Gabinete foi sua atuação jurídica. Um tribunal típico do Gabinete dos Libertos consistia em um representante do empregador, um do negro e um do Gabinete. Se o Gabinete tivesse se conduzido de forma absolutamente correta, seria uma configuração ideal, e com o tempo se tornaria confiável; mas a natureza de suas outras atividades e o caráter de seus funcionários tornavam o Gabinete inclinado a favorecer os negros, o que sem dúvida levou a muitas injustiças e foi causa de muita irritação. Por outro lado, deixar o negro nas mãos dos tribunais sulistas era impraticável. Em uma terra enlouquecida, de onde a escravidão havia sido extirpada a duras penas, impedir o mais forte de abusar do mais fraco, e o mais fraco de zombar insolentemente da perda de poder do mais forte, era uma tarefa ingrata e inviável. Os antigos senhores de escravos eram afrontados, perseguidos, aprisionados e punidos de forma incessante, sem nenhuma demonstração de cortesia da parte dos oficiais do exército. Os antigos escravos eram intimidados, surrados, violentados e assassinados por homens furiosos e ressentidos. Os tribunais do Gabinete tendiam a se tornar locais destinados simplesmente a punir os brancos, enquanto os tribunais civis convencionais tendiam a fazer o papel de instituições para a perpetuação da escravidão dos negros. Toda uma gama de artimanhas legais e métodos engenhosos foi mobilizada pelas legislaturas locais para reduzir os negros à servidão — para torná-los escravos do governo estadual, já que não mais podiam ser propriedade de um dono; os funcionários do Gabinete, por outro lado, esforçavam-se para "inverter a hierarquia"[70] e concediam aos libertos um poder e uma independência que eles ainda não tinham como usufruir. Para nós, que somos de outra geração, é bem cômodo destilar sabedoria para aconselhar aqueles que carregaram o fardo no calor do momento. Hoje é muito fácil enxergar que o homem que perdeu sua casa, sua fortuna e sua família de um só golpe, e que viu suas terras dominadas por "mulas e crioulos", na verdade foi beneficiado com o fim da escravidão. Hoje é fácil dizer ao jovem liberto — enganado e empurrado de um lado para o outro, que viu a cabeça de seu pai ser golpeada até virar uma gosma e sua própria mãe ser atacada de formas inomináveis — que os mansos herdarão a terra. Sobretudo, nada pode ser mais conveniente que responsabilizar o Gabinete dos Libertos por todos os males de uma época maligna e amaldiçoá-lo por todos os erros e fiascos ocorridos.

Tudo isso é fácil, mas não é sensato nem justo. Um grande erro foi cometido, mas foi bem antes de Oliver Howard[71] ter nascido; houve agressões criminosas e negligência irresponsável, mas sem um sistema de controle teria havido muito mais. Se o controle tivesse sido exercido pela população

---

[70] No original, o autor usa uma popular expressão surgida durante a Guerra Civil: "put the bottom rail on top". A história é que um ex-escravizado, servindo como soldado da União, encontra seu antigo e odiado senhor aprisionado como confederado e diz: "Howdy Massa. Bottom rail on top, this time" ("Olá, sinhô. O trilho de baixo agora está por cima"). A expressão se refere às cercas que eram usadas na região rural, feitas de estacas verticais unidas horizontalmente por dois ou mais trilhos (*rail*) de madeira. Na expressão, o trilho de baixo teria mudado para o lugar de cima.

[71] Ver nota 51.

local, o negro teria sido escravizado de novo, para todos os efeitos. Com o controle vindo de fora, métodos perfeitos empregados por homens perfeitos teriam melhorado a situação como um todo; mas, mesmo empregando agentes imperfeitos e métodos questionáveis, o trabalho realizado ainda é digno de nota.

Assim foi o raiar da Liberdade; assim foi o trabalho do Gabinete dos Libertos, que, em suma, pode ser resumido assim: por cerca de quinze milhões de dólares, além das somas despendidas antes de 1865, e com a colaboração das sociedades beneficentes, o Gabinete pôs em funcionamento um sistema de trabalho livre, estabeleceu um princípio de redistribuição de terras para pequenos proprietários, assegurou o reconhecimento dos negros libertos diante dos tribunais de justiça e fundou as escolas que ofereciam educação para todos no Sul. Por outro lado, não conseguiu consolidar uma relação de boa-fé entre os antigos senhores de escravos e os libertos, nem erradicar de sua atuação métodos paternalistas que impediam a autossuficiência, nem ampliar de forma considerável sua promessa explícita de conceder terras a todos os ex-escravos. Seus sucessos foram resultado de muito trabalho, auxiliado pelos filantropos e pelo enorme esforço voluntário por parte dos negros. Seus fracassos foram resultado da atuação de agentes locais ineptos, das dificuldades inerentes à tarefa e da negligência da nação.

Uma instituição como essa — com amplos poderes, grandes responsabilidades, controle de enormes verbas e por definição muita visibilidade — estava naturalmente exposta a repetidos e rancorosos ataques. Acabou sujeita a uma investigação parlamentar instituída por Fernando Wood[72] em 1870. Seus arquivos e as poucas funções que mantinha foram arrancados sem a menor consideração das mãos de Howard, durante um período de ausência, e passados em 1872 para a supervisão de William Belknap[73],

---

72 Fernando Wood (1812-1881), chefe da corrupta máquina política do Partido Democrata de Nova York, foi um dos principais inimigos de Lincoln e dos abolicionistas. No início da Guerra Civil, chegou a defender que Nova York, da qual era prefeito, também se juntasse aos estados confederados.

73 William Worth Belknap (1829-1890), apesar de membro do Partido Democrata, alinhou-se imediatamente com Lincoln na Guerra Civil e alistou-se no exército da União. Em 1869, foi nomeado secretário de Guerra pelo presidente Ulisses S. Grant e tornou-se um dos homens mais poderosos do governo. Em 1876, porém, foi obrigado a renunciar por causa de um escândalo de corrupção.

secretário de Guerra, por recomendação do próprio secretário. Por fim, em consequência de graves acusações de delitos feitas pelo secretário e seus subordinados, o general Howard foi levado à corte marcial em 1874. Em ambos os seus julgamentos, o comissário do Gabinete dos Libertos foi oficialmente inocentado de qualquer má conduta, e seu trabalho foi elogiado. Mesmo assim, muitas coisas desagradáveis foram trazidas à tona — os métodos de condução dos negócios do Gabinete eram falhos; vários casos de desvio de verbas foram comprovados, e havia fortes suspeitas de outras fraudes; algumas transações comerciais flertavam perigosamente com a especulação, quando não com a desonestidade; e acima de tudo ainda havia a mancha representada pelo Banco dos Libertos[74].

Para todos os efeitos morais e práticos, o Banco dos Libertos fazia parte do Gabinete dos Libertos, apesar de não ter nenhum vínculo legal com ele. Com o prestígio proporcionado pelo apoio do governo federal, e uma junta diretiva composta de figuras de respeitabilidade e relevância nacional acima da média, essa instituição bancária teve a princípio um papel notável na disseminação da temperança entre o povo negro, já que a escravidão nunca lhe permitira saber o que significava poupar. Até que em um triste dia veio a falência — todos os dólares economizados a duras penas pelos libertos se foram; mas essa não foi a maior das perdas — toda a fé na ideia de economizar desapareceu, além de boa parte da fé nos outros homens; e trata-se de uma perda ainda não reparada por um país que hoje condena a falta de motivação do negro. Nem mesmo mais dez anos de escravidão teriam causado maior prejuízo à postura dos libertos em relação à ideia de economizar do que a má administração e a falência de uma série de bancos estabelecidos pelo governo supostamente em seu benefício. Em quem colocar a culpa é algo difícil de determinar; se o Gabinete e o Banco morreram principalmente pelos golpes perpetrados pelos motivos egoístas de seus apoiadores ou pelas maquinações

---

[74] O Freedman's Savings and Trust Company foi criado em 1865 como banco privado sob a supervisão do Congresso. Seu objetivo era encorajar o desenvolvimento econômico das comunidades afro-americanas. E foi um grande sucesso nos seus primeiros anos, mas diversos problemas de gestão, a crise econômica de 1873 e, suspeita-se, sabotagens de concorrentes e da oposição racista levaram o Freedman's à falência em 1874. Diversos clientes perderam todo o dinheiro que tinham depositado ali. Nos últimos meses do banco, Frederick Douglass foi feito seu presidente numa tentativa de salvar a imagem da instituição, mas sem sucesso.

sinistras de seus adversários, talvez nem mesmo o tempo seja capaz de revelar, pois se trata de uma história não contada.

Dos adversários do Gabinete, os mais empedernidos eram aqueles que atacavam não tanto sua conduta ou a legalidade de suas políticas, e sim a própria necessidade de tal instituição. Ataques como esse vinham principalmente do Sul e dos estados fronteiriços[75]; e foram personificadas pelo senador Davis[76], do Kentucky, quando se referiu à lei de 1866 como um projeto destinado "a promover embates e conflitos entre as raças branca e negra [...] pela instituição de um poder inconstitucional". Esse argumento ganhou uma tremenda força no Norte e no Sul; mas sua força era também sua fraqueza. Pois — rebatia o bom senso da nação —, se era inconstitucional, impraticável e inútil o país fazer o papel de guardião de seus tutelados indefesos, então só restava uma alternativa: tornar os tutelados seus próprios guardiões através do voto. Além disso, o caminho da prática política apontava na mesma direção; pois, como dizia o oportunista, se não era possível reconstruir o Sul com os votos dos brancos, com os dos negros com certeza seria. Dessa forma, a justiça e a força popular deram as mãos.

A alternativa oferecida ao país, porém, não era entre o sufrágio amplo ou restrito para o negro; assim fosse, qualquer homem sensato, negro ou branco, teria escolhido facilmente a primeira alternativa. Era, isso sim, uma escolha entre o sufrágio e a escravidão, depois de uma incessante quantidade de sangue e ouro ter sido empenhada para eliminar a servidão humana. Nenhuma legislatura estadual sulista estava disposta a admitir que um negro, sob qualquer condição, fosse às urnas; nenhuma legislatura estadual sulista acreditava que o trabalho livre para o negro fosse possível sem um sistema de restrições que eliminasse todas as suas liberdades; quase não havia homens brancos no Sul que não considerassem sinceramente a Emancipação um crime, e sua anulação na prática, um dever. Em uma situação como essa, garantir o

---

75 Os chamados "border states" eram Delaware, Maryland, Kentucky, Missouri e Virgínia Ocidental. Estados escravagistas que, apesar disso, decidiram não se aliar aos confederados na Guerra Civil. Arkansas, Carolina do Norte, Tennessee e Virgínia também chegaram a ser considerados "border states", mas, no correr da guerra, acabaram juntando-se aos confederados.
76 Garrett Davis (1801-1872), senador pelo Partido Democrata.

direito de voto ao homem negro era uma necessidade, o mínimo que uma nação com o peso da culpa na consciência poderia conceder a uma raça injustiçada, e o único método de obrigar o Sul a aceitar os resultados da guerra. O sufrágio negro encerrou uma guerra civil dando início a uma disputa racial. Houve quem sentisse gratidão pela raça que assim sacrificou a infância de sua liberdade no altar da integridade nacional; e houve quem sentisse apenas indiferença e desprezo.

Se as pressões políticas fossem menores, se a oposição à tutela do governo aos negros fosse menos empedernida, e se o apego ao sistema de escravidão fosse menor, seria possível ao observador social imaginar uma política muito melhor — um Gabinete dos Libertos permanente, com um sistema nacional de escolas para negros; uma agência de promoção de empregos criteriosamente supervisionada; um sistema de proteção imparcial contra as arbitrariedades dos tribunais; e instituições destinadas a avanços sociais, como bancos, cooperativas de cultivo e de construção e assentamentos sociais. Toda essa vasta aplicação de verbas e cérebros teria dado origem a uma ampla cultura de proteção ao cidadão e resolveria de uma forma que ainda não foi resolvida os mais desconcertantes e persistentes problemas dos negros.

Se tal instituição era impensável em 1870, isso se devia em parte a certas atitudes do próprio Gabinete dos Libertos. A própria organização passou a considerar seu trabalho apenas temporário, e o sufrágio do negro como a solução final para todas as suas dificuldades. A ambição política de muitos de seus agentes e protegidos os levou a atividades questionáveis, até que o Sul, movido por seus preconceitos profundos, passou a ignorar com a maior tranquilidade todos os benefícios promovidos pelo Gabinete e começou a repudiar até a menção de seu nome com um ódio absoluto. Assim morreu o Gabinete dos Libertos, deixando como sua cria a Décima Quinta Emenda.

O fim de uma grande instituição humana antes de concluir seu trabalho, como o passamento prematuro de uma alma, deixa aos demais homens o legado de uma luta. O legado do Gabinete dos Libertos é uma pesada herança para a atual geração. Hoje, quando novos e maiores problemas mobilizam todas as fibras da mente e do corpo nacional, não seria bom lidar com esse legado com sinceridade e consideração? Pois de uma coisa todos os homens sabem: apesar das concessões, da guerra e das lutas, o negro não é livre. No interior dos estados do Golfo[77], por quilômetros e quilômetros, ele não tem como deixar a fazenda onde nasceu; em quase todas as zonas rurais sulistas, os trabalhadores negros estão presos aos donos da terra pelo peso da dívida, condenados pela lei e pelos costumes à escravidão econômica, e a única forma de fuga é a morte ou a penitenciária. Nas regiões e cidades mais cultas do Sul, os negros são uma casta servil e segregada, com direitos e privilégios restritos. Nos tribunais, tanto pela lei como pelos costumes, são submetidos a premissas diferentes e peculiares. O pagamento de tributos sem direito a representatividade é a norma de sua vida política. E o resultado de tudo isso é, como talvez não pudesse deixar de ser, a criminalidade e o desrespeito à lei. Esse é o legado mais amplo do Gabinete dos Libertos, o trabalho que não fez por ter sido impossibilitado.

Eu vi uma terra feliz e ensolarada, onde as crianças cantam e as colinas se espalham como mulheres tomadas de paixões, entregando-se às colheitas. E lá, na Estrada do Rei[78], havia e ainda há uma figura velada e prostrada, pela qual os pés dos viajantes se aceleram ao passar. No ar contaminado, paira o medo. O pensamento humano de três séculos serviu para erguer e desvelar esse coração humano prostrado, que agora vê diante de si um novo século para cumprir seu dever. O problema do século XX é o problema da linha de cor.

---

[77] Os "Gulf States" são aqueles que têm seu litoral no golfo do México: Texas, Louisiana, Mississippi, Alabama e Flórida.

[78] Na Antiguidade, a Estrada do Rei, o Caminho do Rei ou a Estrada Real (ou a Derech Ha'Melech dos judeus, ou a Via Regia dos romanos) era aquela que ligava o Egito à Mesopotâmia. Em Números 20:17, ela é citada como o caminho que os israelitas pretendem seguir em sua fuga do Egito.

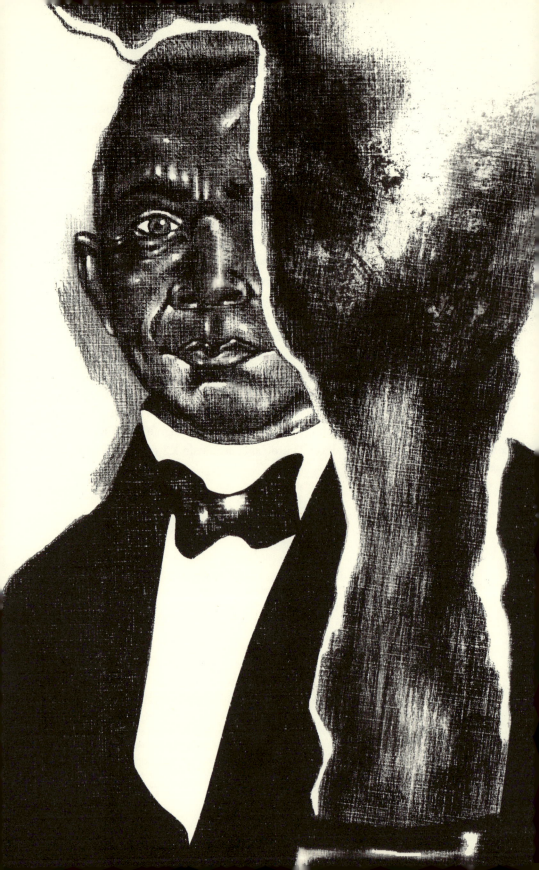

3
SOBRE O SR. BOOKER T. WASHINGTON E OUTROS

Do nascimento à morte escravizados; no falar, no fazer, emasculados!
[...]
Cativos hereditários! Não sabem vocês que
Quem deseja se libertar deve desferir o golpe?[79]

— Lord Byron

[80]

79 "*From birth till death enslaved; in word, in deed, unmanned!/[...] Hereditary bondsmen! Know ye not/ Who would be free themselves must strike the blow?*" Trecho do poema "Childe Harold's Pilgrimage", de Byron (1788-1824).

80 Trecho do spiritual "A Great Camp-Meeting in the Promised Land": *Oh walk togedder, children/ Don't yer get weary/ Walk togedder, children/ Don't yer get weary/ Dere's a great camp-meetin' in de Promised Land/ Gwine to hab it in heben/ Hab it in heben/ Hab it in heben/ Dere's a great camp-meetin' in de Promised Land/ Dere's a better day comin'/ Better day comin'/ Better day comin'/ Dere's a great camp-meetin' in de Promised Land.* ("Ó caminhem juntas, crianças/ Não se deixem abalar/ Caminhem juntas, crianças/ Não se deixem abalar/ Tem um grande encontro na Terra Prometida/ Vai ser no céu/ Vai ser no céu/ Vai ser no céu/ Tem um grande encontro na Terra Prometida/ Tem um tempo melhor chegando/ Um tempo melhor chegando/ Um tempo melhor chegando/ Tem um grande encontro na Terra Prometida.")

Tendo em conta que este é um capítulo em que o autor particularmente pesou os miligramas de cada sílaba, há certo debate a respeito do porquê Du Bois ter escolhido tal música para a abertura. Alguns estudiosos apontam que a letra desse spiritual expressa uma acomodação, resignação, e manda esperar com paciência, jogar as esperanças para um futuro indeterminado em que se alcançará a Terra Prometida, no "heben" (*heaven*, o Reino dos Céus). Ou seja, a escolha seria parte do retrato crítico que Du Bois faz da posição conciliadora de Washington. Mas, para outros estudiosos, a letra é um chamado à ação, quase a senha de uma rebelião contra o escravismo no tempo em que a música foi criada e, no tempo em que este livro foi escrito, uma rebelião contra o neoescravismo e talvez mesmo uma rebelião contra a liderança de Booker T. Washington. Os partidários da primeira hipótese dizem que "A Great Camp-Meeting in the Promised Land" obviamente se contrapõe ao chamado à luta feito no trecho selecionado de "Childe Harold's Pilgrimage", mas é interessante notar que o famoso poema de Byron é, como um todo, o lamento melancólico de alguém cansado das guerras, desiludido com as revoluções, resignado com a derrota: "Thy glorious day is o'er, but not thine years of shame" (Teus dias de glória acabaram, mas não teus dias de vergonha"), "But ne'er will freedom seek this fated soil" (Mas jamais a liberdade virá para este fatídico solo")... No poema, se muitos sonham que a vitória está próxima ("And many dream withal the hour is nigh"), isso é só um sonho, não a certeza de "Dere's a better day comin'".

De longe, o fato mais notável na história do negro americano desde 1876 é a ascensão do sr. Booker T. Washington. Tudo começou em um tempo em que as lembranças e os ideais da guerra estavam rapidamente se perdendo; uma época de desenvolvimento mercantil atordoante se iniciava; uma sensação de dúvida e hesitação dominava os filhos dos libertos — foi então que sua liderança surgiu. O sr. Washington apareceu, com um programa simples e bem definido, no momento psicológico em que a nação estava um pouco envergonhada de ter dedicado tantos sentimentos ardorosos aos negros e concentrava todas as suas energias nos dólares. Seu programa de educação para o trabalho[81], de conciliação com o Sul e de submissão e silêncio em relação aos direitos civis e políticos não era exatamente novidade: os negros livres de 1830 até a época da guerra haviam se esforçado para criar instituições de educação para o trabalho, e a Associação Missionária Americana ensinava várias profissões desde seus primórdios; e Price[82] e outros haviam procurado maneiras de estabelecer uma aliança honrada com os melhores dos sulistas. Mas logo de início o sr. Washington uniu de forma indissociável essas três coisas; dedicou entusiasmo, energias ilimitadas e fé inabalável a seu programa político e o transformou de um caminho secundário em um verdadeiro Modo de Vida. E a história dos métodos de que se valeu para fazer isso é um estudo fascinante da vida humana.

---

[81] Booker T. Washington conquistou muito apoio de magnatas brancos ao sustentar que o foco da educação dos afro-americanos deveria estar em preparar mão de obra para os escalões inferiores do mercado de trabalho. Era um crítico das maiores ambições intelectuais de jovens afro-americanos como Du Bois. Tinha certo desdém pela poesia e ridicularizava, por exemplo, a ideia de negros estudarem latim ou grego.

[82] Joseph Charles Price (1854-1893) foi pastor, ativista, educador e a principal liderança negra no sul dos Estados Unidos em seu tempo. Morreu com apenas 39 anos, e Frederick Douglass lamentou: "A raça perdeu seu defensor mais hábil". O jovem Du Bois assistiu a uma palestra que Price fez em Boston e ficou bem impressionado. Ainda que também colocasse sua ênfase na educação, mais que na organização política, Price era menos conciliador que Booker T. Washington com relação aos sulistas racistas e mais firme na defesa dos direitos civis dos afro-americanos. "Du Bois, August Meier e outros sentiram que foi o vácuo de liderança criado pela morte de Price que possibilitou a Booker T. Washington ocupar o lugar que ocupou, e que se Price tivesse vivido mais tempo, sua influência e reputação (e também a do seu Livingstone College) teriam sido tão grandes ou maiores do que as alcançadas por Washington e o instituto Tuskegee", escreve John Inscoe no *Dictionary of North Carolina Biography v. 5* (University of North Carolina Press, 1994, org. William S. Powell. Disponível em: https://www.ncpedia.org/biography/price-joseph-charles).

A nação foi tomada de surpresa ao ouvir um negro defendendo tal programa depois de várias décadas de reivindicações inflexíveis; seu discurso surpreendeu e ganhou aplausos no Sul, e conquistou o interesse e a admiração do Norte; e, depois de um confuso murmúrio de protesto, silenciou os negros que não converteu.

Ganhar a simpatia e a cooperação dos vários elementos que compõem a população branca do Sul foi a primeira tarefa do sr. Washington; e isso, na época em que o Instituto Tuskegee foi fundado[83], parecia quase impossível para um homem negro. E, no entanto, dez anos depois esse objetivo foi alcançado com o discurso proferido em Atlanta: "Em todas as coisas que dizem respeito exclusivamente ao social, podemos ser separados como cinco dedos, mas que se juntam como uma só mão em tudo o que é essencial para o progresso mútuo". Esse "Acordo de Atlanta"[84] é em todos os sentidos o fato mais notável da carreira do sr. Washington. O Sul[85] o interpretou de diferentes maneiras: os radicais o receberam como uma completa desistência das lutas por igualdade civil e política; os conservadores, como uma generosa concessão para um trabalho de base visando ao entendimento mútuo. Portanto, houve a aprovação de ambas as partes, e hoje seu autor certamente é o sulista mais ilustre desde Jefferson Davis[86], e aquele com o maior número de seguidores.

---

[83] A Tuskegee foi fundada em 4 de julho de 1881 por um escravizado, Lewis Adams (1842-1905), mas a escola de fato se firmou quando Booker T. Washington foi contratado para ser seu diretor. Com sua proposta conciliadora, resignada com a ausência de direitos civis para os afro-americanos, Washington ganhou a boa vontade (e doações) de diversos dos maiores ricaços brancos dos Estados Unidos, como Andrew Carnegie e John D. Rockfeller. O foco da escola estava no ensino profissionalizante. Apesar das diferenças crescentes entre Washington e Du Bois, este chegou a ser convidado para lecionar lá em 1894, mas recusou o convite.

[84] Em setembro de 1895, Booker T. Washington e outras lideranças afro-americanas do sul dos Estados Unidos fecharam o chamado Acordo de Atlanta com os líderes brancos daquela parte do país numa tentativa de pacificar as relações sociais. Pelo acordo, os afro-americanos deixavam de reivindicar seus direitos civis e políticos (como o direito de voto) e basicamente se submetiam às regras impostas pelos brancos em troca da garantia de que teriam direito a uma educação básica e um tratamento correto por parte do Judiciário. Ainda que tais termos soem tão ofensivos hoje, naquele momento pareceu um avanço. Demorou um pouco para o próprio Du Bois perceber o que significava tal acordo.

[85] O autor se refere à porção branca do sul dos Estados Unidos.

[86] Jefferson Davis (1808-1889) foi o presidente dos efêmeros Estados Confederados e, depois da derrota na Guerra Civil, herói do resiliente supremacismo branco sulista. A ironia de Du Bois é bem evidente aqui.

Depois disso veio o trabalho do sr. Washington para ganhar espaço e ser levado em consideração no Norte. Outros indivíduos, menos astutos e com menos tato, anteriormente haviam esboçado tentativas de exercer influência nos dois lugares ao mesmo tempo e acabaram se perdendo entre um e o outro; mas, assim como conhecera o coração do Sul por experiência própria de nascença e formação, o sr. Washington, com uma percepção singular, conseguiu compreender de forma intuitiva o espírito da época predominante no Norte. E aprendeu a dominar tão completamente o discurso e o pensamento do mercantilismo triunfante, e seus ideais de prosperidade material, que a imagem do menino negro solitário que se debruçava sobre uma gramática do idioma francês em meio ao mato e a sujeira de uma casa malcuidada logo passou a lhe parecer o maior dos absurdos[87]. A esse respeito, pode ser interessante se perguntar o que Sócrates e são Francisco de Assis teriam a dizer.

E, no entanto, essa simplicidade de visão e essa identificação total com sua época são a marca de um homem bem-sucedido. É como se a implacável natureza precisasse tornar os homens limitados para lhes conceder força. Assim o séquito do sr. Washington foi arrebanhando seguidores incondicionais, seu trabalho prosperou de forma considerável, seus amigos se tornaram legião, e seus inimigos ficaram sem ação. Hoje ele é o único porta-voz reconhecido por seus 10 milhões de pares, e uma das figuras de maior

[87] "Quando eu ainda era um garoto, vi um jovem de cor, que havia passado vários anos na escola, sentado em uma pobre cabana no Sul, estudando gramática francesa. Notei a pobreza, a desordem, a falta de sistema e de economia que existia na cabana, apesar do rapaz ter seu conhecimento de francês e outras matérias acadêmicas. Outra vez, quando cavalgava nos limites de uma cidade do Sul, ouvi o som de um piano vindo de uma cabana do mesmo tipo. Arranjando alguma desculpa, entrei e comecei uma conversa com a jovem negra que tocava e que havia voltado recentemente de um internato, onde estudara música instrumental, entre outras coisas. Apesar de seus pais morarem em uma cabana alugada, comendo comida mal preparada, cercados pela pobreza e sem nenhuma das conveniências da vida, ela os persuadiu a alugar um piano por quatro ou cinco dólares por mês. Muitos exemplos como esses, em conexão com minhas próprias lutas, impressionaram-me, fizeram-me ver a importância de fazer um estudo de nossas necessidades como raça e aplicar o remédio de acordo com isso", conta Washington em seu ensaio "The Awakening of the Negro" (1896). Mais uma de suas tantas críticas ao que via como uma educação pouco prática de certos afro-americanos. Para Washington, a busca, por parte de negros, de uma educação mais vasta e variada era mesmo uma forma de ociosidade. É de imaginar que Du Bois, que passou a infância vivendo em casebres miseráveis estudando para um dia se tornar um intelectual falante de francês e leitor de Goethe em alemão, viu tais palavras de Washington como uma ofensa pessoal.

destaque em um país de 70 milhões de habitantes. Portanto, é compreensível a hesitação de quem se dispõe a criticar uma vida que, depois de um início tão humilde, conseguiu tantas realizações. Mas é chegado o momento de falar com toda a sinceridade, ainda que com o maior respeito, dos erros e dos percalços da carreira do sr. Washington, além de seus triunfos, sem ser considerado capcioso ou invejoso, e sem esquecer que neste mundo é mais fácil fazer o mal do que o bem.

As críticas até aqui direcionadas ao sr. Washington nem sempre foram deste nível. Principalmente no Sul, ele foi obrigado a adotar certa cautela para evitar julgamentos apressados — o que é natural, pois está lidando com o assunto que mexe de forma mais profunda com a sensibilidade da região. Por duas vezes — a primeira em Chicago, quando, na celebração da Guerra Hispano-Americana[88] ele aludiu ao fato de que o preconceito de cor está "corroendo os órgãos vitais do Sul", e a segunda quando jantou com o presidente Roosevelt[89] —, viu-se sujeito a críticas violentas que ameaçaram seriamente sua popularidade no Sul. No Norte, o sentimento reinante muitas vezes se fez expressar em palavras, com afirmações de que as recomendações de submissão feitas pelo sr. Washington ignoram certos elementos da verdadeira condição humana, e que seu programa educacional é desnecessariamente limitado. Em geral, porém, essas críticas não eram abertas, até porque os filhos espirituais

---

88 Guerra entre os Estados Unidos e a Espanha que aconteceu em 1898. A derrota da Espanha praticamente marcou o fim de seu império colonial. Ela perdeu Cuba, Filipinas, Porto Rico e Guam, enquanto os Estados Unidos consolidaram o Caribe e a América Latina como seu "quintal".

89 Em outubro de 1901, logo depois de tomar posse como presidente dos Estados Unidos, Theodore Roosevelt (1858-1919) convidou Booker T. Washington para um jantar na Casa Branca. Outros líderes afro-americanos já haviam sido convidados antes para reuniões, mas nunca para um jantar. Foi um grande escândalo nacional. James K. Vardaman, político do Partido Democrata que pouco tempo depois seria eleito governador do Mississippi, disse que, por causa do jantar, a Casa Branca "ficou tão saturada pelo cheiro de crioulo (*nigger*) que os ratos fugiram para os estábulos". O senador Benjamin Tillman (da Carolina do Sul) declarou: "Nós deveríamos matar mil crioulos para fazê-los voltar aos seus lugares" (e, de fato, houve mesmo um plano para assassinar Washington). Vários jornais colocaram na capa um texto brutalmente racista chamado "Niggers in the White House" e o *Memphis Scimitar* publicou que o jantar havia sido "o mais danoso ultraje já perpetrado por um cidadão dos Estados Unidos". Diante da reação, os porta-vozes do governo Roosevelt tentaram primeiro negar que o jantar ocorrera, depois declararam que havia sido apenas um lanche. Demorou mais trinta anos para outro afro-americano ser convidado para um jantar na Casa Branca.

dos abolicionistas precisariam também admitir que as escolas fundadas antes de Tuskegee, por autossacrificados homens de grandes ideais, foram completos fracassos ou iniciativas que beiravam o ridículo. Portanto, apesar de haver críticas ao sr. Washington, a opinião pública prevalente no país se mostrou mais do que disposta a entregar a solução de um problema complicado em suas mãos, dizendo: "Se é isso o que você e sua raça querem, então tome".

Entre sua própria gente, porém, o sr. Washington encontrou uma oposição mais forte e duradoura, chegando às vezes ao ressentimento. Essa oposição continua ainda hoje intensa e persistente, apesar de em sua maior parte ter sua expressão silenciada pela opinião pública do país. Parte desse antagonismo, claro, é apenas inveja — a frustração de demagogos que ficaram sem público e a mesquinhez de mentes estreitas. Mas, além disso, existe entre os homens negros instruídos e bem-pensantes de todas as partes do país uma sensação de profunda tristeza e de apreensão em relação à grande reputação e ascendência que algumas das teorias do sr. Washington conquistaram. Esses mesmos homens admiram a sinceridade de seu propósito e estão dispostos a relevar muita coisa em benefício de suas iniciativas honestas e dignas de esforço. Eles cooperam com o sr. Washington de acordo com o que suas consciências permitem; e, na verdade, o fato de ele conseguir manter em tão larga medida o respeito de todos é um grande reconhecimento do tato e da capacidade de um homem obrigado a navegar entre tantos interesses e opiniões diferentes.

Mas o silenciamento das críticas de oponentes sinceros é uma coisa perigosa. Isso leva alguns dos melhores críticos a um lamentável estado de inação e paralisia, e outros a falar de forma tão passional e destemperada que acabam perdendo seus ouvintes. As críticas sinceras e honestas daqueles cujos interesses quase nunca são levados em conta — a crítica dos escritores pelos leitores, dos governantes pelos governados, dos líderes pelos liderados — são a alma da democracia e uma salvaguarda da sociedade moderna. Se os mais destacados negros norte-americanos aceitam por pressão externa um líder que nunca haviam reconhecido antes, certamente existe aí um certo ganho palpável. Mas também há uma perda irreparável — a perda de uma lição especialmente valiosa que um grupo obtém quando por iniciativa própria e com postura crítica descobre e elege seus próprios líderes. A maneira como isso acontece é ao mesmo tempo o mais elementar e o mais notável problema do crescimento social. A história se limita a registrar essas lideranças; mas como são infinitamente variáveis em termos de estilo e caráter! E, entre todos os estilos e tipos, o que pode ser mais instrutivo do que a liderança de um grupo dentro de um grupo, esse curioso movimento de mão dupla no qual o progresso pode ser considerado negativo, e o avanço, um relativo retrocesso? Tudo isso é motivo de inspiração e desespero para quem estuda as questões sociais.

No passado, o negro norte-americano teve experiências instrutivas ao escolher os líderes de seus grupos, fundando assim uma peculiar dinastia que à luz das circunstâncias atuais vale a pena ser estudada. Quando o ambiente de um povo se resume a paus, pedras e animais selvagens, sua postura se limita em grande parte à determinação de resistir e dominar as forças da natureza. Mas quando à terra e às feras se adiciona um ambiente de homens e ideias, a postura de um grupo aprisionado pode assumir três formas principais: um sentimento de revolta e vingança; uma tentativa de adaptação de pensamentos e ações às vontades do grupo dominante; ou, por fim, um esforço determinado de autorrealização e autodesenvolvimento apesar das opiniões do ambiente que o cerca. A influência de todas essas posturas em diferentes épocas pode ser traçada a partir da história do negro norte-americano e da evolução de seus sucessivos líderes.

Antes de 1750, quando o fogo da liberdade vivida na África ainda ardia nas veias dos escravos, havia em todas as lideranças ou aspirantes a lideranças apenas a motivação da revolta e da vingança — personificada pelos terríveis *maroons*[90], os negros dinamarqueses[91] e Cato de Stono[92] —, o que

---

[90] *Maroon* pode ser considerado um equivalente em inglês de quilombola. O termo vem do francês "marron", que, por sua vez, vem do espanhol "cimarrón", que, segundo alguns especialistas, viria do aruaque "simarabo" (fugitivo). Originalmente, designava animais domésticos que fugiam para o mato e viravam selvagens. Os espanhóis passaram a usar a palavra para referir-se a indígenas que fugiam da escravidão e, depois, para os africanos escravizados que fugiam. Ainda que nenhum outro quilombo tenha atingido as dimensões de Palmares, existiram muitos por todas as Américas, inclusive nos Estados Unidos, onde houve diversos casos em que os *maroons* se juntaram aos nativos, dando origem, por exemplo, aos black seminoles da Flórida e Oklahoma.

[91] O autor se refere a uma grande revolta de escravizados que, em novembro de 1733, tomou a ilha caribenha de Saint John, na época uma colônia da Dinamarca. Os revoltosos só foram derrotados em agosto do ano seguinte.

[92] Cato foi o líder de uma revolta de escravizados que aconteceu na Carolina do Sul em 1739, na região em torno do rio Stono. Cato era alfabetizado e, assim como seus principais companheiros, falava português. As testemunhas da época diziam que ele era angolano, mas hoje os

envolveu as Américas em um véu de medo de insurreições. As tendências liberalizantes da segunda metade do século XVIII trouxeram, junto com uma suavização das relações entre negros e brancos, as ideias de adaptação e assimilação total. Essa aspiração foi expressa principalmente através das sinceras canções de Phillis[93], do martírio de Attucks[94], da luta de Salem e Poor[95], das realizações intelectuais de Banneker[96] e Derham[97] e das reivindicações políticas de Cuffe[98].

    historiadores acreditam que ele era um guerreiro do Reino do Kongo. O objetivo dos revoltosos era fugir para a Flórida, dominada à época pelos espanhóis, que prometiam liberdade e terras para os escravos fugitivos das colônias britânicas.

93 A poeta Phillis Wheatley (1753-1784) foi a primeira pessoa negra norte-americana a publicar um livro, que, no entanto, foi impresso na Inglaterra porque nenhuma gráfica dos Estados Unidos aceitou imprimi-lo. Na época, Phillis ainda era escrava de uma família de Boston, os Wheatley, que a incentivaram na carreira literária e, depois da publicação do livro, lhe deram oficialmente a alforria. Phillis teve que defender na Justiça ser a autora de sua poesia, tão inacreditável parecia isso a tantos americanos brancos da época.

94 O estivador Crispus Attucks (1723-1770), mestiço de negro e indígena, foi o primeiro homem a ser morto pelos ingleses no chamado Massacre de Boston, em 5 de março de 1770. O incidente é considerado aquele que marca o início da Guerra de Independência norte-americana, por isso Attucks é celebrado como o primeiro americano a morrer pela independência dos Estados Unidos.

95 Peter Salem (1750-1816) e Salem Poor (1762-1802) foram dois afro-americanos heróis da Guerra de Independência dos Estados Unidos.

96 O autodidata afro-americano Benjamin Banneker (1731-1806) foi autor de populares almanaques carregados de conhecimentos matemáticos e de história natural que tiveram grande sucesso comercial no seu tempo. Segundo o próprio, ele seria descendente apenas de africanos, mas historiadores sustentam hoje que sua avó era branca.

97 Nascido em 1762, James Derham (também grafado James C. Derham e James Durham) foi escravo de diversos médicos brancos e acabou tornando-se ele próprio um médico bem-sucedido, o que o levou a comprar sua liberdade. Mas não tinha diploma e, quando as leis a respeito do exercício da medicina começaram a ficar mais rígidas, no início dos anos 1780, ele desapareceu da história. Du Bois também o cita em seu ensaio "The Talented Tenth".

98 Ruth Moses, mãe de Paul Cuffe (1759-1817), era indígena, da tribo Wampanoag, e seu pai, Cuff Slocum, era um axante, capturado em Gana ainda criança e alforriado em Massachusetts por volta de 1745. A família, com dez filhos (Paul foi o sétimo), tinha um sítio e vivia da agricultura. Mas Paul, ainda bem jovem, começou a fazer seus barcos e transportar mercadorias. O negócio cresceu bastante, virou uma frota de barcos e Paul Cuffe se tornou talvez o afro-americano (e também o nativo) mais rico dos Estados Unidos. Aos 19 anos, decidiu trocar o Slocum de seu nome (herança de um senhor de escravos) por "Cuffe", uma versão do primeiro nome de seu pai. Paul Cuffe participou da Guerra de independência e chegou a ser feito prisioneiro pelos britânicos. Depois da Independência, viajou diversas vezes a Serra Leoa para ajudar

As restrições financeiras e as tensões sociais posteriores à guerra fizeram arrefecer muito desse ardor humanitário. A frustração e a impaciência dos negros com a persistência da escravidão e da servidão encontraram voz em dois movimentos distintos. Os escravos do Sul, instigados sem dúvida nenhuma pelos vagos rumores que chegavam sobre a revolta do Haiti, promoveram três bravas tentativas de insurreição — em 1800, na Virgínia, sob a liderança de Gabriel[99]; em 1822, liderados por Vesey[100], na Carolina; e em 1831, outra vez na Virgínia, tendo à frente o terrível Nat Turner[101]. Nos estados livres, por outro lado, surgiu uma nova e curiosa tentativa de autodesenvolvimento. Na Filadélfia e em Nova York, as restrições relacionadas à cor levaram a uma retirada dos congregados negros das igrejas dos brancos e à formação de instituições sociorreligiosas peculiares conhecidas como a Igreja Africana[102] — uma organização ainda ativa cujos diferentes ramos controlam mais de um milhão de homens.

---

uma colônia de ex-escravizados que haviam voltado para a África. Moveu uma grande campanha internacional por apoio a Serra Leoa. Foi um ativo abolicionista e fundador da primeira escola racialmente integrada da América do Norte.

99 Gabriel Prosser (1776-1800) foi líder de uma tentativa de rebelião de escravizados em Richmond em 1800. Acabou enforcado.

100 Denmark Vesey (1767-1822), também conhecido como Telemaque, comprou sua liberdade com o dinheiro que ganhara numa loteria. Tornou-se carpinteiro, pastor presbiteriano e fundador da Igreja Metodista Episcopal Africana da Carolina do Sul. Era abertamente abolicionista e ajudava outros escravizados a comprar a liberdade. Em 1822, foi acusado de planejar uma rebelião de escravos e executado. Ele e Prosser são citados juntos como alguns dos "profetas da ira" na música "Prophets of Rage", do Public Enemy.

101 Nat Turner (1800-1831) liderou uma rebelião que matou mais de 50 brancos em agosto de 1831 na Virgínia. Demorou mais de dois meses para que ele fosse capturado. Acabou sendo executado em novembro do mesmo ano. Outros 56 afro-americanos (escravizados e livres) que teriam participado de alguma maneira da rebelião também foram executados. Em seguida, mais 120 negros sem relação com o caso foram assassinados por milícias brancas. Ainda assim, o medo que Turner gerou entre os brancos escravagistas ficou vivo. Vários estados aprovaram leis proibindo que negros fossem alfabetizados ou que se reunissem.

Logo após a publicação de *As Almas do Povo Negro*, Du Bois apresentou à editora George W. Jacobs and Company o plano de escrever uma biografia de Turner: "Nenhum outro homem teve tanta influência quanto Turner sobre a vida e sentimentos do Sul". Mas a editora não se interessou, e propôs que Du Bois escrevesse uma biografia de John Brown, que acabou sendo publicada em 1909.

102 A African Methodist Episcopal Church foi a primeira denominação protestante criada por pessoas negras. Foi fundada pelo reverendo Richard Allen (1760-1831), na Filadélfia (Pensilvânia) em 1816.

O apelo exaltado de Walker[103] contra a tendência de seu tempo mostrou como o mundo estava mudando depois do advento do descaroçador de algodão. Na década de 1830, a escravidão parecia irredutivelmente arraigada no Sul, e os escravos estavam todos acuados e entregues à submissão. Os negros livres do Norte, inspirados pelos imigrantes mulatos das Índias Ocidentais, começaram a transformar as bases de suas reivindicações; eles reconheciam a condição de escravidão dos escravos, mas se afirmavam como homens livres e buscavam ser assimilados e amalgamados à nação nos mesmos termos que todos os demais. Sendo assim, Forten e Purvis[104], da Filadélfia, Shadd[105], de

---

[103] David Walker (1796-1830) é autor de "Walker's Appeal, in Four Articles; Together with a Preamble, to the Coloured Citizens of the World, but in Particular, and Very Expressly, to Those of the United States of America, Written in Boston, State of Massachusetts, September 28, 1829", mais conhecido simplesmente como "An Appeal to the Coloured Citizens of the World". Na época de sua publicação, o texto foi visto como radical demais pela maioria dos abolicionistas. Mas o "Appeal" acabou por ter uma influência imensa sobre o movimento antirracista nos Estados Unidos, de Frederick Douglass e Du Bois a Martin Luther King Jr. e Malcolm X.

[104] O afro-americano James Forten (1766-1842) inventou uma tecnologia de fabricação de velas de navios e tornou-se um dos homens mais ricos da Filadélfia. Usou sua fortuna na luta abolicionista. Seus filhos e filhas também foram muito ativos nessa luta. Os Forten eram bem amigos da família Purvis, outra família de ricos abolicionistas da Filadélfia. Harriet e Sarah Forten, filhas de James Forten, se casaram, respectivamente, com Robert e Joseph Purvis. Os Purvis eram mestiços — metade de ascendência branca e a outra metade de ascendência negra, marroquina, judia alemã e judia portuguesa (pelo menos o nome de uma avó, Abigail Seixas, sugere isso). Robert Purvis (1810-1898), principalmente, não só foi o incentivador, financiador e líder de diversas organizações abolicionistas como também criou, junto com Harriet, uma rede para ajudar a fuga de escravizados do sul dos Estados Unidos que, calcula-se, libertou 9 mil afro-americanos. Purvis também foi um ativo defensor dos direitos civis das mulheres.

[105] A família Shadd (ou Shad), de Wilmington (Delaware) foi toda de ativistas abolicionistas. O patriarca Abraham Shadd era um sapateiro mestiço (seu avô, um alemão chamado Hans Schadd, chegou aos Estados Unidos em meados do século XVII, como mercenário do Exército britânico, e casou-se com a afro-americana Elizabeth Jackson) que criou com sua família uma rede de apoio para os escravizados que fugiam do Sul. Quando, em 1850, foi aprovada o Fugitive Slave Act, que previa inclusive a prisão de quem ajudasse escravos fugitivos, Abraham e sua família se mudaram para o Canadá, de onde passaram a administrar a rede de apoio aos fugitivos e criaram uma estrutura para receber os afro-americanos que chegavam ao país. Dos treze filhos de Abraham, a mais famosa sem dúvida é Mary Ann Shadd (1823-1893), que foi professora, jornalista, editora e advogada. Ela fez parte de diversas organizações antiescravistas, fundou escolas racialmente integradas e criou um importante

Wilmington, Du Bois[106], de New Haven, e Barbadoes[107], de Boston, entre outros, lutavam individualmente ou em grupo como homens, conforme afirmavam, e não como escravos; como "pessoas de cor", e não como "negros"[108]. A tendência da época, porém, fez com que esse reconhecimento fosse negado, a não ser em casos individuais e excepcionais, e eles acabaram desprezados da mesma forma que os demais negros, e em pouco tempo precisaram lutar para manter até mesmo os direitos que já tinham, como o de votar, o de trabalhar e o de viajar como homens livres. Ideias de migração e colonização surgiram entre esses líderes; mas disso eles se recusaram a participar, e no fim recorreram ao movimento abolicionista como último refúgio.

semanário abolicionista, *The Provincial Freeman*. Foi também uma das líderes do movimento sufragista na América do Norte.

106 Alexander Du Bois (1803-1887) foi o avô paterno do autor. Seu pai, James Du Bois, um nova-iorquino branco de origem francesa, era médico, fazendeiro nas Bahamas, senhor de escravos e vivia com uma de suas escravas, que era mestiça. Dessa união nasceram três meninos e uma menina. Dois dos meninos, John e Alexander, tinham pele clara o bastante para James decidir levá-los aos Estados Unidos para ter uma educação de cavalheiros brancos. Alexander estudava em uma escola de prestígio em Connecticut quando o pai morreu. A parte branca da família Du Bois tomou toda a herança deixada por James e cortou definitivamente as relações com seus filhos. Alexander foi retirado da escola, virou aprendiz de sapateiro e acabou se distanciando de John, que passou a se declarar branco. Apesar de ter o mesmo tom claro de pele, Alexander assumiu a identidade de negro e viveu sua vida sempre nas comunidades negras. Virou marinheiro, depois mercador, casou-se como Sarah March Lewis e a deixou para tentar a sorte no Haiti. Lá passou a viver com uma mulher cujo nome se perdeu e com quem, em 1832, teve um filho: Alfred, pai de W.E.B. Du Bois. Alexander abandonou Alfred e a mãe da criança no Haiti, voltou aos Estados Unidos, onde, como se diz, "progrediu" nos negócios, reatou o casamento com Sarah (que, em algumas biografias, aparece como a mãe de Alfred) e, aparentemente, esqueceu seu filho haitiano. Alfred, que chegou aos Estados Unidos em algum momento antes de 1860, também se separou de Mary Silvina Burghardt pouco tempo depois do nascimento de W.E.B. Du Bois, de modo que este não teve, na infância, qualquer contato com a família do pai. Foi conhecer Alexander quando tinha já 15 anos, mas a elegância e o porte daquele homem de oitenta anos o marcaram profundamente. Foi um poderoso incentivo para o autoaprimoramento.

107 James George Barbadoes (1796-1841) foi um dos líderes do movimento abolicionista em Boston (Massachusetts).

108 "Negroes", no original.

Em seguida, liderado por Remond[109], Nell[110], Wells Brown[111] e Douglass[112], veio um novo período de autoafirmação e autodesenvolvimento. A liberdade e a assimilação total eram os ideais desses líderes, é verdade, mas a afirmação do direito à humanidade do negro era o principal entre os objetivos mais palpáveis, e a incursão de John Brown foi um exemplo dessa lógica levada ao extremo[113]. Depois da guerra e da Emancipação, o

---

[109] Charles Lenox Remond (1810-1873) e suas irmãs Sarah Parker Remond (1826-1894) e Caroline Remond Putman (1826-1908) foram importantes líderes do movimento abolicionista. Os Remond eram uma família que havia enriquecido com salões de cabelereiros e produtos de beleza para mulheres afro-americanas.

[110] William Cooper Nell (1816-1874) foi jornalista e editor abolicionista, muito ativo na rede de apoio aos escravizados que fugiam do Sul, mesmo quando tal apoio passou a ser ilegal. É autor dos primeiros livros sobre a história dos afro-americanos dos Estados Unidos. Era um grande inimigo da segregação racial nas escolas e serviços públicos.

[111] Mestiço de negro, branco e índio, William Wells Brown (1814-1884) nasceu escravo, mas aos 19 anos conseguiu fugir para o norte dos Estados Unidos, onde aprendeu a ler e escrever. A partir de então leu e escreveu muito: foi possivelmente o mais prolífico escritor afro-americano de seu tempo. É autor do primeiro romance e da primeira peça de teatro escritos por um negro nos Estados Unidos, e seu livro de memórias foi um grande best-seller. Wells Brown foi também um importante ativista contra o escravismo e dirigia um barco a vapor que levava escravos fugitivos para o Canadá. Mas quando o decreto Fugitive Slave Act foi aprovado, em 1850, Wells Brown e suas duas filhas passaram a viver na Inglaterra porque havia o perigo real que ele fosse reconduzido à escravidão.

[112] Frederick Douglass (1818-1895) foi o mais célebre líder da luta abolicionista no século XIX e referência mundial. Alguns de seus textos chegaram a ser publicados até mesmo no Brasil, em jornais abolicionistas da época. Du Bois viu uma palestra dele, na Feira Mundial de Chicago, em 1893, mas ao que se sabe os dois não chegaram a se encontrar. Mesmo assim, a influência de Douglass sobre Du Bois é evidente (assim como sobre todos os ativistas antirracistas da época). O próprio termo "Linha de Cor" foi tomado por Du Bois de um texto de Douglass e, além disso, ele se propôs a escrever uma biografia do herói abolicionista (a editora para a qual mandou a proposta recusou-a: preferiu publicar uma biografia de Douglass escrita por Booker T. Washington).

Quando Douglass morreu, a Universidade Wilberforce (Ohio) fez uma cerimônia em sua homenagem. Du Bois era lá um jovem professor de apenas 27 anos, mas fez o discurso que marcou o evento: "Primeiro devemos saber o que ele fez e então buscar reproduzir em nossa própria vida sua sabedoria, sua bravura e sua verdade".

[113] John Brown (1800-1859) foi um abolicionista branco que, em meados dos anos 1850, chegou à conclusão de que os sermões, petições e discursos contra o escravismo estavam adiantando muito pouco. Enquanto os abolicionistas falavam, o escravismo seguia existindo e bandos racistas seguiam fazendo seus linchamentos, espancando ativistas, atacando jornais pró-abolição, barbarizando cidades onde a escravidão havia sido abolida, estuprando e assassinando impunemente. Brown e sua família eram bem ativos no apoio aos escravizados que fugiam

grande Frederick Douglass, o maior entre os líderes negros norte-americanos, ainda liderava as hostes. A autoafirmação, principalmente em termos políticos, era a pauta principal, e depois de Douglass vieram Elliot[114],

do Sul, mas ele achou que não bastava; era preciso contra-atacar. Admirador de Nat Turner e entusiasmado com o que estudara da Revolução Haitiana liderada por Toussaint L'Ouverture, Brown iniciou uma luta de guerrilha contra os escravagistas. Foram várias batalhas sangrentas. Em outubro de 1859, liderou um ataque contra um arsenal do Exército em Harpers Ferry, na Virgínia. O plano era tomar as armas para distribuí-las entre os escravizados para iniciar quilombos pela região, numa espécie de foquismo pré-Che Guevara. Infelizmente o ataque falhou, dois dos filhos de Brown foram mortos na ação e ele foi preso, julgado e enforcado. Até o poeta francês Victor Hugo escreveu, em vão, vários textos em defesa de Brown. E Walt Whitman conta, no poema "Year of Meteors", ter presenciado a execução: "Eu cantaria a respeito de como um velho homem, alto, de cabelos brancos, subiu o cadafalso na Virgínia (Eu estava próximo, em silêncio cerrei os dentes, assisti, fiquei muito perto de você, velho homem, quando, calmo e impassível, mas tremendo pela idade e pelos ferimentos, você subiu ao cadafalso)".
Vários historiadores consideram que a ação de Brown foi o estopim para a eclosão da Guerra Civil. Nos Estados Unidos, os mais conservadores ainda hoje o consideram um fanático terrorista e o equiparam a Bin Laden. Alguns filmes de Hollywood o retrataram como um facínora homicida. Entre os abolicionistas da época, muitos procuraram se preservar repudiando as ações do guerrilheiro. Lincoln chegou a declarar que Brown era "insano". Mas para o movimento negro, mais e mais, Brown foi se consolidando como um grande herói, o grande aliado branco na luta pela abolição. Apesar de tantas vezes ter discordado do projeto guerrilheiro de seu amigo John Brown, Frederick Douglass escreveu que "seu empenho na causa da minha raça era maior até que o meu. Era como um Sol ardente perto da minha lanterna. Minha dedicação era limitada pelo tempo, a dele era estendida até as margens ilimitadas da eternidade. Eu poderia viver pelo escravo, mas Brown poderia morrer por ele". Em 1964, perguntado se permitiria a entrada de brancos na recém-fundada Organization of Afro-American Unity, Malcolm X declarou: "Definitivamente não. Mas se John Brown estivesse vivo, poderíamos aceitá-lo". Também no início dos anos 1960, questionado por um repórter em quem votaria para presidente, o escritor James Baldwin respondeu: "John Brown". No Haiti, a principal avenida da capital Port-au-Prince chama-se John Brown em sua homenagem.
A segunda reunião do Movimento Niagara, liderado por Du Bois, aconteceu em Harpers Ferry, em 1906, para homenagear o abolicionista. Du Bois escreveu uma biografia de Brown, publicada em 1909. Orgulhava-se do resultado: "um dos melhores livros que escrevi". E o termina de maneira veemente, defendendo Brown daqueles que o acusavam de ser um louco, cuja ação havia sido estéril: "Então John Brown não tinha mensagem? Não tem legado?", escreve Du Bois, "ele tinha e esta é sua grande mensagem: o custo da liberdade é menor que o preço da repressão".

114 Há dúvidas a respeito do local de nascimento de Robert Brown Elliot (1842-1884), se Boston ou Liverpool. Sabe-se que seus pais eram originários da Jamaica, e a família tinha dinheiro o bastante para bancar uma educação de elite para Robert, que estudou Direito em Londres e formou-se no aristocrático Eton College. Seja como for, em 1867 ele já morava na Carolina do Sul, trabalhando como advogado (foi o fundador daquele que talvez tenha sido o primeiro

Bruce[115] e Langston[116], além dos políticos envolvidos na Reconstrução e, com menos visibilidade, porém maior importância social, Alexander Crummell[117] e o bispo Daniel Payne[118].

Então veio a revolução de 1876[119], a supressão dos votos dos negros, a transformação e a mudança de ideais e a busca de novas luzes em uma longa noite. Douglass, mesmo em sua velhice, ainda defendia com bravura os ideais de sua juventude — a assimilação total através da *autoafirmação*, e não em quaisquer outros termos. Por um tempo, Price surgiu como um novo líder, destinado, ao que parecia, não a abdicar, e sim a reinstaurar os novos ideais da forma menos repugnante aos brancos do Sul. Mas ele faleceu quando estava em seu auge. Foi quando surgiu o novo líder. Quase todas as lideranças anteriores haviam sido elevadas a essa condição pelo reconhecimento tácito de seus pares, buscavam liderar apenas seu próprio povo e, com exceção de Douglass, eram pouco conhecidas fora do âmbito de sua raça. Booker T. Washington, porém, emergiu como o líder de não apenas uma raça, mas duas

    escritório de advocacia dirigido por negros nos Estados Unidos). Aparentemente, foi para lá participar do esforço da Reconstrução. Foi um dos organizadores do Partido Republicano local e iniciou uma carreira de sucesso na política, sendo eleito para a Assembleia Estadual e depois para o Congresso Nacional. Foi o primeiro afro-americano a comandar a Guarda Nacional da Carolina do Sul (e, nessa função, ajudou a combater a Ku Klux Klan).

Porém, com a derrota do movimento da Reconstrução, seu espaço político foi diminuindo. Ele perdeu eleições e, depois, foi demitido do cargo que tinha no Departamento de Tesouro. Tentou voltar à advocacia, mas não havia mais clientes. Morreu na pobreza, em Nova Orleans.

115 Nascido na escravidão, Blanche Kelso Bruce (1841-1898) era filho de mãe negra e pai branco. Ficou rico como fazendeiro durante a Reconstrução e tornou-se o segundo afro-americano a ser eleito para o Senado dos Estados Unidos.

116 Os irmãos Charles Henry Langston (1817-1892) e John Mercer Langston (1829-1897) eram filhos de uma mestiça de negros, brancos e nativos da tribo Pamunkey com um rico fazendeiro branco da Virgínia com quem ela vivia em regime de união estável (*common law marriage*, porque à época era proibido casamentos inter-raciais). Esse fazendeiro garantiu que seus filhos tivessem uma boa educação e herdassem sua fortuna. Além de sua grande importância na luta abolicionista, os irmãos Langston brilharam como advogados, educadores, políticos e diplomatas. John Langston, por exemplo, foi reitor de duas universidades e o primeiro afro-americano eleito pela Virgínia para o Congresso dos Estados Unidos. Charles Langston é avô do poeta Langston Hughes.

117 Ver capítulo 12 deste livro.

118 Bispo metodista e educador, Daniel Alexander Payne (1811-1893) foi o fundador e reitor da Universidade Wilberforce, onde Du Bois iniciou sua carreira de professor.

119 "Revolução" que na verdade foi a morte da chamada Era da Reconstrução (ver nota 18).

— um intermediário entre o Sul, o Norte e o negro. Naturalmente, os negros se ressentiram, a princípio de forma amarga, das concessões que os faziam abrir mão de seus direitos civis e políticos, apesar de receberem em troca maiores oportunidades econômicas. O rico e dominante Norte, no entanto, além de cansado de ter que lidar com o problema racial, estava investindo muito em empreendimentos no Sul e se mostrava aberto a qualquer forma de cooperação pacífica. Foi assim, por intermédio da opinião do restante da nação, que os negros começaram a reconhecer a liderança do sr. Washington — e as vozes dos críticos foram silenciadas.

O sr. Washington representa no pensamento negro a velha postura de adaptação e submissão; mas uma adaptação em tempos peculiares o bastante para transformar seu programa político em algo único. Esta é uma época de desenvolvimento econômico incomum, e o programa do sr. Washington segue um modelo econômico, assumindo de tal maneira o caráter de um evangelho do Trabalho e do Dinheiro que parece ofuscar por completo os propósitos maiores da vida. Além disso, trata-se de uma época em que as raças mais avançadas estão em contato mais próximo com as menos desenvolvidas, em que o sentimento racial, portanto, está aflorado; e o programa do sr. Washington praticamente aceita a suposta inferioridade das raças negras. Mais uma vez, em nosso próprio país, a reação ao sentimento da época de guerra deu ímpeto ao preconceito racial, e o sr. Washington ignora várias das demandas mais elevadas dos negros como homens e cidadãos norte-americanos. Em outros períodos de intenso preconceito, todas as tendências de autoafirmação do negro foram mobilizadas; nos tempos atuais, uma política de submissão é defendida. Na história de quase todas as outras raças e pessoas, a doutrina pregada nesses momentos de crise sempre foi a de que o respeito próprio é mais importante que terras e casas, e que um povo que voluntariamente abdica desse sentimento, ou que desiste de tentar conquistá-lo, não é digno de ser civilizado.

Em resposta a isso, argumenta-se que o negro só é capaz de garantir sua sobrevivência através da submissão. O sr. Washington pede especialmente que o povo negro abra mão, pelo menos por ora, de três coisas: a primeira, o poder político; a segunda, a reivindicação de direitos civis; a terceira, a educação superior para a juventude negra — concentrando todas as suas energias na formação para o trabalho, e na acumulação de riqueza, e na reconciliação com o Sul. Essa política vem sendo defendida de forma corajosa e insistente ao longo de quinze anos e se tornou predominante talvez nos últimos dez. Como resultado dessa procissão de ramos, o que foi recebido em troca? Ao longo destes anos, ocorreram três coisas:

1. A perda de direitos do negro.
2. A legalização do estatuto civil nitidamente inferior do negro.
3. A constante perda de verbas das instituições de ensino superior para o negro.

Esses desdobramentos não são, é claro, resultado direto dos ensinamentos do sr. Washington; mas sua propaganda sem sombra de dúvida ajudou a acelerar esse processo. Cabe, portanto, a questão: é possível, e provável, que 9 milhões de homens possam conseguir um progresso econômico concreto se são privados de seus direitos políticos, transformados em uma casta servil e contando apenas com uma chance mínima de desenvolverem os indivíduos entre eles dotados de capacidade excepcional? Se a história e a razão dão alguma resposta para essa pergunta, essa resposta é um enfático *não*. E, sendo assim, o sr. Washington enfrenta um triplo paradoxo em sua carreira:

1. Ele está dedicando um nobre esforço para transformar os artesãos negros em homens de negócios e proprietários; mas é absolutamente impossível, pelos métodos modernos de concorrência, que trabalhadores e proprietários consigam existir e defender seus direitos sem o acesso ao voto.
2. Ele insiste na questão da temperança e do respeito próprio, mas ao mesmo tempo sugere uma submissão silenciosa à inferioridade cívica, que no longo prazo está destinada a destruir o sentimento de humanidade de qualquer raça.
3. Ele defende a escola primária e a educação para o trabalho, depreciando as instituições de ensino superior; mas nem as escolas primárias dos negros, nem o próprio Tuskegee, conseguiriam funcionar sequer por um dia se não fossem os negros formados em faculdades ou instruídos por seus diplomados.

Esse triplo paradoxo na posição do sr. Washington é objeto de crítica de duas classes de norte-americanos de cor. Uma classe é a dos descendentes espirituais de Toussaint, o Salvador, através de Gabriel, Vesey e Turner, e representa a postura de revolta e vingança; eles nutrem um ódio cego pelos brancos do Sul e não confiam na raça branca como um todo, e, apesar de concordarem com ações práticas, acham que a única esperança para o negro está na emigração para fora das fronteiras dos Estados Unidos. E, no entanto, por ironia dos fatos, nada pode ser mais desanimador para essa causa do que a recente investida dos Estados Unidos contra os povos mais fracos e mais escuros das Índias Ocidentais, do Havaí e das Filipinas[120] — pois onde neste mundo nós podemos ficar a salvo das mentiras e da força bruta?

A outra classe de negros que não tem como concordar com o sr. Washington até aqui se manifestou muito pouco. Eles não gostam da imagem de lideranças cindidas, de discordâncias internas; e sobretudo não gostam da ideia de que suas críticas justas a um homem honesto e de valor sejam usadas de forma venenosa por seus adversários de mente estreita. Ainda assim, as questões envolvidas são tão sérias que é difícil imaginar que gente como Grimké[121],

---

[120] O autor se refere à Guerra Hispano-Americana, na qual os Estados Unidos tomaram as Filipinas e as colônias espanholas nas Américas (ver nota 88). Houve resistência das populações locais contra os "libertadores" norte-americanos. Nas Filipinas, por exemplo, a guerra dos Estados Unidos contra os rebeldes seguiu até 1913. No Havaí, em janeiro de 1893, um grupo encabeçado por cidadãos dos Estados Unidos (incluindo seu embaixador) fez uma "revolução republicana" que derrubou a rainha Lili'uokalani. Em seguida, o país foi anexado pelos Estados Unidos.

[121] Archibald Grimké (1849-1930) nasceu na escravidão. Ele e seus dois irmãos, Francis e John, eram filhos de Nancy Weston, uma mestiça escravizada, e seu dono, Henry W. Grimké, um fazendeiro branco membro de uma poderosa família da Carolina do Sul. Henry reconheceu os filhos com Nancy e, aparentemente, cuidou deles como sua família, mas não os libertou. Os meninos puderam estudar nas escolas públicas de Charleston. Quando Henry morreu, no entanto, seu outro filho, o primogênito, branco, nascido do casamento "oficial" com uma senhora branca, não cumpriu o desejo do pai, que era de que Archibald e seus irmãos fossem "tratados como membros da família". Fez seus meios-irmãos retornarem à vida de escravizados como criados de sua casa. Vendeu Francis, mas Archibald conseguiu fugir e se esconder por dois anos, até o final da Guerra Civil. Com a Reconstrução, Archibald e seus irmãos tiveram a oportunidade de voltar a estudar e a aproveitaram muito bem. Archibald e Francis ganharam bolsas para estudar na Universidade Lincoln, na Pensilvânia. Lá foram descobertos por Sarah e Angelina Grimké, irmãs de Henry. Revoltadas com a existência do escravismo, havia muito tempo (antes mesmo de Henry se juntar a Nancy) elas tinham rompido com o resto da família e ido para o Norte, onde se tornaram célebres abolicionistas e feministas. Sarah e Angelina tomaram seus recém-descobertos sobrinhos sob sua proteção e deram a eles apoio emocional e financeiro. Francis foi estudar Teologia em Princeton e Archibald foi para Harvard, onde se formou em Direito. Tornou-se advogado, jornalista, intelectual muito respeitado e chegou a ser cônsul dos Estados Unidos na República Dominicana.

Kelly Miller[122], J.W.E. Bowen[123] e outros representantes desse grupo possam ficar calados por muito mais tempo. Esses homens se sentem obrigados por suas consciências a reivindicar três coisas a esta nação:

1. O direito ao voto.
2. A igualdade cívica.
3. A educação do jovem de acordo com suas habilidades.

Eles agradecem os valiosos serviços do sr. Washington ao recomendar paciência e cortesia na busca de tais reivindicações; não estão pedindo que os homens negros ignorantes possam votar onde os brancos na mesma condição não podem, nem que não sejam aplicadas as restrições consideradas razoáveis ao sufrágio; eles sabem que o nível social mais baixo da raça é responsável por muito da discriminação que sofrem, mas também sabem, assim como a nação, que o irredutível preconceito de cor costuma ser a causa, e não uma consequência da degradação do negro; eles desejam o fim dessa relíquia da barbárie, e não seu encorajamento sistemático e proteção por parte de todos os agentes detentores de poder social, desde a Associated Press[124] até a Igreja de Cristo[125]. Eles

---

Quando este livro foi escrito, Grimké procurava manter uma posição entre Du Bois e Booker T. Washington. Em seguida, Grimké integrou o grupo Niagara e chegou a ser vice-presidente da National Association for the Advancement of Colored People (NAACP), mas, de maneira geral, sempre esteve na oposição a Du Bois dentro dessas duas organizações.

122 Matemático, sociólogo e um dos mais importantes intelectuais afro-americanos do início do século XX, Kelly Miller (1863-1939) era um liberal e, se via as limitações da proposta de Booker T. Washington, era também crítico do que entendia como radicalismo de Du Bois. Isso não o impediu de fazer parte da NAACP e de ser em alguns momentos um dos principais auxiliares de Du Bois na edição da *The Crisis*, a revista oficial da entidade.

123 John Wesley Edward Bowen (1855-1933) nasceu na escravidão, mas aproveitou a oportunidade da Reconstrução para estudar. Foi um dos primeiros afro-americanos a conseguir o doutorado em uma universidade dos Estados Unidos. Além de educador, foi também bispo da igreja metodista e fundador, em 1904, da revista *The Voice of the Negro*, um importante fórum de discussão da intelectualidade negra da época. Apoiou o movimento Niagara.

124 Agência de notícias norte-americana.

125 As Igrejas de Cristo surgiram no sul dos Estados Unidos de uma onda de revivalismo cristão que aconteceu no início do século XIX. Ainda que tenham havido ministros abolicionistas, a grande maioria "abençoou" o escravismo, usando a própria Bíblia para justificá-lo. Mesmo depois da Guerra Civil e mesmo com o surgimento de ministros afro-americanos, essas igrejas continuaram segregacionistas e, quando não hostis, indiferentes à luta pelos direitos civis da população negra.

defendem, junto com o sr. Washington, um sistema amplo de escolas primárias para negros, suplementado por uma educação adequada para o trabalho; mas ficam surpresos com o fato de um homem com a visão do sr. Washington não entender que tal sistema educacional sempre se apoiou, e só pode se apoiar, em faculdades e universidades bem equipadas, e insistem que existe uma demanda para tais instituições no Sul, para a formação dos jovens negros de maior destaque como professores, profissionais liberais e líderes.

Esse grupo de homens aplaude o sr. Washington por sua postura de reconciliação com o Sul; eles aceitam o "Acordo de Atlanta" em sua interpretação mais ampla; reconhecem, assim como ele, diversos sinais promissores e vários homens de propósitos elevados e julgamento justo nesta parte do país; sabem que não se trata de uma tarefa fácil para uma região que já é obrigada a carregar tantos fardos pesados. Mas ainda assim insistem que o caminho para a verdade e a retidão está na sinceridade absoluta, não na bajulação indiscriminada; fazem questão de elogiar no Sul aqueles que se portam bem e criticar sem restrições aqueles que se portam mal; insistem em aproveitar as oportunidades que se fazem disponíveis e incentivar seus pares a fazer o mesmo, mas sem esquecer que apenas a fidelidade total a seus ideais e aspirações mais elevados será capaz de trazê-los ao reino do possível. Não esperam que o livre direito ao voto, aos direitos civis e à educação surgirá de uma hora para outra; não esperam ver os preconceitos alimentados durante anos desaparecer com o soar de uma trombeta; mas têm certeza absoluta de que o caminho pelo qual um povo pode conquistar seus direitos elementares não é abdicando deles e afirmando que não os deseja; que o caminho pelo qual um povo pode ganhar respeito não é diminuindo e ridicularizando a si mesmo; que, pelo contrário, os negros não devem deixar de insistir, ano após ano, que o voto é necessário para o homem moderno, que o preconceito de cor é a barbárie, e que os meninos negros precisam de educação tanto quanto os brancos.

Por não afirmarem de forma clara e inequívoca as reivindicações legítimas de seu povo, ainda que ao custo de fazer oposição a um líder muito reverenciado, as classes bem-pensantes entre os negros norte-americanos se esquivam de uma grande responsabilidade — uma responsabilidade para consigo mesmas, uma responsabilidade para com as massas oprimidas, uma responsabilidade para com as raças mais escuras de homens, cujo futuro depende de maneira tão decisiva deste experimento norte-americano, mas principalmente uma responsabilidade para com esta nação, esta Pátria que temos em comum. Não é certo incentivar um homem ou um povo a cometer malfeitos; não é certo apoiar e facilitar a perpetração de um crime nacional só porque se opor a isso significa perda de popularidade. O espírito crescente de benevolência e reconciliação entre o Norte e o Sul depois do assustador embate de uma geração atrás deve ser visto como fonte de regozijo para todos, e em especial para aqueles cujo tratamento injusto foi a causa da guerra; mas, se essa reconciliação precisar ser marcada pela escravidão ao mercantilismo e pelo suicídio cívico desses mesmos homens negros, mantidos de forma permanente pelas leis em uma posição de inferioridade, então esses homens negros, caso sejam mesmo homens, são obrigados por patriotismo e lealdade a resistir a essa praga através de todos os métodos civilizados disponíveis, mesmo que sua resistência signifique divergências com o sr. Booker T. Washington. Não temos o direito de ficar imóveis e calados enquanto são plantadas as sementes para uma colheita inevitavelmente desastrosa para nossos filhos, sejam eles negros ou brancos.

Em primeiro lugar, é dever dos homens negros julgar o Sul com o devido discernimento. A atual geração de sulistas não é responsável pelo passado e não deve ser odiada cegamente nem culpada por isso. Além do mais, ninguém tem mais repulsa que a elite pensante do Sul ao ver o endosso à recente praga lançada sobre os negros. O Sul não é um "bloco sólido"; é uma terra em que fermenta a transformação social, onde forças de todos os tipos estão disputando a supremacia; e elogiar os males hoje perpetrados pelo Sul é tão errado como condenar o que vem sendo feito de bom. O Sul precisa de críticas feitas com discernimento e visão ampla — para o bem de seus próprios filhos e filhas brancos, e para a garantia de um desenvolvimento robusto e saudável em termos mentais e morais.

Hoje nem mesmo a postura dos sulistas brancos em relação aos negros é homogênea como muitos imaginam; o sulista ignorante odeia o negro, os trabalhadores temem sua concorrência, os capitalistas[126] desejam explorá-los como mão de obra, alguns indivíduos instruídos o veem como uma ameaça em seu desenvolvimento, enquanto outros — em geral os filhos dos senhores de escravos — desejam ajudá-lo a se erguer. A opinião nacional permitiu a esta última classe que mantivesse o negro nas escolas públicas, e que proporcionasse alguma proteção à propriedade, à vida e à integridade

---

126 "Money-makers", no original.

física do negro. Pela pressão dos capitalistas, o negro corre perigo de ser reduzido à semiescravidão, em especial nas zonas rurais; os trabalhadores e os indivíduos instruídos que o temem se uniram para cassar seus direitos, e alguns defendem sua deportação; além disso, os sentimentos exaltados dos ignorantes são facilmente manipulados para que eles cometam linchamentos e abusos contra qualquer homem negro. Elogiar esse complexo turbilhão de pensamentos e preconceitos é um absurdo; bradar indiscriminadamente contra "o Sul" é injusto; mas louvar o governador Aycock[127], condenar o senador Morgan[128], argumentar contra o sr. Thomas Nelson Page[129] e denunciar o senador Ben Tillman[130] não é apenas uma mostra de sanidade, mas um dever imperativo de todos os homens negros bem-pensantes.

Seria injusto com o sr. Washington não reconhecer que em diversas ocasiões ele se opôs no Sul a ações que eram injustas com os negros; ele enviou moções às convenções constitucionais da Louisiana e do Alabama, ergueu a voz contra os linchamentos e em outras ocasiões usou de forma aberta ou silenciosa sua influência contra movimentações sinistras e acontecimentos lamentáveis. Apesar disso, também é verdadeiro afirmar que a clara impressão deixada pela propaganda do sr. Washington é a de que, em primeiro lugar, a postura atual do Sul é justificada pelo próprio estado de degradação do negro; em segundo lugar, que a principal causa do fracasso do negro em conseguir se erguer mais rapidamente é a educação deficiente que recebeu no passado; e, em terceiro lugar, que seu desenvolvimento no futu-

---

[127] O autor certamente usa o verbo "louvar" ironicamente aqui. Charles B. Aycock (1859-1912) foi um líder supremacista que, como governador da Carolina do Norte (1901-05), anulou os avanços dos direitos civis que os afro-americanos estavam conseguindo a partir da Reconstrução.

[128] Senador do Alabama por trinta anos, o supremacista branco John Tyler Morgan (1824-1907) era ligado à Ku Klux Klan e defendia que os afro-americanos simplesmente fossem enviados para o Havaí, as Filipinas ou Cuba. Foi também um defensor ferrenho da política imperialista norte-americana.

[129] O escritor Thomas Nelson Page (1853-1922) fez sucesso com seus romances racistas que louvavam nostalgicamente o Sul escravocrata. Foi também embaixador dos Estados Unidos na Itália durante o governo Woodrow Wilson.

[130] O supremacista branco Benjamin Tillman (1847-1918) foi o mais poderoso político da Carolina do Sul de seu tempo, inimigo feroz dos afro-americanos, defensor dos linchamentos e líder dos Red Shirts, uma milícia que aterrorizava os defensores dos direitos civis da população negra.

ro depende principalmente de seus próprios esforços. Cada um desses argumentos é uma perigosa meia verdade. Nunca se devem perder de vista os adendos que têm de ser feitos para complementá-los: em primeiro lugar, que a escravidão e o preconceito racial são causas poderosas, se não suficientes, para a posição em que se encontra o negro; em segundo lugar, que a escolarização primária e a educação para o trabalho eram processos de implantação necessariamente demorada: era preciso esperar que professores negros se formassem nas instituições de ensino superior — e havia motivos para duvidar que alguma outra solução fosse possível, pois com certeza um instituto como o Tuskegee era impensável antes de 1880; e, em terceiro lugar, embora seja uma grande verdade que o negro deve lutar com todas as forças para ajudar a si mesmo, também é verdade que, a menos que ele seja não apenas assistido mas também mobilizado e incentivado pelo grupo dominante mais rico e bem instruído, não é factível esperar que tenha sucesso.

Por seu fracasso em perceber e assinalar esta última questão, o sr. Washington deve ser especialmente criticado. Sua doutrina tende a permitir que os brancos, tanto do Norte como do Sul, transfiram o fardo do problema para os ombros do próprio negro e assumam a posição de espectadores críticos e até pessimistas; quando na verdade esse fardo pertence à nação, e ninguém terá as mãos limpas se não juntarmos nossas energias para retificar essas grandes injustiças.

Através de uma crítica transparente e honesta, o Sul deve ser levado a fazer seu melhor e assumir seu dever para com a raça que prejudicou e continua prejudicando com tanta crueldade. O Norte — que é cúmplice nessa culpa — não pode limpar sua consciência apenas dourando a pílula. É impossível resolver o problema com diplomacia e sutileza, somente com "diretrizes". Se o pior acontecer, a fibra moral deste país será capaz de sobreviver à lenta asfixia e ao assassinato de nove milhões de pessoas?

Os homens negros dos Estados Unidos da América têm um dever a cumprir, um duro e delicado dever — um movimento de oposição a uma parte dos feitos de seu maior líder. Enquanto o sr. Washington estiver pregando Temperança, Paciência e Educação para o Trabalho para as massas, deveremos dar as mãos e lutar ao seu lado, honrando e glorificando a força desse Josué[131]

---

131 Josué sucedeu a Moisés como líder dos israelitas e os levou à conquista da Terra Prometida.

convocado por Deus e pelo homem para liderar uma hoste sem consciência de si mesma. Mas, quando o sr. Washington justificar a injustiça cometida pelo Norte ou pelo Sul, quando não valorizar como se deve o privilégio e o dever do voto, quando minimizar a emasculação causada pelas distinções de casta, e quando se opuser à educação superior e à ambição de nossas mentes mais brilhantes — seja ele mesmo, o Sul ou a nação a fazer isso —, nós precisamos nos impor como uma oposição incessante e irredutível. Usando de todos os métodos civilizados e pacíficos, devemos lutar pelos direitos que o mundo concede aos homens, agarrando-nos com toda a firmeza às palavras que os filhos dos Pais Fundadores prefeririam esquecer: "Nós consideramos estas verdades evidentes por si mesmas: que todos os homens são criados iguais; que são dotados pelo Criador de certos direitos inalienáveis; que entre estes estão a vida, a liberdade e a busca da felicidade"[132].

---

[132] Trecho da Declaração de Independência dos Estados Unidos da América, de 1776.

4
SOBRE O SIGNIFICADO DE PROGRESSO

Willst Du Deine Macht verkünden,
Wähle sie die frei von Sünden,
Steh'n in Deinem ew'gen Haus!
Deine Geister sende aus!
Die Unsterblichen, die Reinen,
Die nicht fühlen, die nicht weinen!
Nicht die zarte Jungfrau wähle,
Nicht der Hirtin weiche Seele![133]

— Friedrich Schiller

[134]

133 Em tradução livre: "Se queres mostrar teu poder,/ Escolhe os que, livres de pecado,/ Habitam sua morada eterna!/ Manda teus fantasmas!/ Os imortais, os puros,/ Os que não sentem, não choram!/ Não escolhas a donzela imaculada,/ Não a pastora de alma delicada!". Trecho da peça *A Donzela de Orleans* (1801) sobre Joana d'Arc.

134 Trecho do spiritual "My Way is Cloudy": *Oh! Brethren, my way, my way's cloudy, my way,/ Go send them angels down,/ Oh! Brethren, my way, my way's cloudy, my way,/ Go send them angels down// There's fire in the east and fire in the west,/ send them angels down,/ and fire among the Methodist,/ oh, send them angels down, oh brethren.// Old Satan is mad, and I am glad,/ send them angels down./ He missed the soul he thought he had,/ oh, send them angels down, oh brethren.// This is the year of jubilee,/ send them angels down./ The Lord has come to set us free,/ oh, send them angels down, oh brethren.* ("Oh! Irmãos, o meu caminho, o meu caminho é nebuloso, o meu caminho,/ Mandem os anjos para cá,/ Oh! Irmãos, o meu caminho, o meu caminho é nebuloso, o meu caminho,/ Mandem os anjos para cá// A leste e oeste o fogo queima,/ mandem os anjos para cá,/ e entre os metodistas o fogo reina,/ oh, mandem os anjos para cá, ó irmãos.// Satanás está em fúria, e eu extasiado,/ mandem os anjos para cá./ Ele perdeu a alma que pensou ter capturado,/ oh, mandem os anjos para cá, ó irmãos.// Este é o ano do jubileu,/ mandem os anjos para cá./ O Senhor veio nos libertar, você e eu,/ oh, mandem os anjos para cá, ó irmãos.")

Houve um tempo em que lecionei em uma escola nas colinas do Tennessee, onde o amplo e escuro vale do Mississippi começa a se elevar para saudar os montes Alleghenies. Na época eu era um estudante da Fisk, e todos os universitários de lá achavam que o Tennessee — do outro lado do Véu — era todo deles, e nas férias se juntavam em bandos animados para conhecer os comissários escolares do condado. Jovem e feliz, eu também fui, e não me esquecerei tão cedo daquele verão de dezessete anos atrás.

Primeiro, havia o Instituto de Formação de Professores na sede do condado; lá os distintos convidados do superintendente ensinavam aos professores as frações, a ortografia e outros mistérios — professores brancos de manhã, negros à noite. Um piquenique de vez em quando, uma ceia, e a dureza do mundo era amenizada pelo riso e pela música. Eu me lembro bem... Mas estou divagando.

Então chegou o dia em que todos os professores saíram do Instituto para caçar escolas. Eu fiquei sabendo, apenas por ouvir dizer (pois minha mãe tinha um medo mortal de armas de fogo), que a caçada a patos e ursos é interessantíssima, mas estou certo de que o homem que nunca caçou uma escola na zona rural tem algo a apreender com os prazeres de uma perseguição desse tipo. Ainda hoje vejo as estradas quentes e claras ao vento, com seus aclives e declives, se estenderem diante de mim sob o sol escaldante de julho; sinto o cansaço profundo do coração e do corpo quando via que ainda restavam quinze, quinze, doze, nove quilômetros implacáveis pela frente; relembro o desânimo ao ouvir de novo e de novo: "Tem professor?", "Sim". Então segui caminhando — os cavalos eram caros demais — até onde os trilhos não chegam, nem as diligências, até uma terra de feras selvagens e cascavéis, onde a chegada de um desconhecido é um acontecimento, e os homens viviam e morriam sob a sombra de uma colina azulada.

Espalhados entre a colina e o vale havia casebres e choças, isolados do mundo pelas florestas e pelos montes elevados mais a leste. Foi lá que por fim encontrei uma pequena escola. Josie me contou a respeito; era uma garota magra e sem atrativos de vinte anos de idade, com rosto escuro e cabelos grossos e duros. Eu cruzara o riacho em Watertown e descansei sob os enormes salgueiros; então passei pelo terreno do casebre onde Josie havia parado para se refrescar a caminho da cidade. Um lavrador macilento me deu as boas-vindas, e Josie, ao tomar conhecimento de minha busca, se apressou em me contar que eles queriam uma escola do outro lado da colina; que desde a guerra só em uma ocasião um professor estivera por lá; e que ela mesma desejava estudar — e assim desembestou a falar depressa e alto, com muita sinceridade e energia.

Na manhã seguinte, atravessei a colina alta e arredondada, parando para admirar as montanhas azuladas e amareladas que se estendiam na direção das Carolinas[135], e então mergulhei no bosque para chegar à casa de Josie. Era uma cabana rústica de quatro cômodos, empoleirada entre pessegueiros logo abaixo do cume da colina. O pai era um homem calado, uma alma simplória, tranquilo em sua ignorância, sem nenhum toque de vulgaridade. A mãe era diferente — uma mulher forte, agitada e enérgica, com uma língua afiada e inquieta e uma ambição de viver "que nem gente". Havia uma multidão de filhos. Dois rapazes já haviam partido. Sobravam duas meninas em fase de crescimento; uma criança miúda e tímida de oito anos; John, um garoto alto e desengonçado de dezoito; Jim, mais novo, mais esperto e mais agradável aos olhos; e dois bebês de idade indefinida. E também a própria Josie. Ela parecia ser o ponto central da vida em família: sempre ocupada na lida, ou em casa, ou colhendo frutos silvestres; um pouco nervosa e exagerada nas reprimendas, como a mãe, mas confiável também, como o pai. Tinha uma certa fineza, um indício de um heroísmo moral, uma disposição a doar tudo de si para tornar sua vida, e a dos seus, mais profunda e plena, com horizontes mais amplos. Encontrei essa família muitas vezes depois disso e aprendi a amá-los por seus esforços sinceros para levar uma vida decente e confortável, e por sua consciência da própria ignorância. Não havia afetação entre eles. A mãe repreendia o pai por ser tão "sossegado"; Josie estava sempre esbravejando com os garotos por serem descuidados; e todos sabiam que não era fácil arrancar seu sustento de uma encosta rochosa.

Eu fiquei com a escola. Me lembro do dia em que fui a cavalo até a casa do comissário com um simpático jovem branco que queria a escola dos brancos. A estrada margeava um riacho; o sol sorria, e a água cantava, e assim seguimos cavalgando. "Entrem, entrem", disse o comissário. "Sentem-se. Sim, esse certificado serve. Fiquem para o jantar. Quanto vocês querem receber por um mês?" "Ah", pensei eu, "que sorte eu tive". Mas já nesse momento surgiu a horrenda sombra do Véu: eles comeram primeiro, e depois eu — sozinho.

---

[135] Os estados da Carolina do Sul e Carolina do Norte.

A escola era uma choupana de troncos, onde o coronel Wheeler costumava guardar seu milho. Ficava em um terreno atrás de uma cerca de arame e espinheiros, perto da mais cristalina das nascentes. Havia uma entrada onde antes ficava a porta e, do lado de dentro, um enorme fogão rústico; frestas largas entre os troncos serviam como janelas. A mobília era escassa. Uma lousa desbotada ficava precariamente equilibrada em um canto. Minha mesa era feita de três tábuas, reforçadas nos principais pontos de apoio, e minha cadeira, emprestada pela proprietária do local, precisava ser devolvida todas as noites. Os assentos para as crianças... isso me deixava perplexo. Eu estava acostumado à Nova Inglaterra, com mesinhas e cadeirinhas alinhadas, mas infelizmente a realidade ali se resumia a bancos compridos, toscos e sem encosto, e às vezes sem pernas. Sua única virtude era tornar eventuais sonecas perigosas — possivelmente letais, pois o piso não era confiável.

Foi em uma manhã quente no fim de julho que a escola foi aberta. Eu estremeci ao ouvir o tropel de pezinhos se aproximando pela estrada, observando a fila cada vez maior de expressões solenes e olhos brilhantes e ansiosos me encarando. Primeiro chegou Josie, com os irmãos e as irmãs. O desejo de saber, de algum dia ser aluna da principal escola de Nashville, pairava como uma estrela acima daquela menina-mulher ocupada com seus afazeres e preocupações, e ela estudava de forma obstinada. Havia também os Dowell, que vinham de uma propriedade para os lados de Alexandria — Fanny, com seu rosto de pele negra e lisa e seu olhar de deslumbramento; Martha, parda e séria; a jovem e bela esposa de um irmão, e os irmãos menores.

Havia os Burke — dois rapazes pardos mais claros, e uma garotinha de olhos assustados. A menininha gorducha do gordo Reuben também apareceu, com seu rosto dourado e seus cabelos de cor de ouro envelhecido, com um ar de lealdade solene. Thenie sempre chegava cedo — uma garota feia, alegre e de bom coração, que mascava tabaco com desenvoltura e cuidava do irmão mais novo, que tinha as pernas tortas. Quando a mãe podia dispensar sua ajuda, Tildy também ia às aulas — uma beldade escura de olhos sonhadores e pernas e braços finos; e seu irmão, comum em todos os aspectos. E havia os garotos maiores — os grandalhões Lawrence; os preguiçosos Neill, filhos sem pai de uma mãe e sua filha; Hickman, com seus ombros curvados; e os demais.

Lá estavam eles, quase trinta, sentados nos bancos rústicos, com rostos de cores que iam de um pardo claro a um marrom bem escuro, os pezinhos descalços balançando, os olhos cheios de expectativa, e um toque de traquinagem aqui e ali, e as mãos segurando a cartilha de capa azul de Webster[136]. Eu adorava minha escola, e a fé que as crianças depositavam na sabedoria de seu professor era realmente espantosa. Nós líamos e soletrávamos juntos, escrevíamos um pouco, colhíamos flores, cantávamos e ouvíamos histórias sobre o mundo além da colina. Às vezes o número de alunos minguava, e eu saía a investigar. Visitava Mun Eddings, que vivia em dois cômodos imundos, e perguntava por que a pequena Lugene, cujo rosto flamejante parecia ainda mais em chamas com os cabelos ruivos escuros despenteados, passara a semana toda ausente, ou por que eu deixava de ver com tanta frequência os andrajos inconfundíveis de Mack e Ed. Então o pai, que trabalhava como meeiro na propriedade do coronel Wheeler, explicava que a lavoura exigia a presença dos garotos; e a mãe, magra e desleixada, cujo rosto ficava bonito quando lavado, contava que Lugene precisava cuidar do bebê. "Mas vamos mandar todos de volta na semana que vem." Quando os Lawrence deixavam de ir, eu sabia que era por causa das dúvidas recorrentes de seus pais sobre a necessidade do aprendizado, e então, subindo a colina, e entrando em seu casebre o quanto me permitiam, explicava o "Pro Archia Poeta" de Cícero[137] nos termos mais simples possíveis do inglês usado por lá, e em geral conseguia convencê-los — por uma semana, mais ou menos.

Nas sextas-feiras à noite, eu ia para casa com alguns dos alunos — às vezes para as terras lavradas por Doc Burke. Era um homem negro grande e escandaloso, um trabalhador incansável que estava tentando comprar os trinta hectares de morro e vale que cultivava; mas as pessoas diziam que ele certamente fracassaria, e que "os brancos iam ficar com tudo". Sua esposa era uma amazona magnífica, com rosto cor de açafrão e cabelos reluzentes, que não usava espartilhos nem sapatos, e seus filhos eram fortes e bonitos. Eles viviam em um casebre de um cômodo e meio na parte baixa do terreno, perto da nascente. A peça frontal era cheia de camas brancas, limpas e arrumadas; e havia gravuras de má qualidade nas paredes e uma mesinha de centro desgastada. Na pequena cozinha nos fundos eu era muitas vezes

---

136 As cartilhas escritas por Noah Webster (1758-1843) reinaram nas escolas básicas dos Estados Unidos por várias décadas.
137 Discurso em que Cícero defende Aulus Licinius Archias (poeta grego que foi seu professor) e os benefícios espirituais e cívicos da literatura.

convidado a ficar e comer "à vontade" frango frito e pãezinhos de trigo, "carne" e broa de milho, vagem e frutas silvestres. De início, eu ficava um tanto alarmado com a aproximação da hora de dormir no único quarto, mas o embaraço da situação era habilidosamente contornado. Primeiro, todas as crianças davam boa-noite e iam dormir, desaparecendo em uma enorme pilha de cobertas de penas de ganso; em seguida, a mãe e o pai escapuliam de forma discreta para a cozinha enquanto eu me deitava; e então, apagando a luz fraca da chama, eles se recolhiam no escuro. De manhã, já estavam todos de pé antes de eu sequer pensar em acordar. Do outro lado da estrada, onde morava o gordo Reuben, todos saíam enquanto o professor se preparava para dormir, pois eles não dispunham do luxo de uma cozinha.

Eu gostava de ficar com os Dowell porque eles tinham quatro cômodos e uma fartura de produtos da terra. Tio Bird tinha um rancho pequeno e rústico, a maior parte morro e mata fechada, a quilômetros da estrada principal; mas era cheio de história — fazia o papel de pregador de tempos em tempos — e com seus filhos, suas frutas, seus cavalos e seu trigo era um homem feliz e próspero. Com frequência, para não desagradar ninguém, eu era obrigado a frequentar lugares onde a vida era menos agradável; a mãe de Tildy era incorrigivelmente suja, a despensa de Reuben era limitadíssima, e havia hordas de insetos correndo soltos pelas camas dos Eddings. Mais do que tudo, eu gostava de ir à casa de Josie e sentar na varanda comendo pêssegos enquanto sua mãe trabalhava e contava coisas: como Josie tinha feito para comprar a máquina de costura; que Josie tinha serviço no inverno, mas que quatro dólares por mês era um salário "muito minguado"; que Josie sempre quis sair de casa para estudar, mas "parecia" que eles nunca iam conseguir chegar a um ponto em que isso fosse possível; que as lavouras não vingavam e que o poço ainda precisava ser terminado; e, por fim, como era "maldosa" uma certa gente branca.

Por dois verões habitei esse mundinho; era monótono e rotineiro. Tomadas de desejos, as garotas contemplavam a colina, e os rapazes ansiavam por Alexandria, que era a "cidade" — um vilarejo estagnado de casas esparsas, igrejas, comércios e uma aristocracia composta de Toms, Dicks e Capitães. Empoleirados na colina ao norte ficavam os negros, que viviam em casebres sem pintura de três ou quatro cômodos, alguns limpos e acolhedores, e outros sujos. As moradias pareciam espalhadas ao acaso, mas o centro de tudo eram as duas igrejas locais — a metodista e a dos rígidos batistas. Perto delas, havia uma escola de cores pálidas. Era para lá que meu mundinho se deslocava aos domingos para se encontrar com outros mundos, e conversar à toa, e se maravilhar, e fazer o sacrifício semanal com o sacerdote entregue ao frenesi no altar da "religião antiga". Em seguida, as melodias suaves e as cadências poderosas das canções dos negros pairavam e retumbavam no ar.

    Eu me referi à minha pequena comunidade como um mundo, pois era isso que o isolamento o tornava; e mesmo assim havia entre nós uma espécie de consciência comum semidesperta, que brotava das alegrias e tristezas coletivas — um enterro, um nascimento ou um casamento; das dificuldades compartilhadas da pobreza, da terra árida e dos baixos salários; e, acima de tudo, da visão do Véu que pairava entre nós e a Oportunidade. Tudo isso nos fazia pensar coletivamente certas coisas; mas, quando estavam maduros o bastante para ser comunicados, esses pensamentos eram expressos em linguagens bastante diversas. Aqueles que tinham visto "a glória do advento do Senhor"[138], mais ou menos vinte cinco anos antes, enxergavam em qualquer obstáculo enfrentado ou ajuda recebida um fatalismo sombrio segundo o qual tudo seria retificado de acordo com o tempo Dele. A massa para a qual a escravidão era uma lembrança distante da infância encarava o mundo como uma coisa incompreensível, que lhe pedia muito pouco, e a quem por consequência oferecia bem pouco, e ainda assim sua contribuição era ridicularizada. Tratava-se de um paradoxo incompreensível para eles e, portanto, era tratado com indiferença, ou indolência, ou com bravatas inconsequentes. No entanto, havia alguns — como Josie, Jim e Ben — para quem a Guerra, o Inferno e a Escravidão eram apenas antigos contos infantis, e seus jovens apetites eram instigados pela escola, e pelas histórias, e pelo seu pensamento semidesperto. Não tinham como estar contentes, tendo nascido desprovidos e fora do Mundo. E suas fracas asas batiam contra as barreiras — de casta, de idade, de vida; e, em momentos mais perigosos, os obstáculos a qualquer um que se opusesse a qualquer coisa, mesmo um capricho.

---

[138] Referência ao "Battle Hymn of the Republic", também conhecido como "Mine Eyes Have Seen the Glory", uma canção patriótica criada por soldados anônimos do exército da União durante a Guerra Civil. A versão original chamava-se "John Brown's Body" e homenageava o velho herói guerrilheiro. Depois, ganhou nova letra, escrita pela abolicionista Julia Ward Howe, e se transformou na "Battle Hymn of the Republic". O marido de Howe era um médico que ajudou a financiar as ações guerrilheiras de John Brown.

Os dez anos que se seguem à juventude, a época em que chega pela primeira vez a percepção de que a vida está caminhando para algum lugar — foram esses os anos que vivi depois de deixar minha pequena escola. Quando já estavam no passado, por acaso me vi de novo entre os muros da Universidade Fisk, nos salões da capela da melodia[139]. Enquanto passeava por lá em meio à alegria e ao sofrimento de reencontrar antigos colegas, fui tomado por uma vontade repentina de atravessar de novo aquela colina azulada, de ver as casas e a escola de outros tempos, e de descobrir como vinha sendo a vida de meus alunos; e então fui.

Josie estava morta, e sua grisalha mãe disse apenas: "Vivemos poucas e boas desde que você foi embora". Eu temia por Jim. Caso tivesse uma família culta e uma classe social a apoiá-lo, poderia ter se tornado um comerciante de sucesso ou um cadete em West Point[140]. Mas lá estava ele, entregue à imprudência e revoltado com a vida; e, quando o fazendeiro Durham o acusou de roubar trigo, o homem teve que sair cavalgando às pressas para escapar das pedras que o tolo furioso lhe atirava. Disseram a Jim que ele precisava fugir; mas ele não deu ouvidos, e a polícia apareceu naquela mesma tarde. Isso deixava Josie aflita, e a duras penas John andava quinze quilômetros para visitar o irmão mais novo atrás das grades da cadeia de Lebanon. Por fim os dois apareceram juntos certa noite. A mãe preparou o jantar, e Josie esvaziou sua bolsa, e os rapazes sumiram no mundo. Josie perdeu peso e se tornou taciturna, porém trabalhava cada vez mais. A colina se tornou um lugar árduo demais para o velho e silencioso pai, e sem a ajuda dos rapazes ele não tinha muito o que fazer no vale. Josie os ajudou a vender a velha propriedade, e eles se mudaram para mais perto da cidade. Seu irmão Dennis, o carpinteiro, construiu uma casa nova com seis cômodos; Josie trabalhou por um ano em Nashville e trouxe consigo noventa dólares para mobiliar a casa e transformá-la em um lar.

---

[139] "Chapel of melody", no original. Du Bois se refere assim ao Jubilee Hall, o prédio mais antigo no campus da Fisk, construído entre 1873 e 1876 com dinheiro arrecadado numa turnê europeia dos Fisk Jubilee Singers, o coral da universidade. No início, os Jubilee Singers cantavam canções e hinos religiosos do repertório euro-americano, mas a inclusão dos spirituals negros fez tanto sucesso que eles acabaram se especializando nisso.
[140] A mais tradicional academia militar dos Estados Unidos.

Quando a primavera chegou, e os pássaros começaram a cantar, e o riacho corria caudaloso e orgulhoso, a irmã mais nova Lizzie, abusada e irresponsável, se deixou levar pela paixão da juventude, não resistiu à tentação e voltou para casa com uma criança sem sobrenome. Josie se abalou mas continuou trabalhando, com os dias de escola já distantes, com um rosto cansado e sem cor — trabalhou até que, em um dia de verão, uma certa pessoa se casou com outra; foi quando Josie se arrastou até a mãe como uma criança machucada e dormiu — e dorme.

Eu detive o passo para sentir o cheiro da brisa quando entrei no vale. Os Lawrence haviam partido — pai e filho para sempre, com o outro filho deixado a cavoucar a terra indolentemente para sobreviver. Uma jovem recém-viúva morava de aluguel no casebre do gordo Reuben, que se tornou um pregador batista, mas receio que continuasse preguiçoso como sempre, embora seu casebre tivesse três cômodos; e a pequena Ella se tornara uma mulher vivaz, que trabalhava em um milharal na encosta quente da colina. Havia bebês em abundância, e uma menina com algum problema mental. Do outro lado do vale deparei com uma casa que eu nunca tinha visto antes, e lá encontrei, com um bebê no colo e outro na barriga, uma de minhas alunas, filha de Tio Bird Dowell. Parecia um tanto preocupada com as novas obrigações, mas não demorou para mostrar o orgulho de seu casebre bem-arrumado, e de seu marido responsável, e do cavalo e da vaca que tinham, e das terras que planejavam comprar.

Minha escola feita de troncos não existia mais. Em seu lugar estava o Progresso; e o Progresso, nesse momento entendi, é necessariamente feio. A fundação desalinhada de pedra ainda demarcava o antigo local de minha pobre cabana, e não muito longe, sobre seis rochas cansadas, apoiava-se uma casa de tábuas, de mais ou menos três por oito metros, com três janelas e uma porta com fechadura. Alguns vidros estavam quebrados, e era possível ver um pedaço de um fogão velho largado no chão. Espiei pela janela com uma certa reverência e encontrei coisas que me eram mais familiares. A lousa havia crescido em cerca de meio metro, e os assentos ainda não tinham encosto. O condado se tornara o dono do terreno, pelo que ouvi dizer, e a escola era aberta todos os anos. Sentado perto da nascente, observando o Velho e o Novo, eu me senti alegre, muito alegre, mas...

Depois de dois longos goles d'água, eu segui em frente. Havia uma casa de troncos em uma curva da estrada. Eu me lembrei da família arruinada que costumava viver naquele lugar. O rosto robusto e duro da mãe, com os cabelos desmazelados, apareceu diante de mim. Ela havia colocado o marido para fora, e na época em que eu dava aulas um homem desconhecido morava lá, e as pessoas comentavam. Eu tinha certeza de que Ben e Tildy não seriam nada na vida, tendo sido criados em um lar como aquele. Mas o mundo é um lugar curioso; pois Ben era um lavrador muito requisitado no condado de Smith, "e bem de vida também", segundo diziam, e cuidara da pequena Tildy até a primavera anterior, quando ela se casou. O rapaz tivera uma vida dura, lutando por seu sustento, e era ridicularizado por ser feio e encurvado. Havia também Sam Carlon, um avarento despudorado com opiniões bastante fortes sobre "crioulos", que contratou Ben em um determinado verão e se recusou a pagá-lo. Então o jovem faminto juntou seus sacos e em plena luz do dia entrou no lugar onde Carlon guardava o milho; e, quando o agricultor mão de vaca foi repreendê-lo, o garoto furioso avançou sobre ele como um animal. Doc Burke precisou impedir um assassinato e um linchamento naquele dia.

A história me fez lembrar dos Burke, e fiquei ansioso para saber quem havia vencido a batalha, Doc ou os trinta hectares. Pois era difícil conquistar uma propriedade começando do zero, mesmo em quinze anos. Então apressei o passo, pensando nos Burke. Havia um certo barbarismo exuberante neles que me agradava. Nunca eram vulgares, nem imorais, e sim rústicos e primitivos, com um ar não convencional que se mostrava em gargalhadas, tapas nas costas e cochilos nada discretos. Eu corri até o casebre dos malnascidos irmãos Neill. Estava vazio, e eles haviam se tornado trabalhadores braçais gordos e preguiçosos. Vi a casa dos Hickman, mas Albert, com seus ombros tortos, não estava mais entre os vivos. Então cheguei à porteira dos Burke e espiei lá dentro; o mato no terreno estava alto, mas a cerca delimitava a lavoura no lugar de sempre, a não ser à esquerda, onde havia dez hectares a mais. E, para minha surpresa, o casebre no vale fora substituído por um chalé semiconcluído de seis cômodos na encosta da colina.

Os Burke eram proprietários de quarenta hectares, mas ainda tinham dívidas a saldar. Mas o magro e cansado pai que trabalhava dia e noite provavelmente não conseguiria ser feliz sem contas a pagar, de tão acostumado que estava à ideia. Algum dia ele precisaria parar, pois seu corpo alto demonstrava sinais de declínio. A mãe usava sapatos, mas o físico leonino de outros tempos tinha decaído. Os filhos estavam crescidos. Rob era a imagem do pai, com suas gargalhadas escandalosas. Birdie, que na época da escola era a mais nova, com seus seis anos, havia se tornado a imagem perfeita de uma linda donzela, alta e esbelta. "Edgar foi embora", disse a mãe, de cabeça baixa. "Foi trabalhar em Nashville; ele e o pai não se entendiam."

O Pequeno Doc, o menino que nasceu depois de meus tempos de professor, me levou de cavalo até o riacho para ver os Dowell. A estrada e o riacho disputavam espaço, e a água levara a melhor. Nós chapinhávamos enquanto avançávamos, e o garoto alegre, montado atrás de mim, tagarelava e ria. Ele me mostrou o lugar onde Simon Thompson comprara um terreno e uma casa; mas sua filha Lana, uma garota rechonchuda, parda e de raciocínio lento, não estava lá. Havia se casado com um homem e vivia em uma propriedade a quinze quilômetros dali. Margeamos o riacho até chegarmos a uma porteira que não reconheci, mas o menino garantiu que era "a do Tio Bird". A terra estava tomada pelas lavouras. No pequeno vale, fui percebendo um estranho silêncio à medida que avançava; a morte e o casamento haviam roubado a juventude e deixado apenas os velhos e as crianças. Sentamos e conversamos mais tarde, depois que os trabalhos do dia estavam concluídos. Tio Bird estava mais grisalho e não enxergava mais tão bem, porém continuava jovial. Falamos sobre os hectares comprados — que eram cinquenta —, sobre a adição do novo quarto de hóspedes, sobre o casamento de Martha. Então falamos sobre a morte: Fanny e Fred não estavam mais entre os vivos; a outra filha mergulhou na melancolia e, quando melhorou, foi estudar em Nashville. Por fim falamos sobre os vizinhos e, quando a noite caiu, Tio Bird me contou que, em uma noite como aquela, Thenie voltou para casa, fugindo das surras do marido. E na manhã seguinte morreu no casebre que o irmão mais novo, o de pernas tortas, trabalhando e economizando, conseguira comprar para a mãe viúva.

Minha jornada estava encerrada, e deixei para trás o morro e o vale, e a Vida e a Morte. Como é possível mensurar o Progresso no lugar onde está enterrada Josie, a jovem de rosto escuro que conheci? Quantas desilusões e tristezas são necessárias para conseguir um tonel de trigo? Como é dura a vida dos humildes, e por outro lado como eles são humanos e reais! E todas essas vidas e esses amores e essas lutas e esses fracassos — tudo isso é o crepúsculo de uma longa noite ou o primeiro indício do raiar de um novo dia?

Com essas tristes reflexões em mente, viajei para Nashville no vagão Jim Crow[141].

[141] Ainda que os vagões Jim Crow tenham marcado a fase da segregação que se iniciou no final do século XIX, a discriminação contra os afro-americanos nos trens iniciara-se junto com o surgimento da rede ferroviária estadunidense. O próprio termo "Jim Crow car" apareceu pela primeira vez em um artigo de 12 de outubro de 1838 publicado no *Salem Gazette*, um jornal de Massachusetts. O artigo descreve um incidente acontecido na cidade, a respeito de um marinheiro branco que, por estar muito bêbado, foi forçado a ir para o "'Jim Crow' car, at the end of the train". "O jornal usa o termo 'Jim Crow' sem maiores explicações", escreve Steve Luxemberg no artigo "The Jim Crow car", publicado na *The Washington Post Magazine* (em 20 de fevereiro de 2019), "como se o rótulo depreciativo já fizesse parte do léxico ferroviário, como se seus leitores já entendessem o que isso queria dizer". Importante lembrar: Massachusetts, no norte do país, era à época o mais importante centro do movimento abolicionista e, ainda que não oficialmente, já havia praticamente abolido o escravismo em seu território. Um censo realizado em 1790 mostrou que já não havia um só escravo no estado. "O preconceito racial parece-me mais forte nos estados que aboliram a escravidão do que nos estados em que ela ainda existe, e em nenhum outro lugar ele se mostra tão intolerante quanto naqueles em que a servidão sempre foi desconhecida", diz Tocqueville em seu *Da Democracia na América*, de 1835.

As companhias ferroviárias, para aceitar passageiros negros, cobravam deles tarifas de primeira classe por assentos no também chamado "Smoke car" ou "Dirt car", que não só permitia a fumaça de cachimbos, charutos etc., mas era aquele reservado aos passageiros em geral considerados "problemáticos". O abolicionista afro-americano David Rugles entrou com uma ação na justiça de Massachusetts por causa disso em 1841. Mas o juiz do caso aceitou o argumento do presidente da companhia ferroviária de que a empresa era privada e podia determinar suas regras livremente e que aquela regra em particular beneficiava todo mundo porque "separava os outros passageiros dos bêbados, dos sujos, dos esfarrapados e das pessoas de cor".

Em 1867, imediatamente depois da Guerra Civil e com a Emancipação, esse tipo de discriminação nas linhas ferroviárias foi proibido. Mas então o Tennessee aprovou o "Jim Crow car", por lei, em 1875. E foi seguido pelo Mississippi. E tudo ficou ainda pior quando, em março de 1890, a Suprema Corte dos Estados Unidos determinou que os estados tinham o direito de fazer tal tipo de lei. Isso inspirou os outros estados do Sul a aprovar leis semelhantes e a estender esse tipo de discriminação oficial para outras áreas. "A instauração do Jim Crow não foi simplesmente uma questão de leis suprimindo o voto afro-americano e segregando escolas e meios de transporte, ou de um padrão de práticas sociais que se enraizou", diz Louis Menand em "The Supreme Court Case that Enshrined White Supremacy in Law" (publicado na *The New Yorker* em 28 de janeiro de 2019). "Jim Crow foi um regime que se reproduziu repetidamente. Em 1930, a cidade de Birmingham tornou ilegal que um negro e um branco jogassem dominó ou damas juntos. Em 1932, Atlanta proibiu clubes amadores de beisebol de diferentes raças de jogar a menos de duas quadras um do outro. Em 1935, Oklahoma exigia a separação das raias para a pesca ou canoagem. Em 1937, o Arkansas segregou suas pistas de corrida de cavalos. Jim Crow exigiu a lembrança constante de quem estava no comando. A loucura do separatismo racial era insaciável."

5
SOBRE AS ASAS DE ATALANTA

Ó menino negro de Atlanta!
Apenas a metade se falou;
O grilhão do escravo e do senhor
Do mesmo jeito se quebrou;
A mesma sina das raças
Mantém presos a ambos;
Eles estão se erguendo — todos estão —
Juntos o negro e o branco [142]

— John Greenleaf Whittier

[143]

142 "*O black boy of Atlanta!/ But half was spoken;/ The slave's chains and the master's/ Alike are broken;/ The one curse of the races/ Held both in tether;/ They are rising—all are rising—/ The black and white together*". John Greenleaf Whittier (1807-1892) foi um poeta e abolicionista branco.

143 O spiritual "The Rocks and Mountains" aparentemente é uma canção de fugitivos que fala sobre encontrar um esconderijo nas montanhas: *When every star refuses to shine, Rocks and mountains don't fall on me;/ I know that King Jesus will-a be mine, Rocks and mountains don't fall on me./ The trumpet shall sound and the dead shall rise, Rocks and mountains don't fall on me;/ And go to the mansions in-a the skies, Rocks and mountains don't fall on me.// Oh the rocks and the mountains shall all flee a-way,/ And you shall have a new hiding place that day*. ("Quando todas as estrelas se recusarem a brilhar, Rochas e montanhas não caiam sobre mim;/ Eu sei que Jesus há de me abrigar, Rochas e montanhas não caiam sobre mim./ A trombeta ressoará e os mortos se levantarão, Rochas e montanhas não caiam sobre mim;/ E para as mansões celestiais eles irão, Rochedos e montanhas não caiam sobre mim.//Oh, as rochas e montanhas desaparecerão, fugidias,/ E você terá um novo esconderijo nesse dia.")

Ao sul do Norte, mas ao norte do Sul, está a Cidade das Cem Colinas[144], contemplando em meio às sombras do passado a promessa do futuro. Eu a vi de manhã, quando o primeiro indício do raiar do dia começou a se erguer; ela se mostrava cinzenta e imóvel sobre o solo vermelho da Geórgia; então a fumaça azulada começou a se elevar das chaminés, os sinos e os assobios quebraram o silêncio, o som da agitação aos poucos foi ganhando corpo e crescendo até que o burburinho da cidade se impusesse como uma coisa estranha àquela terra adormecida.

Houve um tempo, segundo dizem, em que mesmo Atlanta repousava tediosa e sonolenta ao pé dos montes Alleghenies[145], até que o batismo da guerra a despertou com suas águas turbulentas e a deixou exaltada e enlouquecida, com os ouvidos voltados para o mar[146]. E o mar gritava para os morros, e os morros respondiam ao mar, até que a cidade se reergueu como uma viúva e arrancou o mato crescido, e se pôs a trabalhar pelo pão de cada dia; e trabalhou com obstinação, e trabalhou com inteligência — talvez com certa amargura, com um toque de *réclame* — porém ainda assim com um empenho sincero, derramando seu suor.

É doloroso viver assombrado pelo fantasma de um sonho irreal; ter uma visão ampla do império se desfazendo em cinzas e poeira; sentir a dor do vencido, e ainda assim saber que, junto com todo o Mal que lhe recaiu em um dia sinistro, foi eliminado algo que merecia viver, foi morto algo que com justiça se recusava a morrer; saber que, junto com o Certo que triunfara, houvera o triunfo de algo Errado, algo sórdido e cruel, algo que não correspondia ao que existia de melhor e mais amplo. Tudo isso é amargamente difícil; e

---

144 A topografia de Atlanta é caracterizada pelas suas várias colinas.

145 Os montes Alleghenies fazem parte da cordilheira Apalaches, que se estende de Terra Nova (no Canadá) ao Alabama (no sudeste dos Estados Unidos).

146 Apesar de não ser, na época, uma das maiores cidades do Sul, Atlanta era (e continua sendo) um importante entroncamento ferroviário. O cerco e a tomada dela, em 1864, pelo exército da União foi um dos momentos mais decisivos da Guerra Civil. Durante quatro meses, Atlanta ficou como que ilhada. Ao abandonar a cidade, o exército confederado destruiu a estrutura de logística (as linhas de trem, depósitos etc.), as estruturas militares e vários prédios públicos. O general Sherman, da União, ao tomar a cidade, ordenou a expulsão de toda a população e, depois, quando deixou Atlanta para iniciar a Marcha para o Mar (ver nota 47), determinou que a cidade fosse arrasada. Calcula-se que dois terços da cidade foram destruídos na guerra. Mas depois Atlanta cresceu aceleradamente, transformou-se na maior cidade da Geórgia e também na capital do estado.

muitos homens e cidades e povos encontraram nisso um pretexto para a melancolia, e para o lamento, e para a espera passiva.

Esses não são os mais firmes entre os homens; os de Atlanta se voltaram de forma resoluta para o futuro; e o futuro lhes trazia visões grandiosas, de mantos púrpura e ouro[147]: Atlanta, rainha do reino do algodão; Atlanta, portal da terra do sol; Atlanta, a nova Láquesis[148], a girar a roda do tear para o mundo. Assim a cidade coroou suas cem colinas com fábricas, e abasteceu suas lojas com os bons frutos de seu trabalho, e estendeu longas plataformas de ferro para saudar o sempre ocupado Mercúrio[149] em sua chegada. E a Nação passou a falar de sua labuta.

Talvez Atlanta não tenha sido batizada em homenagem à donzela alada da nebulosa Beócia[150]; vocês conhecem a história — Atalanta, alta e indomável e de pele escura, só aceitaria se casar com o homem que conseguisse pegá-la em uma corrida; e Hipômenes deixou três pomos de ouro no caminho. Ela disparou como uma sombra, parou, admirou o primeiro pomo, mas, quando ele estendeu a mão, ela fugiu de novo; então se deteve diante do segundo e, conseguindo escapar das mãos dele, fugiu pelo rio, pelo vale e pelo morro; mas, quando se viu diante do terceiro, sentiu os braços dele a envolverem, e quando os dois se olharam sua paixão ardente profanou o santuário do Amor, e eles foram amaldiçoados[151]. Se Atlanta não foi nomeada por causa de Atalanta, deveria ter sido.

---

[147] Na Bíblia, Daniel era um dos príncipes judeus castrados e levados prisioneiros para a Babilônia depois da destruição de Jerusalém e do reino de Judá. Mas na corte dos reis babilônicos Nabucodonosor e Baltazar, Daniel adquire fama de sábio e é feito conselheiro real: "Então Baltazar ordenou que revestissem Daniel de púrpura e lhe pusessem no pescoço uma corrente de ouro e proclamassem que ele ocuparia o terceiro lugar no governo do seu reino" (Livro de Daniel, 5:29, na tradução da *Bíblia de Jerusalém*).

[148] Na mitologia grega, Láquesis é uma das três irmãs, as Moiras, que giram a Roda da Fortuna, o tear que tece o fio da vida tanto dos humanos quanto dos deuses. Cloto é aquela que cuida da gestação da vida e Átropos é aquela que corta o fio e determina o fim da vida. Já Láquesis fica entre as duas e é quem enrola o fio, determina como a vida será vivida e o que cabe a cada um.

[149] Na mitologia romana, o veloz Mercúrio é o deus do comércio, das viagens, das estradas. É também o deus da eloquência, o mensageiro.

[150] Unidade regional no centro da Grécia, onde se localiza Tebas.

[151] Na lenda, tão cheios de desejo estavam Atalanta e Hipômenes que fizeram sexo em um templo dedicado a Zeus, e este, furioso, os transformou em leões. Em outras versões, é a deusa do amor, Afrodite, que os transforma em leões, porque não haviam feito oferendas a ela. A crença, na época, era que leões são uma espécie que não se reproduz entre si, mas com leopardos.

Atalanta não foi a primeira nem a última virgem cuja cobiça pelo ouro levou à profanação do templo do Amor; e não só as donzelas mas também os homens, na corrida da vida, afastam-se dos elevados e generosos ideais da juventude pelo código de conduta do apostador da Bolsa; e por toda a nossa lutadora nação não está o Evangelho do Trabalho sendo poluído pelo Evangelho do Pagamento? Isso é tão comum que metade das pessoas considera normal; é tão irrefletido que quase temos medo de questionar o que fazemos se no fim da corrida não estiver o ouro, se o objetivo de um homem não for se tornar rico. E, se esse é o grande erro dos Estados Unidos da América, que grande perigo se apresenta a uma nova terra e uma nova cidade, a não ser que Atlanta, ao se curvar ao ouro, descubra que esse ouro é amaldiçoado!

Não foi um simples capricho de uma donzela que deu início a essa dura corrida; uma paisagem desolada e assustadora se espalhava aos pés desta cidade depois da Guerra — feudalismo, miséria, a ascensão do Terceiro Estado[152], a servidão, o renascimento da Lei e da Ordem e, acima de tudo e no meio de todos, o Véu da Raça. Que jornada mais cruel para pés tão cansados! Que asas Atalanta precisaria ter para se elevar sobre esse vale e seus morros, em meio à mata selvagem e as águas turbulentas, e o descampado de barro vermelho cozido pelo sol! Como Atalanta precisaria ser rápida se quisesse escapar da tentação do ouro e não profanar o Santuário!

O Santuário de nossos antepassados tem, é verdade, poucos Deuses — segundo ironizam alguns, "poucos até demais". Há o frugal Mercúrio da Nova Inglaterra, o Plutão[153] do Norte, a Ceres[154] do Oeste; e também o

---

[152] Na Idade Média, o Terceiro Estado era formado por aqueles que não faziam parte do clero (Primeiro Estado) nem da nobreza (Segundo Estado): camponeses, cortesãos e burgueses. Aqui, Du Bois se refere à burguesia e pequena burguesia de Atlanta que se fortalecem em relação aos latifundiários.

[153] Na mitologia romana, Plutão é o deus do reino dos mortos, mas também é o deus da riqueza porque domina as profundezas da Terra e seus tesouros minerais. Na mitologia grega, originalmente havia Hades, que reinava sobre os mortos, e Pluto, que era o deus da riqueza (a palavra "ploutos" significa literalmente "riqueza", por isso, por exemplo, o termo "plutocrata"). Por vezes, Hades era chamado de Plouton. Em algumas lendas, Pluto era filho de Hades. Seja como for, talvez por uma certa confusão quanto aos nomes, os dois personagens se fundiram, principalmente na mitologia romana. Du Bois se refere aqui ao deus romano Plutão (que, em inglês, se grafa Pluto), e não ao deus grego Pluto (que em inglês se grafa Plutus).

[154] Ceres é a deusa da agricultura.

semiesquecido Apolo[155] do Sul, sob cuja égide a donzela fugiu — e enquanto corria o esqueceu, da mesma forma como Vênus[156] foi esquecida na Beócia. Atalanta se esqueceu do velho ideal do cavalheiro sulista — o herdeiro no Novo Mundo da graça e da cortesia do patrício, do cavaleiro e do nobre; a honra dele foi esquecida com suas fraquezas; sua gentileza foi esquecida com sua imprudência; e Atalanta se curvou aos pomos de ouro, a homens mais diligentes e sagazes, mais frugais e mais inescrupulosos. Os pomos de ouro são belíssimos — eu me lembro dos dias desregrados da meninice, quando os pomares vermelhos e dourados me tentavam do outro lado da cerca e do campo —, e o mercador que tomou o lugar do agricultor também não é nenhum desprezível *parvenu*[157]. O trabalho e a riqueza são alavancas poderosas para erguer esta nova antiga terra; a frugalidade e o esforço e a temperança são caminhos para novas esperanças e possibilidades; mas ainda assim o aviso é necessário para que o astuto Hipômenes não leve Atalanta a pensar que os pomos de ouro são o objetivo da corrida, e não meros incidentes de percurso.

Atlanta não deve levar o Sul a sonhar com a prosperidade material como o parâmetro de todo sucesso; o fatídico poder dessa ideia já está começando a se espalhar; está substituindo o melhor tipo de sulistas por mercenários vulgares; está soterrando a doce beleza da vida sulista sob montanhas de pretensão e ostentação. Para qualquer doença social, a panaceia da Riqueza vem sendo recomendada — riqueza para destruir o que sobrou do feudalismo escravista; riqueza para elevar a condição dos brancos pobres do Terceiro Estado; riqueza para gerar empregos para os servos negros, e a promessa de riqueza para mantê-los trabalhando; riqueza como o fim e o objetivo da política, e como a garantia da lei e da ordem; e, por fim, em vez de Verdade, Beleza e Bondade, a riqueza como o ideal ensinado na Escola Pública.

Além de ser verdadeiro no mundo que Atlanta representa, isso está ameaçando se tornar a verdade de um mundo que fica abaixo e distante daquele — o Mundo dos Pretos do outro lado do Véu. Hoje não faz diferença para Atlanta, e para o Sul, o que o negro pensa ou sonha ou deseja. Na vida

---

[155] Apolo era o mais poderoso e venerado morador do Olimpo, depois de Zeus. Era o deus das artes, da harmonia e da perfeição, e o símbolo máximo da beleza masculina.
[156] Vênus é o nome de Afrodite na mitologia romana.
[157] Arrivista, novo-rico, alpinista social. Em francês no original.

espiritual de hoje, ele é, e naturalmente vai continuar sendo por muito tempo, desprezado, semiesquecido; e, mesmo quando vier a pensar e a desejar e a fazer as coisas por si só — e que homem nenhum imagine que esse dia nunca vai chegar —, o papel que vai desempenhar não vai ser fruto de um aprendizado repentino, e sim das palavras e dos pensamentos que aprendeu a balbuciar na infância de sua raça. Hoje o fermento de sua luta pela autorrealização é como uma roda dentro da roda das disputas do mundo dos brancos: atrás do Véu existem problemas menores, porém parecidos, de ideais, de líderes e de liderados, de servidão, de pobreza, de ordem e subordinação e, permeando tudo isso, o Véu da Raça. Poucos sabem da existência desses problemas, e, dos que sabem, poucos os percebem; e, no entanto, aí estão eles, à espera do estudioso, do artista, do observador — um campo a ser descoberto em algum momento. A tentação de Hipômenes já chegou por lá; neste mundo menor, que de forma indireta e em breve direta há de influenciar o maior, para o bem e para o mal, está sendo formado o hábito de interpretar o mundo em dólares. Os antigos líderes dos negros, nos pequenos grupos onde há consciência social entre eles, estão sendo substituídos por novos; nem o pregador negro nem o professor negro têm a autoridade de duas décadas atrás. Seus lugares estão sendo ocupados pelos agricultores e granjeiros, pelos bem pagos empregados e artesãos urbanos, pelos homens de negócios — todos os que têm propriedades e dinheiro. E, com essa mudança, que se dá de forma tão curiosamente paralela à do Outro-Mundo, vem também uma inevitável transformação dos ideais. Hoje o Sul lamenta o lento, porém ininterrupto, desaparecimento de um certo tipo de negro — o leal e cortês escravo de outros tempos, com sua honestidade incorruptível e seu temperamento humilde e digno. Ele está morrendo junto com o velho modelo de cavalheiro sulista, e de causas parecidas — a transformação repentina de um belo e distante ideal de Liberdade na dura realidade de ganhar o próprio pão, e a consequente deificação desse Pão.

No Mundo dos Pretos, o Pregador e o Professor encarnavam esses ideais de seu povo — a luta por um outro mundo, mais justo, um sonho vago de retidão, o mistério do saber; mas hoje o perigo é que esses ideais, com sua beleza simples e sua inspiração incomum, de forma repentina dão lugar a uma mera questão de dinheiro e sede de ouro. É aqui que se encontra a jovem negra Atalanta, preparando-se para a corrida que tem pela frente; e, se seus olhos se mantiverem fixos nas colinas e no céu como antigamente, então vamos poder ver uma corrida nobre; mas e se algum implacável ou astuto ou até irresponsável Hipômenes colocar pomos de ouro diante dela? E se ao mamonismo[158] dos Estados Unidos da América for acrescentado o mamonismo crescente do Sul reconstruído, e esse novo mamonismo for reforçado pelo mamonismo incipiente de seus milhões de negros semidespertos? Onde então vai reluzir a busca do Novo Mundo pela Bondade e a Beleza e a Verdade? Tudo isso e a linda flor da Liberdade, que, apesar de ser agora motivo das galhofas dos jovens destes tempos, brotou do sangue de nossos antepassados — isso também deve se degenerar em uma busca pelo ouro, em ato de luxúria profano com Hipômenes?

Nem todas as cem colinas de Atlanta estão coroadas com fábricas. Em uma, mais a oeste, o sol poente destaca três construções contra o céu. A beleza do conjunto reside em sua simplicidade e unidade: um amplo gramado verdejante surgindo da rua de terra avermelhada e misturado a roseiras e pessegueiros; ao norte e ao sul, dois pavilhões discretos e elegantes; e, no meio, quase escondido pelas trepadeiras, um edifício maior, ousadamente gracioso, decorado com sobriedade, e com um pináculo não muito alto. É um conjunto harmonioso — não é preciso procurar por mais nada: está tudo ali, tudo discernível. É lá que eu vivo e escuto dia a dia o suave burburinho da vida tranquila. Nos crepúsculos invernais, quando brilha o sol vermelho, consigo ver os vultos escuros circularem entre os pavilhões ao som dos sinos da noite. De manhã, quando o sol é dourado, o clangor dos sinos matinais traz os passos apressados e os risos de trezentas jovens almas no pavilhão e na rua e na cidade movimentada mais abaixo — crianças escuras

---

[158] No hebraico, "mamom" (ou "matmon") significa "dinheiro", "riqueza", "tesouro", "posses" etc. A palavra teria origem aramaica ou no nome de uma antiga divindade siríaca da riqueza, semelhante ao Pluto grego. Segundo outros estudiosos, "mamom" teria origem na palavra fenícia "mommon", que significa "benefício". O termo aparece em seu equivalente grego, "mamonas", no "Sermão da Montanha" (em Mateus 6:24) e na parábola do "Administrador Infiel" (Lucas 16:13). Em geral, as edições em português traduzem o termo por riqueza ou dinheiro: "Ninguém pode servir a dois senhores. Com efeito, ou odiará um e amará o outro, ou se apegará ao primeiro e desprezará o segundo. Não podeis servir a Deus e ao Dinheiro" (Mateus 6:24, *Bíblia de Jerusalém*). Mas outra tradição cristã personifica Mamon, que passa a ser o demônio da ganância, da avareza, da corrupção do dinheiro. A *Bíblia do Rei James*, a básica da língua inglesa, traduz: "Ye cannot serve God and mammon".

e de cabelos grossos — para juntar suas vozes juvenis e claras à música do rito matinal. Em diferentes salas de aula elas se reúnem, em uma para acompanhar a canção de amor de Dido[159], em outra para ouvir a história da divina Troia; em uma para conhecer as estrelas, em outra para conhecer homens e nações — e em toda parte enveredando pelos caminhos já percorridos para conhecer este estranho mundo. Nada de novo, nenhum aparelho para economizar tempo — apenas os métodos há muito glorificados de investigar a Verdade, e de procurar as belezas ocultas da vida, e de aprender o bem viver. O mistério da existência é o currículo educacional que foi colocado diante dos faraós, que foi ensinado nos bosques por Platão, que formou o *trivium* e o *quadrivium*[160], e que hoje é apresentado aos filhos dos libertos pela Universidade de Atlanta. E essa orientação de estudo não vai mudar; seus métodos vão se tornar mais habilidosos e efetivos, seu conteúdo vai ser enriquecido pelo esforço do estudioso e a visão do observador; mas a verdadeira faculdade vai ter para sempre apenas um objetivo — não ganhar o pão, mas conhecer o fim e o objetivo da vida nutrida por esse pão.

A visão da vida que se eleva diante desses olhos negros não tem nada de cruel ou egoísta. Nem em Oxford ou Leipzig, nem em Yale ou Columbia, existe uma determinação maior ou um esforço mais diligente; a convicção de permitir ao homem, tanto o negro como o branco, realizar as possibilidades mais amplas da vida, buscar o melhor, disseminar com as próprias mãos o Evangelho do Sacrifício — tudo isso é o fardo que se revela em suas falas e seus sonhos. Aqui, em meio a um amplo deserto de castas e proscrições, entre as dolorosas demonstrações de desdém e as brigas e os caprichos de um preconceito racial profundo, há este oásis verde, onde a raiva é aplacada, e a amargura da frustração é adoçada pelas fontes e brisas do Parnaso[161]; e aqui os homens podem se acomodar e escutar, e aprender sobre um futuro

---

159 Lendária rainha fundadora de Cartago.
160 Na metodologia de ensino surgida na Idade Média, a partir de uma leitura de Platão e dos pensadores da Antiguidade clássica, as Artes Liberais se contrapunham às Artes Mecânicas. Estas últimas eram relativas às atividades dos servos e escravos: metalurgia, construção, tecelagem, agricultura, artes marciais etc. As Artes Liberais eram aquelas dos homens livres e se dividiam em *trivium* (lógica, gramática e retórica) e *quadrivium* (aritmética, música, geometria e astronomia).
161 Montanha na Grécia onde, segundo a mitologia, viveu o legendário poeta Orfeu e que era também a residência das nove Musas.

mais pleno que o passado, e ouvir a voz do Tempo: "*Entbehren sollst du, sollst entbehren*"[162].

Eles cometeram seus erros, aqueles que fundaram Fisk e Howard e Atlanta antes que a fumaça das batalhas tivesse se dissipado; eles cometeram seus erros, mas esses erros não são do tipo que ultimamente nos fazem rir e até gargalhar. Eles estavam certos em sua tentativa de criar um novo sistema educacional dentro da Universidade; afinal, onde podemos encontrar o conhecimento fundamental a não ser no conhecimento mais amplo e profundo? As raízes da árvore, e não as folhas, são sua fonte de vida; e desde os primórdios da história, da Academia Platônica a Cambridge, a cultura da Universidade é a pedra fundamental sobre a qual se assenta o abecedário do jardim de infância.

Mas esses fundadores cometeram um erro ao minimizar a gravidade do problema que tinham diante de si; pensando em termos de anos e décadas, e portanto construindo tudo com pressa e estabelecendo suas fundações de forma descuidada, rebaixando os padrões do conhecimento e espalhando de maneira aleatória pelo Sul algumas dezenas de escolas secundárias mal equipadas que erroneamente chamavam de universidades. Eles se esqueceram também, assim como seus sucessores, da questão da desigualdade: entre um milhão de jovens negros, alguns eram aptos para o saber e outros para o labor; alguns tinham talento e capacidade para ser universitários, e outros tinham talento e capacidade para ser ferreiros; e o verdadeiro sentido da formação educacional não é fazer com que todos sejam estudiosos ou artesãos, e sim que alguns sejam missionários da cultura para um povo

---

[162] Em tradução livre: "Tu deves renunciar, deves renunciar". Na peça escrita por Goethe, é isso que o melancólico Fausto diz a si mesmo no momento em que está prestes a assinar seu acordo com Mefistófeles, como uma desistência do mundo, uma desistência de resistir ao demônio. Du Bois, no entanto, usa a frase aqui num sentido "positivo". "Du Bois certamente entendeu o tom amargo com que Goethe pretendia que Fausto falasse tais palavras", diz o professor Wilson Jeremiah Moses em seu livro *Creative Conflict in African American Thought* (Cambridge University Press, 2004), "mas, como um leitor sensível de poesia, Du Bois — um personagem faustiano ele próprio — não deixou de notar a virada irônica no clímax do drama de Goethe, em que o fato de 'passar sem' pode implicar algo maior do que a mera frustração. Ele passou a utilizar a frase de Goethe como um lembrete do paradoxo fundamental de que a autorrealização vem da autonegação". Esse trecho específico de *Fausto* também é citado pelo velho mestre de Du Bois, William James, em seu *The Varieties of Religious Experience* (1902), publicado um ano antes de *As Almas do Povo Negro*.

inculto, e que outros sejam trabalhadores livres em meio aos servos. Tentar fazer do ferreiro um erudito é quase tão tolo quanto a ideia mais moderna de transformar um erudito em um ferreiro; quase, mas nem tanto.

A função da universidade não é apenas ensinar a ganhar o pão, ou fornecer professores para as escolas públicas, ou ser o centro em torno do qual orbita a sociedade instruída; é, acima de tudo, ser o órgão capaz de fazer o fino ajuste entre a vida real e o conhecimento cada vez maior da vida, um ajuste que constitui o segredo da civilização. É de uma instituição assim que o Sul de hoje tão dolorosamente necessita. Trata-se de um lugar religioso, devoto, preconceituoso: a religião em ambos os lados do Véu costuma omitir o sexto, o sétimo e o oitavo mandamentos[163], mas propõe uma dúzia de mandamentos complementares. Trata-se de um lugar que, como Atlanta demonstra, está progredindo em termos de temperança e amor pelo trabalho; mas lhe falta o conhecimento amplo daquilo que o mundo conhece ou já conheceu sobre a vida e os feitos humanos, que poderia ser aplicado aos mil problemas da vida real com os quais a região hoje se confronta. A necessidade do Sul é de conhecimento e cultura — não em quantidade limitada, como antes da guerra, mas em grande abundância no mundo do trabalho; e, até que seja assim, nem todos os pomos das hespérides[164], sejam de ouro, sejam cravejados de pedras preciosas, podem salvar este lugar da sina dos amantes da Beócia.

As Asas de Atalanta são as futuras universidades do Sul. Apenas elas podem desviar a donzela da tentação do fruto dourado. Elas não vão afastar seus pés do algodão e do ouro; pois — ah, esperto Hipômenes! — seus pomos não estão exatamente no Caminho da Vida? Mas vão saber guiá-la para longe deles, e colocá-la, virgem e imaculada, de joelhos no Santuário da Verdade e da Liberdade e da Humanidade no sentido mais amplo. Infelizmente o Velho Sul se equivoca em relação à educação humana, desprezando a educação das massas e não dando apoio a suas escolas superiores. As fundações de suas antigas universidades fraquejaram e minguaram sob o sopro pútrido da escravidão; e desde a guerra estão lutando para sobreviver no ar contaminado da inquietação social e do egoísmo mercantilista, baqueadas pela morte da crítica e privadas de homens de cultura mais abrangente. E, se esse perigo

---

[163] "Não matarás", "não cometerás adultério" e "não roubarás", respectivamente.
[164] No mitológico jardim das ninfas hespérides, havia macieiras que davam frutos de ouro.

e essa necessidade atingem de tal forma os brancos sulistas, como devem ser maiores os perigos e as necessidades dos filhos dos libertos! Como deve ser urgente aqui a necessidade de ideais abrangentes e de cultura de verdade, da conservação da alma contra os objetivos sórdidos e os sentimentos mesquinhos! Vamos tornar as universidades sulistas — William & Mary, Trinity, Geórgia, Texas, Tulane, Vanderbilt, entre outras — aptas para a vida; vamos fazer o mesmo também com as universidades negras: Fisk, cuja fundação sempre se assentou em bases amplas; Howard, no coração do país; e Atlanta em Atlanta, cujo ideal acadêmico tem conseguido se manter distante da tentação dos números. Por que não aqui, e talvez em outros lugares, implantar de forma profunda e definitiva centros de aprendizado e convívio, faculdades que possam enviar todos os anos para a vida sulista alguns brancos e alguns negros de cultura abrangente, tolerância ampla e habilidades refinadas, caminhando de mãos dadas e estabelecendo uma paz decente e digna para esse embate das Raças?

Paciência, Humildade, Refinamento e Gosto, escolas primárias e jardins de infância, escolas industriais e técnicas, literatura e tolerância — tudo isso vem do conhecimento e da cultura, dos filhos da universidade. É assim que devem ser construídos homens e nações, não ao contrário, de cabeça para baixo.

"Ensine os trabalhadores a trabalhar" — um sábio conselho; é sábio quando aplicado a meninos alemães e meninas norte-americanas; e ainda mais sábio ao contemplar os meninos negros, pois eles têm menos conhecimento a respeito do trabalho e ninguém para ensiná-los. "Ensine os pensadores a pensar" — um conhecimento necessário em uma época de lógicas sem consistência e rigor; e aqueles que estão em situação mais grave precisam da mais minuciosa capacitação para aprender a pensar direito. Se é esse o caso, que tolice perguntar qual é a melhor forma de educação para um milhão ou sete milhões ou sessenta milhões de almas! Devemos ensinar profissões ou artes liberais? Ambas e nenhuma: ensine os trabalhadores a trabalhar e os pensadores a pensar; transforme os carpinteiros em carpinteiros, e os filósofos em filósofos, e os tolos em janotas. E não podemos parar por aqui. Estamos formando não homens isolados, mas um grupo de homens — ou melhor, um grupo dentro de um grupo. E o produto final de nossa formação não deve ser nem um psicólogo nem um pedreiro, e sim um homem. E para formar homens precisamos de ideais, objetivos de vida que sejam amplos, puros e inspiradores — não de mercenarismo sórdido, não de pomos de ouro. O trabalhador deve trabalhar para a glória de seu ofício, não apenas pelo pagamento; o pensador deve pensar para buscar a verdade, não a fama. E tudo isso só é conquistado pelo esforço e pelo desejo humano; pela contínua capacitação e educação; encontrando o que é Certo na retidão e a Verdade na busca incessante pelo verdadeiro; encontrando a escola primária na universidade, e a escola industrial na escola primária; e criando assim um sistema, não uma distorção, fazendo um parto, não um aborto.

Quando cai a noite sobre a Cidade de Cem Colinas, um vento ganha impulso no mar e chega murmurando a partir do oeste. E por força de sua ação a fumaça das sufocantes fábricas se espalha sobre a pujante cidade e a cobre como uma mortalha, enquanto na Universidade as estrelas brilham sobre os pavilhões. E dizem que aquela névoa cinzenta é a túnica de Atalanta, que parou para apreciar seus pomos de ouro. Voe, minha cara donzela, voe, pois aí vem Hipômenes!

6
SOBRE A FORMAÇÃO DOS HOMENS NEGROS

Ora, se a Alma é capaz de a Poeira afastar
E desnuda pelos Ares do Paraíso vagar,
Não lhe seria Lamentável — não lhe seria Lamentável
Nesta carcaça decrépita de barro habitar?[165]

— Omar Khayyam

[166]

165 Da tradução para o inglês de Edward Fitzgerald: "*Why, if the Soul can fling the Dust aside,/ And naked on the Air of Heaven ride,/ Were't not a Shame—were't not a Shame for him/ In this clay carcase crippled to abide?*".
166 "March on" é um spiritual de encorajamento. Deus diz ao relutante Moisés que ele deve voltar ao Egito para libertar os hebreus: *Way over in the Egypt land/ You shall gain the victory/ Way over in the Egypt land/ You shall gain the day/ March on, and you shall gain the victory/ March on, and you shall gain the day*. ("Lá na terra do Egito/ Você há de alcançar a vitória/ Lá na terra do Egito/ Você há de ganhar o dia/ Siga em marcha e alcançará a vitória/ Siga em marcha e há de ganhar o dia.")

Das cintilantes águas turbulentas onde muitos, muitos pensamentos atrás o navio negreiro avistou pela primeira vez a praça quadrada de Jamestown[167] fluíram para nossos dias três correntes de pensamento: uma engrossada pelo mundo mais amplo, aqui e no exterior, segundo a qual a multiplicação das aspirações humanas em terras cultas exige a cooperação dos homens em escala mundial para atendê-las. É daí que surge uma nova unidade humana, aproximando as fronteiras da terra e também todos os homens — negros, amarelos[168] e brancos. A humanidade como um todo deseja sentir nesse contato entre nações vivas e hordas adormecidas a emoção de uma nova vida neste mundo, bradando: "Se do contato da Vida e do Sono vier a Morte, que lamentável é essa Vida". Na verdade, por trás desse pensamento também se esconde a seguinte ideia de força e dominação: colocar o homem de pele escura para trabalhar em troca de miçangas e bugigangas.

A segunda corrente a fluir daquele barco da morte e do rio serpenteante[169] é o pensamento do velho Sul — a crença sincera e fervorosa de que, em algum lugar entre o homem e o gado, Deus criou um *tertium quid*[170] e o chamou de negro, uma criatura simplória e bufa, às vezes até adorável dentro de suas limitações, mas estritamente limitada a se deslocar somente atrás do Véu. Na verdade, por trás desse pensamento também se esconde a seguinte ideia: alguns deles, em condições favoráveis, podem se tornar homens, mas por uma questão de mera autodefesa nós não permitimos, e construímos ao seu redor muros tão altos, e fazemos descer sobre eles um véu tão espesso, que nem sequer conseguem pensar em escapar.

E por fim surge um terceiro e mais sombrio pensamento — a ideia que surge dessas criaturas por si mesmas, o murmúrio confuso e semiconsciente dos homens que são negros e pardos, gritando: "Libertação, Liberdade, Oportunidade... Ó Mundo tão orgulhoso de si, conceda-nos a chance de viver

---

167 Jamestown, na Virgínia, foi o primeiro assentamento permanente dos ingleses na América do Norte. Em agosto de 1619, em um lugar próximo, Point Comfort, chegaram os primeiros escravizados africanos: vinte angolanos que haviam sido capturados de um navio negreiro português.
168 "Yellow", no original. Por "amarelos", Du Bois não se refere a orientais, mas a mestiços de brancos e negros que têm cabelos crespos ruivos ou loiros. No Brasil, costumavam ser chamados de "sararás".
169 Provável referência ao rio James, à beira do qual Jamestown foi fundada.
170 Uma terceira coisa, que se relaciona com duas outras coisas, mas é diferente de ambas.

como homens!". Na verdade, por trás desse pensamento também se esconde a seguinte ideia: e se, afinal de contas, o Mundo estiver certo e nós formos homens inferiores? E se esse tremendo impulso dentro de nós for de todo errado, alguma miragem zombeteira surgida de uma mentira?

Então aqui estamos nós, entre pensamentos sobre a unidade humana, mesmo que através da força e da escravidão; sobra a inferioridade dos homens negros, mesmo que induzida por uma fraude; um grito na noite pela liberdade de homens que ainda nem sequer têm certeza de seu direito de reivindicá-la. Esse é o emaranhado de pensamentos e ideias em meio ao qual somos chamados a resolver o problema de formar os homens para a vida.

Por trás de todo esse aspecto curioso, tão atrativo tanto para o sábio como para o diletante, estão seus perigos ocultos, lançando sobre nós sombras grotescas e pavorosas. Claro está para nós o que o mundo deseja em meio ao ermo e à natureza selvagem que nos delimitam — uma força de trabalho robusta, adaptada aos semitrópicos; se, ignorando a voz do Zeitgeist[171], nós nos recusarmos a utilizar e desenvolver esses homens, correremos o risco da pobreza e da perda. Se, por outro lado, movidos por uma ideia brutal, nós corrompermos a raça que temos sob a sola de nossas botas, sugando seu sangue e seus cérebros da mesma forma egoísta como agimos no passado, como nos salvaremos da decadência nacional? Apenas com esse egoísmo saudável ensinado pela Educação é possível encontrar os direitos de cada um no tempestuoso mundo do trabalho.

Podemos denunciar mais uma vez o preconceito racial no Sul, que permanece sendo um fato pesadíssimo. Essas inclinações curiosas da mente humana existem e devem ser tratadas com sobriedade. Não podem ser ridicularizadas, nem sempre podem ser exterminadas à força, nem são abolidas facilmente por força da legislação. E, no entanto, também não podem ser incentivadas pelo silêncio. Devem ser reconhecidas como fatos, mas como fatos desagradáveis; coisas que são contrárias à civilização e à religião e à decência. Só podem ser enfrentadas de uma forma — pelo alargamento e a expansão da razão humana, pela liberalidade nos gostos e culturas. E também

---

171 Palavra alemã que significa "espírito do tempo", ou seja, o clima cultural, social e intelectual de uma época. O termo surgiu no século XVIII em um texto de Johann Gottfried Herder, mas ficou mais conhecido posteriormente, pelos textos de Hegel. Os dois filósofos tiveram muita influência sobre Du Bois.

a ambição e a aspiração naturais dos homens, apesar de negros, atrasados e incultos, devem ser levadas a sério. Estimular em excesso mentes fracas e sem instrução é brincar com um fogo poderoso; desdenhar de sua luta é preparar uma colheita de crimes brutais e letargia desavergonhada em nosso próprio quintal. A orientação do pensamento e a coordenação dos esforços relacionados ao dever é ao mesmo tempo o caminho da honra e da humanidade.

Portanto, nesta importante questão de reconciliar três correntes de pensamento amplas e um tanto contraditórias, é a panaceia da Educação que vem à mente de todos: esse tipo de formação humana será a melhor forma de usar a força de trabalho de todos os homens sem escravizá-los ou brutalizá-los; essa formação nos permitirá estimular as noções preconcebidas que fortalecem a sociedade e descartar aquelas que, por serem pura barbárie, nos tornam surdos aos gritos das almas aprisionadas sob o Véu e à fúria cada vez maior dos homens agrilhoados.

Mas, quando dizemos vagamente que a Educação desembaralhará esse emaranhado, o que estamos afirmando, além de um truísmo? A formação para a vida ensina a viver; mas qual formação pode ser útil para o convívio dos homens negros e brancos? Cento e cinquenta anos atrás, nossa tarefa teria parecido mais fácil. Então o dr. Johnson[172] garantiu sem o menor constrangimento que a educação só era necessária para os embelezamentos supérfluos da vida, e que era inútil para as criaturas rasteiras. Hoje alcançamos alturas de onde somos capazes de descortinar pelo menos os contornos mais gerais do conhecimento a todos, e mostrar seus tesouros para muitos, e selecionar os poucos a quem o mistério da Verdade pode ser revelado, não só por nascimento ou pelos acasos da bolsa de valores, mas ao menos em parte de acordo com sua habilidade e propósito, seu talento e caráter. No entanto, é dolorosamente desconcertante conduzir tal programa na parte do país em que o estrago da escravidão foi mais forte, e onde somos obrigados a lidar com dois povos atrasados. Introduzir aqui a educação humana com a sempre necessária combinação entre o que é permanente e contingente — o equilíbrio entre o ideal e o viável na prática — vem sendo, como sempre deve ter sido em todas as épocas e lugares, um processo de infinitos experimentos e erros frequentes.

---

172 Samuel Johnson (1709-1784), escritor, editor e lexicógrafo inglês.

Em um exercício de aproximação, podemos delinear quatro décadas de trabalho educacional no Sul desde a Guerra Civil. Desde o fim do conflito até 1876, houve um período de esforços tateantes e alívio temporário. As escolas do Exército, as escolas missionárias e as escolas do Gabinete dos Libertos funcionavam em um desarranjo caótico, carentes de sistematização e cooperação. A isso se seguiram dez anos de um esforço construtivo e bem definido para a implantação de sistemas escolares completos no Sul. Foram fundadas escolas normais e faculdades para os libertos, onde eram formados os professores para as escolas públicas. Em meio à inevitável tendência da época da guerra de subestimar o preconceito do senhor de escravos e a ignorância do cativo, pareciam estar todos prontos para navegar em águas tranquilas depois dos naufrágios provocados pela tempestade. Enquanto isso, começando nessa década, mas se desenvolvendo de fato entre 1885 e 1895, teve início a revolução industrial do Sul. A região testemunhou vislumbres de um novo destino e o surgimento de novos ideais. O sistema educacional, que ainda lutava para se tornar completo, se viu diante de novos obstáculos e de um campo de trabalho mais amplo e profundo. As faculdades para negros, fundadas às pressas, não eram equipadas de forma adequada, eram distribuídas de maneira ilógica pelo território e eram discrepantes em termos de eficiência e nível educacional; as escolas normais e secundárias estavam fazendo pouco mais que o trabalho da escola primária, e as escolas primárias estavam educando apenas um terço das crianças que deveriam frequentá-las, e em diversos casos muito mal. Ao mesmo tempo, os brancos sulistas, diante do abandono abrupto do ideal escravista, tornaram-se ainda mais irredutíveis em seu preconceito racial, que se cristalizou em leis implacáveis e costumes ainda mais rígidos; tudo isso enquanto o tremendo impulso recebido pelos brancos pobres ameaçava todos os dias tirar até o pão com manteiga das bocas dos já tão prejudicados filhos dos libertos. Então, em meio ao problema maior da educação do negro, surgiu a questão mais prática do trabalho, a inevitável desorientação econômica de um povo que enfrenta a transição da escravidão para a liberdade, e em especial para aqueles que passam por essa mudança em um ambiente de ódio, preconceito, ilegalidade e concorrência acirrada.

A escola industrial surgiu nessa década, mas só foi reconhecida na década que se iniciou em 1895 como uma resposta para uma crise que era tanto educacional como econômica — e uma resposta inteligente e oportuna.

Desde o início, em quase todas as escolas, alguma atenção era dedicada à capacitação para o trabalho, mas a partir desse momento essa capacitação adquiriu uma dignidade que a colocou em contato com o formidável desenvolvimento industrial sulista, e com uma ênfase especial a ponto de lembrar ao povo negro que diante do Templo do Conhecimento ainda há os Portões do Labor.

Mas, de qualquer forma, são apenas portões e, quando desviamos nossos olhos do problema temporário e contingente do negro para a questão mais ampla da ascensão e da civilização permanentes dos homens negros nos Estados Unidos da América, temos o direito de questionar, à medida que esse entusiasmo pelo progresso material se aproxima do auge, se afinal de contas a escola industrial é uma resposta definitiva e suficiente para a formação da raça negra; e fazer gentilmente, mas com toda a sinceridade, o questionamento recorrente de todas as eras: "A vida não é mais que o alimento, e o corpo não é mais que a vestimenta?". E os homens hoje fazem esse questionamento com ainda mais ardor, por causa de sinais sinistros percebidos em iniciativas educacionais recentes. Existe a tendência, nascida da escravidão e intensificada pelo insano imperialismo atual, de considerar os seres humanos um dos recursos materiais de uma região e formá-los visando apenas aos dividendos futuros. Os preconceitos raciais, que mantêm os homens pardos e negros em seus "lugares", estão começando a ser considerados aliados úteis dessa teoria, por mais que possam prejudicar as ambições e afligir os corações de seres humanos em dificuldades. E, acima de tudo, ouvimos diariamente que uma educação que incentive as aspirações, que estabeleça os mais elevados ideais e tenha como fim a cultura e o caráter, e não o pão de cada dia, é privilégio dos homens brancos e um perigo e uma ilusão para os negros.

As críticas são especialmente direcionadas contra os antigos esforços educacionais empreendidos para auxiliar o negro. Nos quatro períodos que mencionei, encontramos primeiro o entusiasmo e o sacrifício a toda prova; em seguida vem a preparação de professores para um amplo sistema de escolas públicas; então ocorrem o lançamento e a expansão desse sistema escolar, em meio a dificuldades cada vez maiores; e, por fim, a formação de trabalhadores para as novas indústrias em expansão. Esse desenvolvimento foi ridicularizado de forma aguda como uma anomalia lógica e uma inversão total da ordem natural das coisas. Para nos tranquilizar, foi dito que primeiro a formação para o ambiente industrial e a capacitação para o trabalho manual deveriam ensinar o negro a trabalhar, e depois a escolarização primária deveria ensiná-lo a ler e a escrever, e, só então, após muitos anos, as escolas normais e secundárias poderiam complementar o sistema, de acordo com as demandas da inteligência e da prosperidade.

Não é necessária muita reflexão para comprovar que um sistema tão completo em termos de lógica era historicamente impossível. O progresso nas questões humanas exige muitas vezes um passo contido, impulsionando os homens excepcionais para só então elevar seus pares menos destacados de forma lenta e dolorosa ao mesmo patamar. Portanto não foi por acidente que as universidades surgiram séculos antes das escolas primárias, sendo a bela Harvard[173] a primeira flor em nossa paisagem agreste. O mesmo vale para o Sul: a massa de libertos no fim da guerra não tinha a inteligência necessária para o trabalho moderno. Eles precisavam primeiro da escola primária para ensiná-los a ler, escrever e decifrar; e de instituições de nível mais elevado para formar os professores para as escolas primárias. Os professores que migraram para o Sul vieram com o objetivo de estabelecer as escolas primárias. Poucos tinham a intenção de fundar faculdades; a maioria teria considerado essa ideia risível. Mas eles depararam, como todos os outros homens desde então, com o paradoxo central do Sul — a separação social das raças. Nessa época ocorreu a repentina e vulcânica ruptura de quase todas as relações de negros e brancos, tanto nas questões de trabalho como de governo e de vida familiar. Desde então, surgiu um novo ajuste nas relações econômicas e políticas — um ajuste sutil e difícil de notar, mas singularmente engenhoso, e que ainda mantém o assustador fosso da linha de cor, um claro perigo para qualquer homem que quiser atravessá-lo. Sendo assim, tanto no passado como hoje, existem no Sul dois mundos separados; e separados não apenas nas instâncias superiores de contato social mas também em igrejas e escolas, em trens e bondes, em hotéis e teatros, em ruas e bairros, em livros e jornais, em sanatórios e prisões, em hospitais e cemitérios. Ainda há contato suficiente para uma cooperação econômica em termos mais gerais, porém a separação é tão completa e profunda que impede totalmente nas relações raciais qualquer coisa parecida com uma formação solidária e coletiva e a liderança de um dos grupos pelo outro, algo que o

---

[173] Fundada em 1636, a Universidade Harvard é a mais antiga instituição de ensino superior dos Estados Unidos.

negro norte-americano, assim como todos os povos atrasados, necessita para progredir de fato.

Os missionários de 1868 logo se deram conta disso; e, se as escolas industriais e técnicas eram impraticáveis antes do estabelecimento de um sistema de escolas primárias, era igualmente certo que escolas primárias de nível adequado não tinham como ser fundadas sem professores para lecionar. Os brancos sulistas não podiam ser os professores; os brancos nortistas não estavam lá em número suficiente para isso. Se o negro quisesse aprender, precisaria educar a si mesmo, e a ajuda mais efetiva nesse sentido era a criação de instituições para formar professores negros. Essa conclusão foi aos poucos se espalhando de forma simultânea entre todos os estudiosos do assunto, mesmo que atuassem em regiões bem distantes, e, sem que houvesse trocas de ideias ou um planejamento sistemático, foram surgindo uma série de instituições destinadas a levar professores negros aos iletrados. Acima do deboche e da crítica aos defeitos óbvios desse processo, deve sempre se impor uma resposta incontestável: em uma única geração, trinta mil professores negros foram espalhados pelo Sul; eles erradicaram o analfabetismo da maioria do povo negro da região e tornaram possível uma iniciativa como o Instituto Tuskegee.

Essas escolas de educação superior naturalmente tendiam a promover um desenvolvimento mais amplo: a princípio, nas escolas públicas só havia o curso primário e ginasial, mas então algumas se tornaram escolas secundárias. E por fim, por volta de 1900, cerca de trinta e quatro já ofereciam cursos superiores de um ano ou mais. Esse desenvolvimento se deu em diferentes níveis de velocidade dentro das instituições: Hampton[174] ainda é uma escola secundária, enquanto a Universidade Fisk[175] inaugurou sua faculdade em 1871, e o Seminário Spelman[176], pelos idos de 1896. Em todos os casos, o objetivo era o mesmo: manter os padrões da educação básica proporcionando a professores e líderes a melhor formação possível; e, acima de tudo,

---

174 Hoje uma universidade, Hampton foi criada na Virgínia em 1868 (ver nota 68).
175 A Fisk Free Colored School foi criada em Nashville, Tennessee, em janeiro de 1866, logo depois do fim da Guerra Civil. Ocupava um antigo hospital do Exército cedido pelo general Clinton B. Fisk, por isso o nome da escola. No ano seguinte, a Fisk Free Colored School passou a se chamar Fisk University. Du Bois entrou para a Fisk em 1885 e se formou em 1888.
176 Hoje uma faculdade, o Seminário Spelman foi criado em Atlanta, em 1881, para a educação de mulheres negras. É ligado à Universidade de Atlanta.

proporcionar ao mundo dos negros padrões adequados de cultura humana e ideais elevados de vida. Não bastava que os professores dos professores fossem formados pelos métodos da escola normal convencional; eles também precisavam, na medida do possível, ser homens e mulheres cultos e de mente aberta, a fim de promover a civilização em meio a um povo ignorante não só em relação às letras mas também em relação à própria vida.

Portanto, é possível constatar que o trabalho da educação no Sul começou com as instituições de ensino superior, dando como frutos as escolas primárias e depois as escolas industriais, ao mesmo tempo que se esforçavam para fortalecer suas raízes na formação universitária. Que isso fosse um desenvolvimento inevitável e necessário, que viria mais cedo ou mais tarde, não é preciso dizer; mas havia, e ainda há, um questionamento presente em muitas mentes de que esse crescimento natural pode ter sido forçado, que a formação superior pode ter sido excessiva, ou levada a cabo com métodos inferiores e inadequados. Entre os sulistas brancos, trata-se de uma convicção ampla e arraigada. Um proeminente jornal do Sul deu voz a esse sentimento em um recente editorial:

> O experimento feito para oferecer formação clássica aos estudantes negros não foi satisfatório. Embora muitos fossem capazes de dar conta da tarefa, a maioria aprendia como aprende o papagaio, reproduzindo o que foi ensinado, mas aparentemente sem conseguir assimilar a verdade e se apropriar do conhecimento, permanecendo sem nenhum propósito sensato ou ocupação para o futuro depois de graduados. O empreendimento como um todo se revelou um desperdício de tempo, esforço e dinheiro do governo.

Embora a maioria dos homens de bom senso seja capaz de reconhecer que se trata de uma opinião extremada e distorcida, ainda assim sem dúvida muitos homens estão perguntando: "Há número suficiente de negros aptos a se formar na faculdade e dar conta da tarefa? Não há muitos estudantes sendo prematuramente forçados a essa tarefa? Isso não interfere na insatisfação do jovem negro com seu ambiente? Esses graduados são bem-sucedidos na vida real?". São questionamentos naturais, que não devem ser ignorados, mas por outro lado uma nação naturalmente cética em relação à capacidade do negro não pode assumir uma postura tão desfavorável sem fazer uma investigação cuidadosa e com abertura para rever suas convicções.

Não devemos nos esquecer de que a maioria dos norte-americanos já tem uma resposta *a priori* para qualquer questão relacionada ao negro, e que o mínimo que a simples consideração pelos outros seres humanos exige é que sejam ouvidas as evidências.

Os que defendem a educação superior para o negro jamais devem negar a incompletude e os defeitos flagrantes do atual sistema: muitas instituições tentaram fazer o papel de faculdade, e em alguns casos esse trabalho não foi bem-feito, e às vezes a qualidade foi comprometida em detrimento da quantidade. Mas isso pode ser dito sobre o ensino superior como um todo na região; trata-se de um percalço quase inevitável do crescimento educacional, e não afeta a questão mais profunda da reivindicação legítima de educação superior para os negros. E esse problema pode ser atacado apenas de uma forma: com um estudo em primeira mão dos fatos. Deixemos de lado todas as instituições que não oferecem aos graduandos uma formação muito acima das escolas secundárias da Nova Inglaterra, apesar de serem chamadas de faculdades; se nos concentrarmos nas trinta e quatro instituições restantes, podemos esclarecer muitas concepções equivocadas fazendo os seguintes questionamentos especulativos: "Que espécie de instituição elas são? O que ensinam? E que tipos de homem saem de lá graduados?".

E, em primeiro lugar, precisamos estabelecer que esse tipo de faculdade — inclusive Atlanta, Fisk, e Howard, Wilberforce[177] e Lincoln[178], Briddle[179], Shaw[180] e as demais[181] — são instituições peculiares, quase únicas. Em meio às árvores reluzentes que farfalham diante de mim enquanto escrevo, posso

---

[177] A Universidade Wilberforce foi fundada em 1856, em Ohio. Du Bois iniciou lá sua carreira de professor em 1894. Também lá conheceu a estudante Nina Gomer, com quem se casou em 1896. O nome da universidade faz homenagem ao abolicionista inglês William Wilberforce (1759-1833).
[178] Havia então duas universidades Lincoln abertas aos afro-americanos: a da Pensilvânia (criada em 1854) e a do Missouri (criada em 1866). Du Bois provavelmente se refere aqui à primeira.
[179] Criada na Carolina do Norte, em 1867, como Briddle Memorial Institute, a instituição hoje se chama Johnson C. Smith.
[180] A Universidade Shaw foi fundada em dezembro de 1865 na Carolina do Norte.
[181] Nas primeiras edições deste livro também constava a Universidade Claflin, fundada em 1869 na Carolina do Sul.

ver partes de um bloco de granito da Nova Inglaterra, que os graduados na Universidade de Atlanta colocaram sobre um túmulo:

À GRATA MEMÓRIA DE SEU ANTIGO PROFESSOR E AMIGO E DA VIDA ALTRUÍSTA QUE LEVOU, E AO NOBRE TRABALHO QUE EMPREENDEU; QUE ELES, SEUS FILHOS E OS FILHOS DE SEUS FILHOS SEJAM ABENÇOADOS.

Esse foi o presente da Nova Inglaterra ao negro libertado; não esmolas, mas um amigo; não dinheiro, e sim caráter. Não era, e não é, dinheiro que esses milhões de homens inquietos desejam, e sim amor e empatia, o pulsar dos corações que fazem circular o sangue vermelho; um presente que hoje apenas sua própria gente pode levar às massas de sua raça, mas que essas almas santas trouxeram para seus filhos diletos na cruzada dos anos 1860, a melhor coisa na história dos Estados Unidos da América, e uma das poucas não maculadas pela ganância sórdida e pela vaidade gratuita. Os professores dessas instituições não vieram para colocar os negros em seu lugar, mas para tirá-los da degradação dos lugares em que a escravidão os deixou. As faculdades que fundaram eram assentamentos sociais, lares nos quais os melhores entre os filhos dos cativos travaram um contato próximo e solidário com as melhores tradições da Nova Inglaterra. Eles comiam e viviam juntos, estudavam e trabalhavam, compartilhavam esperanças e palavras ao amanhecer. Em termos de conteúdo formal, seu currículo era inquestionavelmente antiquado, mas seu poder educacional era supremo, pois promovia o contato entre almas vivas.

Cerca de dois mil negros saíram dessas instituições com diplomas de bacharel. Por si só, esse número é suficiente para refutar o argumento de que uma parcela excessivamente grande de negros norte-americanos está recebendo educação superior. Considerando todos os estudantes negros da região, tanto na faculdade como no ensino secundário, o comissário Harris[182] afirma que "a proporção atual deve ser multiplicada em cinco vezes" para igualar a média do restante da população.

---

[182] William Torrey Harris (1835-1909) foi Commissioner of Education, um cargo semelhante ao de ministro da Educação, de 1889 a 1906.

Cinquenta anos atrás, a capacidade dos estudantes negros de ter um bom desempenho em um curso superior em números consideráveis seria difícil de demonstrar. Mas hoje é fato comprovado que quatrocentos negros, muitos deles tidos como alunos brilhantes, já receberam diplomas de bacharel em Harvard, Yale, Oberlin[183] e setenta outras das melhores faculdades do país. E aqui temos quase vinte e cinco mil graduados negros, a quem uma pergunta essencial deve ser feita: "Até que ponto sua formação os preparou para a vida?". Obviamente, é dificílimo coletar dados satisfatórios sobre isso — é complicado encontrar os homens, obter testemunhos confiáveis e mensurá-los de acordo com critérios aceitáveis. Em 1900, a Conferência da Universidade de Atlanta fez um estudo com esses graduados e publicou os resultados. Primeiro buscou-se saber o que esses graduados estavam fazendo, e foi possível obter uma resposta de quase dois terços dos ex-alunos entre os que ainda estavam vivos. O testemunho direto foi em quase todos os casos corroborado por relatórios enviados pelas faculdades onde eles se formaram; portanto, na maior parte dos casos, os relatos são dignos de confiança. Cinquenta e três por cento desses graduados eram professores — reitores de instituições, diretores de escolas normais, superintendentes de sistemas escolares municipais e afins. Dezessete por cento eram clérigos; outros dezessete por cento eram profissionais liberais, principalmente médicos. Mais de seis por cento eram comerciantes, produtores rurais e artesãos, e quatro por cento eram servidores públicos civis. Mesmo levando em conta que uma considerável proporção do outro terço que não pôde ser encontrado não seja composta de homens bem-sucedidos, trata-se de um registro útil. Eu conheço centenas desses graduados e já troquei correspondências com mais de mil; através de terceiros, acompanhei com atenção o trabalho de outros; e fui professor de alguns deles e de alguns de seus ex-alunos, morei em casas que construíram e enxerguei a vida através de seus olhos. Comparando-os com meus companheiros de estudos na Nova Inglaterra e na Europa, não hesito em afirmar que em nenhum outro lugar conheci homens e mulheres com tamanho espírito cooperativo, com maior devoção a seu trabalho ou com mais determinação para serem bem-sucedidos diante de amargas dificuldades do

---

[183] Fundada em 1833, em Ohio, a Oberlin foi uma das primeiras faculdades estadunidenses a aceitar estudantes afro-americanos (em 1835) e a primeira a aceitar mulheres (em 1837).

que entre os negros formados em faculdades. Existe, é claro, uma parcela de indolentes, pedantes e tolos letrados, mas em uma proporção surpreendentemente pequena; eles não têm os modos que costumamos associar de forma instintiva aos universitários, esquecendo que na realidade essa cultura é herança de lares cultos, e que nenhum povo libertado da escravidão apenas uma geração atrás pode escapar de uma certa *gaucherie*[184], certa crueza um tanto desagradável, por melhor que seja sua formação educacional.

Dotados de uma visão mais ampla e de uma sensibilidade mais profunda, esses homens se tornaram líderes em geral conservadores e cautelosos. Raramente foram agitadores, pois resistiram à tentação de inflamar as multidões e trabalharam com lealdade e constância em milhares de comunidades sulistas. Como professores, legaram ao Sul um elogiável sistema de escolas municipais e um grande número de escolas normais e academias de ensino privadas. Homens negros formados em faculdades trabalharam lado a lado com seus colegas brancos em Hampton; quase desde seu início, o corpo docente do Tuskegee foi formado por diplomados em Fisk e Atlanta. E hoje o instituto está repleto de graduados, desde a enérgica esposa do reitor até o professor de agricultura, passando por quase metade do conselho executivo e a maioria dos chefes de departamento. Nas profissões liberais, os diplomados estão pouco a pouco, mas de forma constante, fazendo prosperar as igrejas dos negros, curando e prevenindo os malefícios das doenças, e começando a oferecer proteção à liberdade e às propriedades das massas trabalhadoras. Quem poderia fazer isso se não os negros? Como os negros poderiam fazer isso se não tivessem sido educados para tanto? Se os brancos precisam de faculdades para ter professores, pastores, advogados e médicos, os negros por acaso não têm as mesmas necessidades?

É verdade que existe um número considerável de jovens negros na região com caráter e talento para receber uma educação superior cujo fim é a cultura, e se dois mil e quinhentos deles no passado conseguiram se mostrar úteis para sua raça e sua geração, surge a seguinte questão: "Que lugar deve ocupar no futuro desenvolvimento do Sul as faculdades para negros e seus graduados?". É inegável que a atual separação e a sensibilidade

---

184 Em francês no original. *Gaucherie* define uma rudeza, timidez, certa falta de jeito no trato social.

racial devem acabar arrefecendo sob as influências da cultura à medida que o Sul se tornar civilizado. Mas tal transformação exige uma dose singular de sabedoria e paciência. Se enquanto essa enorme ferida estiver cicatrizando as raças precisarão viver por muitos anos lado a lado, unidas em um único esforço econômico, obedecendo a um mesmo governo, sensíveis aos pensamentos e sentimentos umas das outras, mas sutil e silenciosamente separadas em diversos aspectos da intimidade humana mais profunda — para esse desenvolvimento inusual e temerário ser promovido em meio à paz e à ordem, com respeito mútuo e inteligência cada vez maiores, será necessária uma das operações sociais mais delicadas e formidáveis da história moderna. Exigirá mentes abertas, homens corretos, tanto brancos como negros, e em caso de sucesso será o grande triunfo da civilização norte-americana. No que diz respeito aos homens brancos, esse fato está sendo reconhecido hoje no Sul, e um feliz renascimento da educação no nível universitário parece iminente. Mas as mesmas vozes que bradam por essa boa obra são em grande parte estranhamente silenciosas ou contrárias à educação superior do negro.

Estranhamente mesmo, pois é certo que nenhuma civilização estável pode ser constituída no Sul com o negro sendo mantido como um proletariado ignorante e turbulento. É um erro achar que essa situação seria remediada transformando-os em trabalhadores braçais e nada além disso: eles não são tolos, já provaram da Árvore da Vida[185], e não deixarão de pensar, não deixarão de tentar decifrar o enigma das palavras. Retirando de seu convívio seus professores e líderes de melhor formação, fechando a porta da oportunidade para suas mentes mais corajosas e brilhantes, será possível satisfazê-los? Ou isso só fará com que sua liderança seja transferida das mãos dos homens que foram ensinados a pensar para as mãos de demagogos sem instrução? Não devemos nos esquecer de que, apesar da pressão da pobreza e da falta de incentivo e até do deboche de certos amigos, a demanda pela formação superior vem crescendo de forma constante na juventude negra: entre 1875 e 1880, vinte e dois negros se graduaram em faculdades do Norte; entre 1885 e 1890, foram quarenta e três; e entre 1895 e 1900, quase

---

[185] No Gênesis, trata-se de uma das duas árvores especiais que Deus colocou no Jardim do Éden. A outra, aquela do Conhecimento do Bem e do Mal, deu o fruto que provocou a queda de Adão e Eva.

cem. Nesses mesmos períodos, nas faculdades para negros do Sul, foram respectivamente diplomados 143, 413 e mais de 500 estudantes. Aí está, portanto, um claro desejo de formação educacional; se esses talentosos dez por cento[186] forem proibidos de receber a chave do conhecimento, algum homem em sã consciência é capaz de imaginar que eles vão deixar de lado seus desejos e se contentar em ser lenhadores e carregadores de água[187]?

Não. A lógica perigosamente clara da posição do negro será disseminada de forma ainda mais ruidosa no dia em que a riqueza e a organização social cada vez maiores fizerem com que o Sul deixe de ser, como é em grande medida, apenas um acampamento de guerra destinado a intimidar o povo negro. Esse desperdício de energia não pode acontecer caso o Sul queira ingressar na civilização. E, com os trinta por cento da população da região composta de negros tornando-se mais prósperos e capazes, a não ser que sejam bem orientados em sua filosofia geral, seu passado sangrento e seu presente distorcido serão encarados com um rancor cada vez maior, até que eles por fim se agarrem ao evangelho da revolta e da vingança e dediquem todas as suas energias recém-descobertas a destruir a corrente do progresso. Inclusive hoje as massas de negros entendem com muita clareza a anomalia da posição deles e a moral tortuosa de vocês. Vocês podem fazer acusações pesadas contra eles, mas as réplicas, apesar de deficientes em termos de lógica formal, carregam verdades candentes e impossíveis de ser ignoradas, ó Cavalheiros Sulistas! Se você deplora sua presença aqui, eles perguntam: "Quem foi que nos trouxe?". Quando vocês gritam: "Livrai-nos da visão do casamento inter-racial", eles retrucam que o matrimônio em conformidade com a lei é infinitamente melhor que a prática sistemática da concubinagem e da prostituição. E, se em sua fúria dos justos vocês acusarem os vagabundos entre eles de serem violadores de mulheres, ouvirão como resposta: "O estupro que vocês cavalheiros cometeram contra mulheres negras indefesas ao arrepio de suas próprias leis está escrito na testa de dois milhões de

---

186 O conceito do "décimo talentoso" (Talented Tenth) será um dos mais repetidos por Du Bois nessa época. Foi o título de um texto seu na antologia *The Negro Problem*, publicada em 1903, mesmo ano de *As Almas do Povo Negro*. Com o tempo, Du Bois foi reformulando o conceito na tentativa de livrá-lo do óbvio elitismo.
187 Ver nota 13.

mulatos e gravado de forma indelével no sangue deles". E, por fim, quando vocês atribuem a criminalidade ao caráter dessa raça, eles retrucam que a escravidão foi o crime supremo, e que o linchamento e a injustiça são seus irmãos gêmeos monstruosos; que pertencer a uma raça e ter uma determinada cor de pele não são crimes, mas que nesta terra isso é motivo para condenação o tempo todo no Norte, no Sul, no Leste ou no Oeste.

    Não direi que esses argumentos são todos justificáveis — não afirmarei que não existe o outro lado da moeda; mas posso garantir que, entre os nove milhões de negros deste país, não deve existir um a quem desde o berço esses argumentos não se apresentem todos os dias como uma terrível verdade. Eu insisto que, pelo bem das gerações que virão, é melhor impedir milhões de pessoas de alimentar rancores em relação às injustiças do passado e às dificuldades do presente, para que todas as suas energias sejam direcionadas para uma luta saudável e uma cooperação com seus vizinhos brancos em benefício de um futuro melhor, mais justo e mais pleno. É uma grande verdade que o método mais sábio para isso é inserir o negro da forma mais integrada possível ao grande potencial industrial do Sul. E é isso que as escolas comuns e as escolas técnicas de capacitação para o trabalho manual estão tentando fazer. Mas só isso não basta. As fundações do conhecimento dessa raça, assim como das demais, devem estar assentadas de forma profunda nas faculdades e universidades, se desejarmos construir uma estrutura sólida e permanente. Os problemas internos relativos ao avanço social inevitavelmente virão — questões de empregos e salários, de famílias e lares, de moral e de valorização genuína das coisas da vida; e todos esses e outros problemas inevitáveis da civilização o negro precisa encarar e resolver em sua maior parte por si mesmo, em razão de seu isolamento; e pode haver outra solução possível a não ser o estudo e o pensamento e o apelo às ricas experiências do passado? Para um grupo imerso em tamanha crise, não é infinitamente mais perigoso se deixar levar pelas mentes não instruídas e pelo pensamento raso do que pela educação e o refinamento, ainda que pareçam excessivos? Com certeza temos sabedoria suficiente para encontrar uma faculdade para negros que tenha condições de se conduzir com habilidade entre os extremos do diletante e do tolo. Não vamos induzir os homens negros a pensar que, desde que seus estômagos estejam cheios, seus cérebros têm pouca importância. Eles já têm uma vaga percepção de que os caminhos da paz que percorrem os campos do trabalho honesto e da vida digna exigem a orientação de pensadores capazes e a camaradagem amorosa e reverente entre os mais humildes entre os negros e os homens negros emancipados pela educação e a cultura.

A função da faculdade para negros, portanto, é bem clara: conservar os padrões da educação popular, buscar a regeneração social do negro e ajudar na solução dos problemas da convivência e cooperação entre as raças. E, por fim, além de tudo isso, há o desenvolvimento dos homens. Acima do socialismo moderno, e distante do culto das massas, deve continuar existindo e evoluindo o tipo de individualismo elevado que os centros culturais projetam; deve haver o maior respeito pela alma humana soberana que procura conhecer a si e o mundo em torno de si; que procura a liberdade para a ampliação de horizontes e o autodesenvolvimento; que ama e odeia e trabalha à sua própria maneira, sem se apegar ao antigo nem ao novo. Essas almas em outros tempos já inspiraram e governaram mundos e, se não nos deixarmos enfeitiçar completamente por nosso Ouro do Reno[188], poderão fazer isso de novo. Nisto, o desejo dos homens negros deve ser respeitado: com a riqueza e a amarga profundidade de suas experiências, os tesouros de sua vida interior e as estranhas manifestações da natureza que já testemunharam, eles podem proporcionar ao mundo novos pontos de vista e tornar preciosos para todos os corações humanos seus modos de amar, viver e fazer. E, para si mesmos, nestes tempos que são uma provação para suas almas, a chance de se elevar ao céu azul acima da fumaça é para seus espíritos mais refinados a bênção e a recompensa pelo que perdem na terra por serem negros.

Eu me sento ao lado de Shakespeare, e ele não estranha. Por trás da barreira de cor, eu caminho de braços dados com Balzac e Dumas, onde homens sorridentes e mulheres acolhedoras circulam por salões dourados. Das cavernas da noite que oscilam entre a solidez da terra e os contornos das estrelas, eu convoco Aristóteles e Marco Aurélio e qualquer alma que desejar, e eles surgem todos de bom grado, sem desprezo nem condescendência. E assim, desposado com a Verdade, eu habito acima do Véu. É essa a vida que você reluta em nos conceder, ó nobre América? É

---

188 Na ópera *Das Rheingold*, primeira parte da tetralogia *Der Ring des Nibelungen*, de Richard Wagner, um anel mágico feito com o ouro do rio Reno desperta a cobiça e provoca a desgraça de quase todos os personagens.

essa a vida que você quer enterrar na monotonia vermelha e horrenda do solo da Geórgia? Está com tanto medo assim de que, do cume do Pisgá[189], entre filisteus e amalequitas[190], nós avistemos a Terra Prometida?

---

189 Em Deuteronômio 34:1, pouco antes de morrer, Moisés sobe ao pico do monte Pisgá (também se costuma grafar Fasga) e vê a Terra Prometida enquanto Deus lhe diz que é mesmo só para olhar, já que o profeta não tem e não terá autorização para entrar nela.
190 Filisteus e amalequitas foram dois povos inimigos dos israelitas.

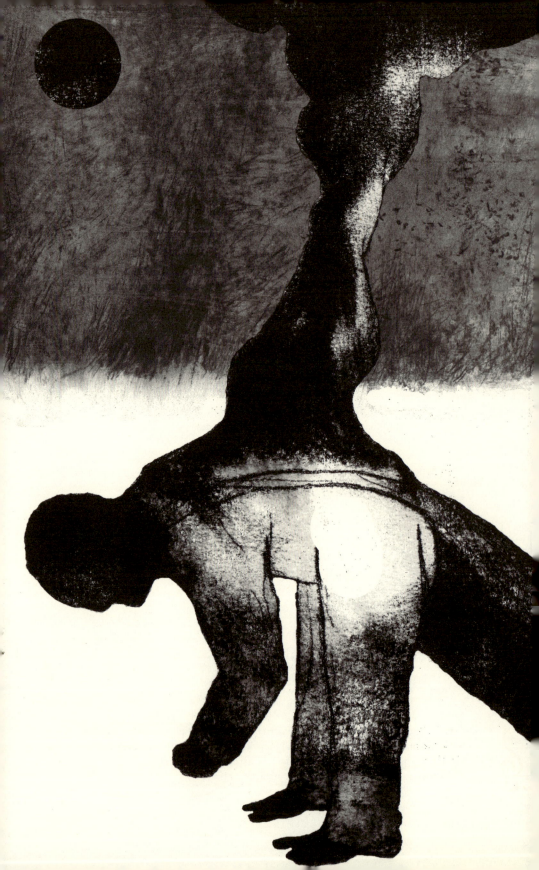

7
SOBRE O CINTURÃO PRETO

Eu sou morena, porém formosa, ó filhas de Jerusalém,
Como as tendas de Quedar, como as cortinas de Salomão.
Não olheis para o eu ser morena,
Porque o sol resplandeceu sobre mim;
Os filhos de minha mãe indignaram-se contra mim,
Puseram-me para guardar as vinhas;
A minha vinha, porém, não guardei.

— Cântico dos Cânticos 1:5

191 Trecho do spiritual "Bright Sparkles in the Churchyard", também conhecido como "Bright Sparkles" ou "Bright Sparkles in the Graveyard": *May de Lord — He will be glad of me/ May de Lord — He will be glad of me/ May de Lord — He will be glad of me;/ In de heaven He'll rejoice./ In de heaven, once, In de heaven, twice,/ In de heaven He'll rejoice,/ In de heaven, once, In de heaven, twice,/ In de heaven He'll rejoice.// Bright sparkles in de churchyard,/ Give light unto de tomb,/ Bright summer, spring's over,/ Sweet flowers in de'r bloom./ Bright sparkles in de churchyard,/ Give light unto de tomb,/ Bright summer, spring's over,/ Sweet flowers in de'r bloom./ My mother, once, my mother, twice,/ my mother she'll rejoice.// In de heaven, once, in de heaven, twice,/ In de heaven she'll rejoice./ Mother, rock me in de cradle all de day / Mother, rock me in de cradle all de day/ Mother, rock me in de cradle all de day/ Mother, rock me in de cradle all de day,// All de day, all de day/ Oh, rock me in de cradle all de day,/ all de day, all de day,/ Oh, rock me in de cradle all de day./ Oh, mother, don't ye love yer darlin' child,/ Oh, rock me in de cradle all de day// Oh, mother, don't ye love yer darlin' child?/ Oh, rock me in de cradle all de day / Mother, rock me in de cradle,/ rock me in de cradle,/ rock me in de cradle all de day/ All de day, all de day/ Oh, rock me in de cradle all de day,/ all de day, all de day,/ Oh, rock me in de cradle all de day./ You may lay me down to sleep, my mother dear,/ Oh, rock me in de cradle all de day.* ("Que queira o Senhor — Ele ficará contente por mim/ Que queira o Senhor — Ele ficará contente por mim/ Que queira o Senhor — Ele ficará contente por mim;/ No paraíso Ele há de se alegrar./ No paraíso, uma vez, no paraíso, uma vez mais,/ No paraíso Ele há de se alegrar/ No paraíso, uma vez, no paraíso, uma vez mais,/ No paraíso Ele há de se alegrar.// Luzes brilhantes no cemitério,/ Iluminam a sepultura,/ Verão reluzente, ao fim da primavera,/ Flores abertas em toda a formosura./ Luzes brilhantes no cemitério,/ Iluminam a sepultura,/ Verão reluzente, ao fim da primavera,/ Flores abertas em toda a formosura / Minha mãe, uma vez, minha mãe, uma vez mais,/ minha mãe, ela há de se alegrar.// No paraíso, uma vez, no paraíso, uma vez mais,/ No paraíso ela há de se alegrar./ Mãe, me embale no berço o dia inteiro/ Mãe, me embale no berço o dia inteiro,/ Mãe, me embale no berço o dia inteiro/ Mãe, me embale no berço o dia inteiro,// O dia inteiro, o dia inteiro/ Oh, me embale no berço o dia inteiro,/ O dia inteiro, o dia inteiro/ Oh, me embale no berço o dia inteiro./ Oh mãe, você não ama seu filho querido,/ Oh, me embale no berço o dia inteiro// Oh, mãe, você não ama seu filho querido?/ Oh, me embale no berço o dia inteiro/ Mãe, me embale no berço,/ me embale no berço/ me embale no berço o dia inteiro/ O dia inteiro, o dia inteiro/ Oh, me embale no berço o dia inteiro,/ o dia inteiro, o dia inteiro,/ Oh, me embale no berço o dia inteiro./ Pode me pôr para dormir, querida mãe,/ Oh, me embale no berço o dia inteiro.")

O trem veio trovejando do Norte, e acordamos para ver o solo vermelho da Geórgia se estendendo monótono e inculto à direita e à esquerda. Aqui e ali é possível ver vilarejos esparsos e nada atraentes, e homens magros perambulavam desocupados pelas estações; e então vieram os trechos cercados de pinheiros e barro. Mas nós não cochilamos, nem nos cansamos da paisagem; pois se trata de um local histórico. No caminho de nossos trilhos, trezentos e sessenta anos atrás, passou a cavalgada de Hernando de Soto[192] à procura de ouro e do Grande Mar; e ele e seus cativos de pés doloridos desapareceram nas distantes e sombrias florestas a oeste. Aqui fica Atlanta, a cidade das cem colinas, com um quê de Oeste e um toque de Sul complementados por algo totalmente seu, e singular em sua vida agitada. Deste lado de Atlanta estão as terras dos cheroquis, e a sudoeste, não muito longe de onde Sam Hose[193] foi crucificado, está o centro do problema do negro hoje — o ponto central para nove milhões de pessoas que são a sinistra herança da escravidão e do tráfico de escravos nos Estados Unidos da América.

[192] Aos 40 anos, o espanhol Hernando de Soto (1495?-1542) era já um veterano: participara da conquista da América Central e do Peru. Então decidiu liderar uma expedição na América do Norte, à procura de ouro e de uma passagem por lá para o oceano Pacífico. Em maio de 1539 desembarcou em Tampa Bay, na Flórida, com 620 homens (espanhóis, portugueses e mestiços afro-europeus), 200 cavalos e 200 porcos. Por três anos, De Soto e seus homens cruzaram a Flórida, a Geórgia, o Alabama, o Mississippi e o Arkansas, guerreando com os nativos, escravizando, espalhando doenças, destruindo as cidades, devastando a cultura mississipiana, provocando tragédias ecológicas, mas sem encontrar ouro nem caminho para o Pacífico. De Soto morreu na beira do rio Mississippi em maio de 1542. Os trezentos e poucos sobreviventes de sua expedição se retiraram para o México.

[193] O afro-americano Sam Hose (1875-1899) foi acusado de ter assassinado seu patrão e estuprado a esposa deste. Descrito pela imprensa sulista como "um monstro em forma humana", Sam Hose foi linchado em Newnan (cidade próxima de Atlanta, onde Du Bois lecionava) por uma multidão que incluía até crianças. Durante meia hora Hose foi golpeado com canivetes, cortaram-lhe os dedos, orelhas e genitais, e, por fim, ele foi queimado ainda vivo. Pedaços de seu corpo foram arrancados como suveníres. Investigações posteriores provaram que Hose havia, sim, matado o patrão, Alfred Cranford, mas em legítima defesa. A própria mulher de Cranford testemunhou isso e também negou que houvesse sido estuprada.

O episódio teve grande impacto sobre Du Bois, o que o fez duvidar que a razão e o senso de justiça tivessem força para mudar a mentalidade dos brancos sulistas. Ele até mesmo questionou o sentido de seus estudos acadêmicos: "Depois disso, duas considerações invadiram meu trabalho e por fim o interromperam: primeiro, não havia como ser um cientista calmo, frio e imparcial enquanto negros eram linchados, assassinados e morriam de fome; e, em segundo lugar, não havia uma demanda definida para o tipo de trabalho científico que eu estava fazendo".

Não apenas a Geórgia é o foco geográfico da população negra, mas em muitos outros aspectos, tanto hoje como no passado, os problemas dos negros parecem se concentrar neste estado. Nenhum outro estado da União tem 1 milhão de negros entre seus cidadãos — uma população equivalente à de todos os escravos dos Estados Unidos em 1800; nenhum outro estado dedicou um esforço tão prolongado e intenso para reunir sua hoste de africanos. Oglethorpe[194] considerava a escravidão contra a lei e o evangelho; mas as circunstâncias que deram à Geórgia seus primeiros habitantes brancos não eram favoráveis a cidadãos com ideias muito civilizadas em relação ao rum e aos escravos. Apesar das proibições dos outorgadores das terras, os colonos da Geórgia, assim como alguns de seus descendentes, resolveram administrar a lei por suas próprias mãos; e os juízes eram tão flexíveis, e o comércio ilegal era tão flagrante, e as preces de Whitefield[195] eram tão sinceras, que em meados do século XVIII todas as restrições foram derrubadas, e o tráfico de escravos prosseguiu tranquilamente por cinquenta anos ou mais.

Em Darien, onde aconteceram os tumultos causados pelo caso Delegal[196] alguns verões atrás, havia protestos incisivos contra a escravidão por

---

[194] O filantrópico aristocrata inglês James Oglethorpe (1696-1785) fundou a colônia da Geórgia em 1733 com a intenção de que ela fosse uma oportunidade de vida para as famílias pobres da Grã-Bretanha, "para os desempregados e desempregáveis". Oglethorpe limitou o tamanho das propriedades rurais, incentivou a pequena agricultura e proibiu o escravismo.

[195] O clérigo e fazendeiro George Whitefield (1714-1770), um dos fundadores do metodismo e do movimento evangélico, lutou para que a proibição do escravismo na Geórgia fosse abolida, "não apenas por razões econômicas", mas para que os africanos tivessem a oportunidade de aprender seu cristianismo. Viu a legalização do escravismo "parte como uma vitória pessoal e parte como manifestação da vontade divina". Quando morreu, o piedoso Whitefield deixou quatro mil acres de terra e 50 de seus escravizados de herança para um orfanato.

[196] No dia 24 de agosto de 1899, centenas de afro-americanos armados cercaram a penitenciária de Darien, na Geórgia, para impedir que o prisioneiro negro Henry Delegal fosse transferido para Savannah. Delegal era acusado de ter estuprado uma mulher branca. Os manifestantes temiam que ele fosse linchado durante a viagem. Houve trocas de tiros e um cidadão branco foi morto. O governador da Geórgia foi obrigado a mandar tropas para lá. Posteriormente, Delegal foi julgado e absolvido (*The Darien Journal of John Girardeau Legare, Ricegrower*, editado por Buddy Sullivan, Athens: University of Georgia Press, 2012).

parte dos escoceses das Terras Altas[197]; e os morávios de Ebenezer[198] não aprovavam o sistema. Mas, pelo menos até o terror haitiano de Toussaint[199], o tráfico de seres humanos não era sequer fiscalizado, e o estatuto nacional de 1808 não era suficiente para interrompê-lo[200]. E como iam chegando africanos! Foram cinquenta mil entre 1790 e 1810; e depois, vindos da Virgínia ou pela mão de contrabandistas, dois mil anualmente por vários anos. Assim os trinta mil negros que havia na Geórgia em 1790 dobraram de número em uma década — eram mais de cem mil em 1810, e meio milhão na época da guerra. Como uma serpente, a população negra foi se contorcendo para cima.

[197] Darien foi fundada por colonos escoceses que chegaram a fazer uma petição, em 1739, para que o escravismo continuasse proibido na Geórgia.
[198] Além de convidar os pobres da Grã-Bretanha para se radicarem na Geórgia, James Oglethorpe convidou também judeus e minorias religiosas cristãs. Os salzburgers (chamados assim porque eram protestantes que haviam sido expulsos de Salzburgo, na Áustria) fundaram a cidade de Ebenezer. Depois chegaram os morávios, outra denominação protestante. Tanto os salzburgers quanto os morávios eram radicalmente antiescravistas.
[199] A Revolução Haitiana (1791-1804), liderada por Toussaint L'Ouverture, fez muitos brancos passarem a apoiar a abolição da escravatura — ou, ao menos, a contenção do tráfico de escravizados —, não por razão humanitária, mas por medo que uma revolução semelhante acontecesse em outros lugares onde os escravizados de origem africana eram a maioria da população.
[200] Durante a Guerra de Independência (1775-1783), todos os estados da federação proibiram o tráfico escravista. Até porque a Inglaterra era então a maior traficante de escravos do mundo. Depois da independência, a Carolina do Sul, a Carolina do Norte e a Geórgia voltaram a liberar tal comércio. No início do século XIX, ampliou-se o repúdio mundial contra o tráfico de escravos. A própria Inglaterra o proibiu no início de 1807 e pressionou outros países a fazer o mesmo (principalmente porque não queria ver prejudicada a competitividade de suas colônias). Então, em 1807, o Congresso e o presidente Thomas Jefferson assinaram a lei que tornava crime federal levar escravos para dentro dos Estados Unidos (o comércio interno continuou liberado). Mesmo assim, o contrabando continuou bem alto. Os historiadores estimam que pelo menos 50 mil escravizados entraram ilegalmente no país depois de 1808. Seja como for, os Estados Unidos continuaram lucrando com o tráfico internacional: o historiador Matt D. Childs, professor da Universidade da Carolina do Sul, diz que um terço dos navios negreiros navegando no Atlântico entre 1808 e 1860 era propriedade de estadunidenses ou foram construídos nos Estados Unidos.
No Brasil, apenas em 1831 foi promulgada uma lei nesse sentido, a Lei Feijó, que, na prática, não foi aplicada e que, segundo alguns historiadores, teria dado origem à expressão "lei para inglês ver". Só em 1850, e sob intensa pressão da Inglaterra, é que o Brasil aprovou a Lei Eusébio de Queirós, proibindo mais seriamente o tráfico. Mesmo assim, dezenas de milhares de africanos escravizados foram contrabandeados para o Brasil após a promulgação da lei.

Mas precisamos acelerar nossa jornada. O lugar por onde passamos agora, à medida que nos aproximamos de Atlanta, é o antigo território dos cheroquis[201] — essa brava nação indígena que lutou por tanto tempo por sua terra nativa, até que o Destino e o governo dos Estados Unidos os mandassem para além do Mississippi. Se quiser viajar comigo, você deve vir para o "vagão Jim Crow". Não haverá objeções — há outros quatro homens brancos, além de uma garotinha branca e sua babá, por aqui[202]. Este vagão não é tão bom quanto o outro, claro, mas é razoavelmente limpo e confortável. O desconforto está principalmente nos corações daqueles quatro homens negros ali — e no meu.

Rugimos na direção sul com a mesma velocidade com que são feitos os negócios. O solo vermelho e inculto e os pinheiros da Geórgia começam a desaparecer, e em seu lugar surge uma terra rica e luxuriante, e em alguns pontos bem cultivada. É o território dos índios Creek[203]; e os brancos da Geórgia sofreram para conquistá-lo. As cidades vão se tornando mais frequentes e interessantes, e cotonifícios novos em folha aparecem por todos

---

[201] As comunidades cheroquis ocupavam originalmente uma área que hoje se divide entre os estados Carolina do Sul, Carolina do Norte, Tennessee, Alabama e Geórgia.

[202] Se afro-americanos não podiam entrar nos vagões dos brancos, alguns brancos podiam ser obrigados a viajar nos Jim Crow se estivessem bêbados demais, sujos, esfarrapados ou fossem, de alguma outra maneira, inconvenientes para os outros passageiros brancos. A lei abria exceção nos vagões "normais" apenas para babás negras que estivessem a serviço de famílias brancas. O Tennessee, por exemplo, acrescentou um adendo específico sobre a questão das babás em 1891. Mas é de imaginar que tal adendo foi necessário porque havia divergências a respeito e muitas famílias brancas podem ter sido impedidas de embarcar sua babá por fiscais rigorosos demais. Assim, não é impossível que Du Bois tenha de fato visto uma criança branca com sua babá num vagão Jim Crow. Seja como for, o objetivo dele aqui é ajudar o leitor, que não viveu aquilo, a entender a situação. Priscila Wald, em seu livro *Constituting Americans: Cultural Anxiety and Narrative Form* (Durham: Duke University Press, 1995), destaca este capítulo, e especialmente este trecho, como exemplo da estratégia literária de Du Bois: "Neste capítulo, ele fala nitidamente de dentro do Véu para o leitor que não compartilha de sua experiência ou entende sua perspectiva. Ele pede ao leitor que não seja um cientista, não apenas veja, mas realmente experimente o que é a vida sob o Véu, a vida organizada sob a exclusão e a proibição. Mas Du Bois não permite que o leitor branco se torne um *insider*; em vez disso, ele convida a uma experiência que propôs também em 'Sobre os Filhos dos Senhores de Escravos e Sobre o Homem': a experiência da dupla-consciência, de ver a América branca pelos olhos da América negra".

[203] Povo que ocupava todo o Alabama, mais o sul do Tennessee, o norte da Flórida e o oeste da Geórgia.

os lados. Depois de passar por Macon, o mundo fica mais escuro; pois agora nos aproximamos do Cinturão Preto[204] — uma estranha terra de sombras que até os escravos temiam no passado, e da qual chegam ao mundo do outro lado apenas murmúrios fracos e semi-inteligíveis. O "vagão Jim Crow" aqui parece maior e um pouco melhor; três lavradores rústicos e dois ou três brancos desocupados nos acompanham, e um menino jornaleiro expõe suas mercadorias em um dos cantos. O sol está se pondo, mas ainda podemos ver o enorme território dominado pelo algodão em que adentramos — o solo é ora escuro e fértil, ora ralo e cinzento, com árvores frutíferas e construções dilapidadas por todo o caminho até Albany.

Em Albany, no coração do Cinturão Preto, nós paramos. Trezentos quilômetros ao sul de Atlanta, trezentos quilômetros a oeste do Atlântico, e cento e cinquenta quilômetros ao norte do Grande Golfo está o condado de Dougherty, com seus dez mil negros e dois mil brancos. O rio Flint vem serpenteando de Andersonville e, fazendo uma curva abrupta em Albany, a sede do condado, corre para se juntar ao Chattahoochee e ao mar. Andrew Jackson[205] conhecia bem o Flint, que atravessou certa vez para vingar o massacre promovido pelos índios no Forte Mims[206]. Isso foi em 1814, não muito antes da batalha de Nova Orleans; e, com o tratado firmado com os Creek

---

204 Black Belt, zona geográfica que se estende por vários estados do sudeste dos Estados Unidos. Aparentemente, o nome surgiu por causa de seu solo característico, de cor bem escura. Tal solo, bem fértil, atraiu a formação de latifúndios monocultores, com o uso intensivo de mão de obra escravizada. Assim, a população afro-americana superou em muito a população branca, o que deu outra conotação ao termo black belt. Mas o poder continuou na mão da elite branca. O Cinturão Preto foi tradicional celeiro de líderes supremacistas de extrema direita. Essa situação só começou a mudar nos anos 1960, a partir de uma intervenção federal que forçou a derrubada dos tantos estratagemas legais e ilegais (alguns bem violentos) que impediam o exercício do voto por afro-americanos.

205 Andrew Jackson (1767-1845) foi presidente dos Estados Unidos de 1829 a 1837. Mas antes disso era já herói nacional por suas vitórias militares. Na Guerra dos Creeks (1813-1814), tomou dos nativos uma grande área que hoje forma boa parte da Geórgia e do Alabama. Em 1815, venceu a Batalha de Nova Orleans contra os ingleses. E em 1818 invadiu a Flórida, que era então uma colônia espanhola, para atacar o quilombo conhecido como Forte Negro, que abrigava afro-americanos foragidos e também nativos que haviam sido expulsos de suas terras nos Estados Unidos. Como resultado dessa invasão por Andrew Jackson, a Flórida acabou anexada aos Estados Unidos.

206 Episódio da Guerra dos Creeks, no qual estes destruíram o Forte Mims (Alabama) e mataram ou capturam todos os que o habitavam, incluindo os civis.

depois dessa campanha, todo o condado de Dougherty, e várias outras terras férteis, foi concedido à Geórgia. Mesmo assim, os colonos não se interessaram por este território, pois os índios estavam por toda parte, e não eram vizinhos muito agradáveis nessa época. O pânico de 1837[207], que Jackson deixou de herança para Van Buren, empurrou os fazendeiros das terras empobrecidas da Virgínia, das Carolinas e do leste da Geórgia para o Oeste. Os indígenas foram removidos para o Território Índio, e os colonos se apossaram destas cobiçadas terras para reaver suas fortunas perdidas. Por um raio de cento e cinquenta quilômetros a partir de Albany, há uma grande extensão de terras férteis, cobertas de florestas luxuriantes de pinheiros, carvalhos, freixos, nogueiras e álamos; banhadas pelo sol e umedecidas pelas terras pretas alagadiças; e aqui foi colocada a pedra fundamental do Reino do Algodão[208].

Albany é hoje uma cidade sulista tranquila, com ruas largas e uma ampla variedade de lojas e estabelecimentos que servem comidas e bebidas, além das fileiras de casas — as dos brancos geralmente ao norte, e as dos negros ao sul. Durante seis dias por semana, a cidade parece pacata até demais, como se tirasse longas e prolongadas sestas. Mas aos sábados de repente o condado inteiro aparece, e uma verdadeira enxurrada de camponeses negros se espalha pelas ruas, enchendo as lojas, bloqueando as calçadas,

---

[207] Crise financeira que provocou uma grande recessão econômica nos Estados Unidos. O país demorou quatro anos para começar a se recuperar. A crise estourou justamente no último ano do mandato de Andrew Jackson como presidente e, por causa da persistente depressão econômica, seu sucessor, Martin Van Buren (1782-1862), não conseguiu se reeleger.

[208] Também chamada de Cinturão do Algodão (Cotton Belt), é a região, no sul dos Estados Unidos, que se especializou na cultura do algodão. No século XIX, estendia-se de Maryland ao Texas. Mas os maiores produtores eram Geórgia, Alabama, Tennessee, Arkansas e Mississippi. A invenção, em 1793, da descaroçadora de algodão (*cotton gin*) provocou uma gigantesca aceleração na demanda por matéria-prima e determinou o desenvolvimento dos latifúndios e o uso intensivo de mão de obra escrava. Em meados dos anos 1850, o sul dos Estados Unidos era responsável por 80% do cultivo mundial de algodão. Uma das consequências dessa economia algodoeira foi o distanciamento político e cultural do Sul com relação ao progressista Norte, que baseou seu crescimento na industrialização. Outra consequência, foi a dependência cada vez maior da mão de obra escravizada. Depois da Guerra Civil, a região entrou em decadência, surgiram outros grandes produtores pelo mundo (inclusive o Brasil), houve um esgotamento do solo e o aparecimento da praga do bicudo-do-algodoeiro. Apesar disso, a região, agora bem mecanizada, é até hoje uma grande produtora de algodão, e os Estados Unidos são o maior exportador mundial da matéria-prima.

estreitando as vias de passagem e tomando conta da cidade por inteiro. Eles são negros e robustos, uma gente interiorana e rústica, simples e afável, até certo ponto comunicativa, porém muito mais silenciosa e melancólica do que as multidões de lugares como a Renânia, ou Nápoles, ou Cracóvia. Bebem quantidades consideráveis de uísque, mas não a ponto de se embebedar muito; conversam e riem alto às vezes, mas quase nunca se desentendem ou brigam. Passeiam pelas ruas, encontram amigos para a conversa à toa, olham as vitrines das lojas, compram café, doces baratos e roupas, e no fim da tarde voltam para casa. Felizes? Bem, não exatamente, porém muito mais contentes do que estariam caso não tivessem vindo.

Albany é, portanto, uma verdadeira capital — uma típica cidadezinha sulista, o centro da vida de dez mil almas; seu ponto de contato com o mundo exterior, seu repositório de notícias e boatos, seu mercado para comprar e vender, tomar emprestado e emprestar, sua fonte de justiça e lei. Houve um tempo em que conhecíamos tão bem a vida no campo, e sabíamos tão pouco da vida na cidade, que descrevíamos o ambiente urbano como se fosse um distrito rural densamente habitado. Hoje o mundo quase já se esqueceu do que é a zona rural, e é preciso certo esforço para imaginar uma cidadezinha de pessoas negras espalhadas e distantes umas das outras ao longo de uma extensão de oitocentos quilômetros quadrados de terras, sem trens e bondes, em meio a milharais e algodoais, e enormes trechos de areia e terra escura.

O sul da Geórgia é bem quente em julho — um tipo específico de calor tedioso que parece independente do sol; por isso precisamos de alguns dias para criar coragem de sair da sombra da varanda e nos aventurarmos pelas longas estradas rurais deste mundo desconhecido. Por fim, começamos. Eram cerca de dez horas da manhã de um dia ensolarado e com uma leve brisa, e avançamos sem pressa na direção sul pelo vale do Flint. Passamos pelos casebres quadrados dos trabalhadores da olaria e por uma longa fileira de casas de aluguel, ironicamente chamada de "A Arca", e em pouco tempo estávamos fora da cidade, no local das grandes fazendas de monocultura de outrora. Aqui é a "área de Joe Fields"; era um sujeito durão, que matou muitos "crioulos" em seus dias de glória. Sua propriedade se estendia por vinte quilômetros — um verdadeiro baronato. Não restou quase nada da antiga fazenda; apenas algumas partes ainda pertencem à família, e o restante foi passado para as mãos de judeus e negros. Mesmo os pedaços que restaram estão vinculados a pesadas hipotecas e, como o restante da propriedade, loteados para arrendatários. Aqui vem um deles — um homem pardo e alto, um bom trabalhador e bom bebedor, analfabeto, mas bem versado na labuta, como suas lavouras indicam. Esta casa de tábuas melancolicamente nova é sua. Ele acabou de se mudar de seu velho casebre de apenas um cômodo.

Das cortinas da casa de Benton, mais adiante na estrada, um rosto escuro e belo observa os desconhecidos. A passagem de charretes não é uma ocorrência cotidiana por aqui. Benton é um homem inteligente, com a pele parda de um tom mais claro, pai de uma família de tamanho considerável, que administra uma fazenda devastada pela guerra e o atual espólio da viúva. Deveria estar bem de vida, segundo dizem; mas abusa da bebida em Albany. E o espírito de negligência e quase desolação nascido do próprio solo parece ter se instalado nestes hectares em especial. No passado havia descaroçadoras de algodão e outros tipos de maquinário por aqui; mas a esta altura já apodreceram.

O local como um todo transmite uma impressão de abandono e esquecimento. Aqui está o que restou das grandes fazendas dos Sheldon, dos Pellot e dos Renson; porém suas almas não estão mais entre as dos vivos. As casas estão quase em ruínas ou então desapareceram por completo; as cercas foram varridas, e as famílias vagam sem rumo pelo mundo. Esses antigos senhores de escravos enfrentaram estranhas vicissitudes. Mais adiante estão os vastos hectares de Bildad Reasor; ele morreu nos tempos da guerra, mas seu ambicioso capataz não demorou a se casar com a viúva. Em seguida foi embora, assim como seus vizinhos, e agora só restam os arrendatários negros; mas a mão invisível do sobrinho-neto do antigo senhor, do primo ou do credor ainda se estende de um ponto distante para cobrar sem remorso um oneroso pagamento pelo uso da terra, e assim o lugar permanece pobre e estagnado. Apenas os lavradores negros aceitam esse sistema, e só porque são obrigados. Andamos quinze quilômetros hoje e não vimos nenhum rosto branco.

Um irresistível sentimento de depressão recai lentamente sobre nós, apesar do iluminado pôr do sol e dos campos verdejantes de algodão. É este, então, o Reino do Algodão — a sombra de um sonho maravilhoso. E onde está o rei? Talvez seja ele — o trabalhador suado, lavrando seus três hectares com duas mulas magras e enfrentando uma duríssima batalha contra sua dívida. Ficamos matutando em silêncio até que, depois de uma curva na estrada arenosa, de repente surge um cenário mais agradável — um belo chalé, um tanto escondido da vista da estrada, e perto dele uma pequena loja. Um homem alto e pardo se levanta na varanda quando o saudamos e vem até nossa charrete. Tem um metro e oitenta de altura, uma expressão sóbria e um sorriso grave. Sua postura é ereta demais para ser a de um arrendatário — e, de fato, é um proprietário de cem hectares. "A terra vem se dilapidando desde os bons tempos de 1850", ele explica, e o algodão está em baixa. Três arrendatários negros vivem em sua propriedade, e em sua pequena loja ele mantém um pequeno estoque de tabaco, rapé, sabão e soda para as pessoas da vizinhança. É aqui que fica o descaroçador, com seu maquinário bem instalado. Trezentos fardos de algodão passaram por ali no último ano. O homem conseguiu mandar dois filhos para a escola. Sim, diz com tristeza, está conseguindo sobreviver, mas o preço do algodão caiu para oito centavos de dólar o quilo. Percebo que a Dívida está ali, à espreita, de olho nele.

Onde quer que esteja o rei, os parques e os palácios do Reino do Algodão ainda não desapareceram por completo. Passamos agora por grandes bosques de carvalhos e pinheiros altos, com uma vegetação rasteira de arbustos e murta. Esta era a "casa sede" dos Thompson — senhores de escravos que andavam em carruagens puxadas por quatro cavalos no passado. Agora está tudo silencioso, reduzido a cinzas e mato emaranhado. O dono apostou toda sua fortuna na ascensão da indústria do algodão na década de 1850, e com a queda dos preços nos anos 1880 juntou tudo o que tinha e sumiu. Mais adiante há outro bosque, com gramado malcuidado, grandes magnólias e caminhos tomados pelo matagal crescido. A casa-grande está quase em ruínas, com sua enorme e impávida porta da frente olhando para a estrada, e com a parte dos fundos grotescamente restaurada por seu arrendatário negro. Com aspecto desgastado, mas de boa compleição física é um homem sem sorte e sem convicção. É obrigado a trabalhar pesado para pagar o arrendamento à jovem branca que é a proprietária do que restou da fazenda. Ela é casada com um policial e mora em Savannah.

De tempos em tempos passamos por igrejas. Aqui está uma — a do Pastor, como é chamada —, um enorme celeiro caiado, equilibrado sobre suas fundações de pedra como se tivesse apenas parado para descansar neste lugar por um instante, como se estivesse prestes a se arrastar até a estrada a qualquer momento. Mas ainda assim é o centro em torno do qual orbita uma centena de casebres; e às vezes, aos domingos, quinhentas pessoas dos arredores e de mais longe se reúnem aqui e conversam e comem e cantam. Há uma escola por perto — um galpão bem arejado, porém vazio; mas isso é até um avanço: em geral as aulas na região costumam ser dadas nas igrejas. Estas variam de cabanas de troncos a essas como a do Pastor, e as escolas variam de nenhuma a esta pequena casa discretamente localizada na divisa do condado. É uma casinha de tábuas, de mais ou menos três por seis metros, que do lado de dentro tem duas fileiras de bancos rústicos e tortos, em sua maior parte com pernas, mas às vezes apoiados sobre caixotes. Na porta oposta há uma mesa improvisada. Em um canto está o que restou de um fogão, e no outro, uma lousa desbotada. É a escola mais simpática que encontrei em Dougherty, sem contar a da cidade. Atrás da escola há uma casa de dois andares, ainda não concluída. As sociedades se reúnem ali — sociedades "para cuidar dos doentes e enterrar os mortos"; esse tipo de entidade está em pleno crescimento.

Tínhamos chegado à extremidade do condado de Dougherty e estávamos prestes a dar uma guinada para o oeste, margeando a divisa do condado, quando todas essas coisas nos foram mostradas por um gentil homem negro, um idoso de cabelos brancos e setenta anos. Vive por aqui há quarenta e cinco anos e hoje se sustenta junto com a velha esposa com a ajuda de um boi que mantém amarrado mais adiante e da caridade de seus vizinhos negros. Ele nos aponta a fazenda dos Hill, do outro lado da divisa do condado, em Baker — de uma viúva e seus robustos dois filhos, que no ano passado colheram dez fardos (por aqui não é necessário acrescentar que se trata de algodão). Por lá há cercas e porcos e vacas, além de um jovem Mêmnon[209] que, com sua voz suave e sua pele aveludada, veio um tanto timidamente cumprimentar os desconhecidos, orgulhoso de sua casa. É possível ver os troncos de grandes pinheiros se elevando sobre os campos verdejantes de algodão, como que estalando seus dedos tortos e descascados na direção da floresta viva mais à frente. É uma região de pouca beleza além de uma espécie de abandono em estado bruto que sugere algum poder — uma grandiosidade nua, por assim dizer. As moradias são simples e rústicas; não há redes nem poltronas, e as flores são poucas. Por isso, aqui na casa de Rawdon, quando

---

[209] Na mitologia grega, Mêmnon era o jovem, belo e honrado rei da Etiópia. Ele foi com seu exército ajudar na defesa de Troia e acabou morto por Aquiles. As lágrimas de sua mãe, Eos (que era a deusa da aurora), deram origem ao orvalho.

vemos uma trepadeira agarrada a uma varanda e janelas surgindo atrás de uma cerca, nós respiramos aliviados. Acho que eu nunca havia pensado antes no papel desempenhado pela Cerca na civilização. Aqui é a Terra Sem Cercas, onde por todas as direções brotam dezenas de casebres de apenas um cômodo, feios, sem vida e sujos. Aqui o problema do negro surge nu e cru, em toda sua sujeira e penúria. E aqui não há cercas. Mas de tempos em tempos as tábuas cruzadas ou os mourões alinhados aparecem diante das vistas, e nesses momentos sabemos que há algum indício de cultura por perto. Obviamente Harrison Gohagen — um homem pardo claro, um jovem diligente de rosto liso — é proprietário de algumas dezenas de hectares, e o que esperamos encontrar são cômodos bem-arrumados, camas macias e crianças risonhas. Afinal, ele não tem uma bela cerca? Quanto àqueles que vivem ali mais adiante, por que construir cercas em terras arrendadas? Isso só faria subir o valor do arrendamento.

Seguimos em frente em meio ao vento, à terra arenosa, aos pinheiros e aos vislumbres de antigas fazendas, até que surge diante de nós um aglomerado de construções — de madeira e de tijolos, moinhos e residências, e alguns casebres esparsos. Parecia ser um belo vilarejo. Conforme nos aproximamos, porém, o aspecto do lugar mudou: as construções estavam podres, os tijolos, caindo, os moinhos, mergulhados em silêncio, e a loja, fechada. Apenas nos casebres parecia haver aqui e ali algum indício de uma vida preguiçosa. Só consigo imaginar que sobre este local foi colocada uma estranha maldição e quase me pus a procurar a princesa. Um velho negro desleixado e incauto, mas honesto e simples, nos contou a história. O Mago do Norte — o Capitalismo — chegou por aqui nos anos 1870 para lançar seu encanto sobre aquela terra escura. Comprou dois mil e quinhentos metros quadrados ou mais, e por um tempo os lavradores cantaram, os descaroçadores rugiram e os cotonifícios fervilharam de atividade. Então tudo mudou. O filho do administrador se apossou dos rendimentos e desapareceu com o dinheiro. Em seguida o próprio administrador sumiu. No fim, o novo administrador levou embora até os livros contábeis, e a companhia furibunda fechou o negócio e as casas, recusando-se a vender o que quer que fosse, deixando as construções e a mobília e o maquinário enferrujando e apodrecendo. Foi assim que a fazenda Waters-Loring acabou prostrada diante da maldição da desonestidade e se tornou uma espécie de advertência em ruínas de uma terra marcada.

Essa fazenda encerrou nossa jornada do dia, de certa maneira; porque eu não conseguia me desvencilhar da influência daquele cenário mudo. Voltamos para a cidade, passando pelas fileiras de pinheiros altos e retos e por uma lagoa escura e cercada de árvores onde o ar ficava carregado por um doce perfume estagnado. Aves brancas de pernas compridas revoavam sobre nós, e os brotos de algodão pareciam contentes sobre seus caules verdes e arroxeados. Uma camponesa cuidava da plantação, com um turbante branco e braços negros. Vimos tudo isso, mas o efeito da maldição ainda nos assombrava.

Que terra mais curiosa é esta — cheia de histórias não contadas, trágicas e cômicas, com um rico legado de vidas humanas; obscurecida por um passado de dissabores, e com uma grande promessa de futuro! Assim é o Cinturão Preto da Geórgia. O condado de Dougherty é o limite oeste do Cinturão Preto, e em determinada época foi conhecido entre os homens como o Egito da Confederação[210]. Trata-se de um lugar de grande interesse histórico. Para começar existe o Pântano, a oeste, onde o Chickasawhatchee[211] flui se encorpando para o sul. A sombra de uma velha fazenda repousa à sua margem, abandonada, soturna. Então vem a barragem; os musgos cinzentos pendentes das árvores e as águas salobras se destacam, e as florestas são cheias de aves selvagens. Há um local em que o bosque está em chamas, ardendo de raiva, vermelho; mas ninguém se importa. Em seguida o pântano se torna um belo cenário; atravessado por uma estrada elevada, construída por presidiários negros acorrentados, formando um caminho ladeado e quase coberto pelo verde. As árvores brotam da luxuriante vegetação rasteira; sombras de um verde-escuro se misturam ao pano de fundo preto, até que tudo se torne um emaranhado de folhagens semitropicais, maravilhoso em seu estranho esplendor selvagem. Em um determinado momento, cruzamos um riacho escuro e silencioso, onde árvores tristonhas e arbustos retorcidos, todos em tons vivíssimos de amarelos e verdes, pareciam formar uma enorme catedral — uma peculiar Milão[212] verde constituída de vegetação.

---

210 Na Bíblia, o Egito é o país próspero, rico, com a terra negra muito fértil graças às enchentes do Nilo. É para onde Abraão vai para fugir da fome que havia em Canaã. Mas é também onde os israelitas são escravizados.
211 Riacho na Geórgia que deságua no rio Flint.
212 O autor se refere especificamente à catedral de Milão, uma das maiores da Europa e célebre exemplo do estilo gótico.

Enquanto atravessava esse terreno, era como se estivesse revisitando a tragédia de setenta anos atrás. Osceola[213], o chefe índio-negro[214], se rebelou nos pântanos da Flórida, jurando vingança. Seu grito de guerra foi ouvido pelos Creek de Dougherty, e seus gritos de guerra combinados ecoaram do Chattahoochee até o mar. Homens e mulheres e crianças fugiram e tombaram diante deles enquanto marchavam para Dougherty. Entre sombras distantes, guerreiros escuros e assustadoramente pintados moviam-se sem ser notados — um depois do outro, até que trezentos deles estivessem reunidos no traiçoeiro pântano. Então o falso esconderijo de lodo que os cercava chamou a atenção do homem branco mais a leste. Afundados até a cintura, eles lutaram entre as grandes árvores, até que o grito de guerra fosse abafado e os índios voltassem para o oeste. Não é à toa que a madeira aqui é vermelha.

Então chegaram os escravos negros. Dia após dia se ouvia o tilintar das correntes presas aos seus pés, que marchavam da Virgínia e da Carolina para a Geórgia nestas férteis terras pantanosas. Dia após dia, as canções dos calejados, os gritos dos órfãos e as maldições resmungadas pelos flagelados ecoavam do Flint ao Chickasawhatchee, até que em 1860 se estabeleceu no oeste de Dougherty aquele que talvez tenha sido o reino escravista mais próspero do mundo moderno. Cento e cinquenta barões comandavam o trabalho de quase seis mil negros, administrando fazendas que somavam mais de trinta e cinco mil hectares de terreno cultivado, avaliados já em época de solos empobrecidos em três milhões de dólares. Vinte mil fardos de algodão

---

[213] Ainda criança, Osceola (1804-1838) estava entre os Creeks que foram para a Flórida depois de serem expulsos de suas terras no início do século XIX, lá se juntando ao povo Seminole, com quem também viviam muitos afro-americanos (fugitivos ou não). Na época a Flórida ainda era uma colônia espanhola. Quando os Estados Unidos a anexaram em 1821, quiseram expulsar os indígenas de lá e reescravizar os afro-americanos que viviam entre eles. Ainda que não fosse um Seminole, Osceola se tornou o líder de todo o povo na guerra de resistência que durou anos. Foi preso traiçoeiramente ao ser convidado para discutir um tratado de paz com os Estados Unidos. Morreu meses depois, numa prisão militar na Carolina do Sul.

[214] A maior parte dos historiadores acredita que Osceola era mestiço de Creek com branco. Mas vários afro-americanos viviam com os Creeks, misturavam-se com eles e foram com estes para a Flórida, onde se juntaram aos Seminoles, negros e mestiços que já estavam lá. Osceola era casado com uma mulher negra, com quem teve quatro filhos. E uma das principais razões para ele se revoltar contra o primeiro acordo de paz proposto pelos brancos foi justamente a exigência de que entregassem os afro-americanos que haviam fugido da escravidão. Por isso tem sentido chamá-lo de chefe índio-negro ("Indian-Negro chieftain", no original).

descaroçado eram mandados todos os anos para a Inglaterra, tanto para a Nova[215] como para a Velha; e os homens que aqui chegaram falidos ganharam dinheiro e enriqueceram. Em uma única década, a produção de algodão quadruplicou, e o valor das terras triplicou. Foi o auge desses *nouveau riches*[216] e de uma vida de extravagâncias imprudentes entre os senhores de escravos. Carruagens puxadas por quatro ou seis puros-sangues os levavam à cidade; a hospitalidade e a diversão sem limites eram a regra. Parques e bosques foram inaugurados, ricos em flores e vinhas, e no meio de tudo isso ficava a "casa-grande", com seus amplos pavilhões, suas varandas adornadas com colunas e suas enormes lareiras.

Mas mesmo em meio a tudo isso havia algo sórdido, algo forçado — uma certa inquietação febril; todo esse espetáculo brilhoso tinha sido montado em cima de um sofrimento. "Esta terra era um pedaço do Inferno", disse para mim um homem pardo e esfarrapado, com uma expressão séria. Estávamos na beira da estrada, em uma oficina de ferraria, atrás da qual jaziam as ruínas da casa de um senhor de escravos. "Eu via os crioulos caindo mortos nos campos, mas eles eram só chutados para o lado, porque o arado nunca parava. Na casa da guarda, era lá onde o sangue corria."

Com fundações assim, era questão de tempo até que o reino balançasse e caísse. Os senhores de escravos se mudaram para Macon e Augusta, deixando para trás apenas superintendentes irresponsáveis para cuidar da terra. E os resultados são ruínas como esta, a da "casa sede" dos Lloyd — grandes carvalhos de troncos curvos, um gramado, arbustos e castanheiras, tudo cercado pelo mato alto; uma solitária guarita onde antes ficava a entrada de um castelo; uma bigorna enferrujada largada entre os foles apodrecidos e a madeira das ruínas de uma oficina de ferraria; uma velha mansão, suja e manchada, ocupada agora pelos netos dos escravos que serviam suas mesas; a família do dono minguou até sobrarem apenas duas mulheres, que vivem em Macon e devoram avidamente o que restou de um baronato. Assim seguimos em frente, atravessando porteiras abandonadas e casas caindo aos pedaços — pelas outrora prósperas fazendas dos Smith, dos Gandy e dos Lagore —, encontrando tudo dilapidado e quase em ruínas, e mesmo lá

---

215 Ver nota 10.
216 Novos-ricos, em francês no original.

havia uma mulher branca, uma relíquia de outros tempos, vivendo sozinha em meio a quilômetros de terras ocupadas por negros e indo todos os dias à cidade com sua antiga carruagem.

Este era mesmo o Egito da Confederação — o rico celeiro de onde saíam as batatas e o milho e o algodão que abasteciam as famintas e esfarrapadas tropas confederadas, que lutavam por uma causa que já estava perdida desde bem antes de 1861. Escondido e seguro, se tornou refúgio para famílias, riquezas e escravos. Mas mesmo nessa época o estupro implacável da terra se fazia notar. O barro vermelho do subsolo começava a aparecer sobre a terra. Quanto mais os escravos eram chicoteados, mais descuidado e fatídico se tornava seu cultivo. Então veio a revolução causada pela guerra e a Emancipação, a desorientação trazida pela Reconstrução — e o que restou do Egito da Confederação, que significado ele tem para o bem-estar ou o mal-estar da nação?

É uma terra de contrastes em rápida sucessão, onde a esperança e o sofrimento se misturam de forma curiosa. Aqui temos uma bela mestiça de olhos azuis escondendo os pés descalços; ela se casou na semana passada, e seu jovem marido de pele escura está trabalhando nos campos, lutando para sustentá-la, ganhando trinta centavos de dólar por dia sem direito a almoço. Do outro lado da estrada está Gatesby, pardo e alto, proprietário de oitocentos hectares adquiridos e mantidos por seus próprios esforços. Há também uma loja tocada por seu filho negro, uma oficina de ferraria e um descaroçador de algodão. Oito quilômetros adiante há uma cidadezinha controlada por um proprietário branco da Nova Inglaterra. Ele é dono de um território quase do tamanho de Rhode Island, com milhares de hectares de extensão e centenas de trabalhadores negros. Seus casebres são melhores que os da maioria, e a fazenda, que conta com maquinário e fertilizantes, é o que existe de mais próximo de um empreendimento comercial no condado, embora o administrador barganhe pesado no pagamento dos salários. Quando saímos de lá e avançamos mais oito quilômetros, encontramos cinco casas de prostituição — duas de negras e três de brancas; e em uma das casas das brancas um rapaz negro foi recebido de forma pública demais alguns anos atrás; acabou enforcado e acusado de estupro. E aqui também é possível ver a cerca branca da "paliçada", que é como a prisão do condado é chamada; os brancos dizem que está sempre cheia de criminosos negros, enquanto os negros afirmam que apenas os homens de cor são mandados para a cadeia, e não por serem culpados de alguma coisa, mas porque o governo estadual precisa de criminosos para aumentar suas receitas se valendo de trabalhos forçados.

Os imigrantes[217] são os herdeiros dos barões escravistas em Dougherty; e, à medida que nos deslocamos para oeste, passando por enormes milharais

---

217 Nas primeiras edições deste livro, nesse trecho, em vez de "imigrantes" estava "judeus". Na sequência deste capítulo, onde se lê "estrangeiro" ou "imigrante", também estava "judeu" ou "judeu russo". Isso rendeu acusações de que Du Bois seria, pelo menos quando escreveu o livro, antissemita.

A comunidade afro-americana da época era ainda muito influenciada pelo antissemitismo do cristianismo. Apesar de tanto protestantes brancos como afro-americanos se equipararem com acentuada frequência aos antigos israelitas da Bíblia, as crianças cristãs brancas e negras eram ensinadas desde cedo que os judeus eram "assassinos de Cristo". "The Jews killed poor Jesus" ou "Were you there when the Jews crucified my Lord" diziam alguns spirituals. Era assim no Sul agrário e era assim também no Norte urbanizado: o escritor James Baldwin, que foi criado no Harlem, conta: "Quando eu era criança, não lembro de conhecer um negro, na minha família ou fora dela, que realmente confiasse em um judeu e que não sentisse pelos judeus o mais negro (*blackest*) desprezo". Em "Negroes Are Anti-Semitic Because They're Anti-White", publicado no *The New York Times* em 1967, Baldwin explica: "a raiz do antissemitismo entre os negros está, ironicamente, na relação das pessoas de cor — em todo o mundo — com o cristianismo". No mesmo artigo, Baldwin define o antissemitismo como "a mais devastadora das taras cristãs".

O fato de Du Bois ter tido uma formação que ia muito além da Bíblia não significa tanto. O antissemitismo em Harvard era tal que, por exemplo, o reitor Lawrence Lowell propôs em 1922 limitar o número de estudantes judeus permitidos na universidade (Lowell também baniu os estudantes negros dos alojamentos de Harvard e, além disso, encabeçou a infame Comissão Lowell, que, em 1927, avalizou a condenação à morte dos anarquistas Nicolo Sacco e Bartolomeo Vanzetti). Além disso, em Berlim, Du Bois teve muitas aulas com o historiador Heinrich von Treitschke, um dos principais ideólogos do antissocialista e antissemita nacionalismo alemão.

Seja como for, nos anos seguintes à publicação de *As Almas do Povo Negro*, Du Bois livrou-se do que havia nele da "tara cristã". Vários ativistas judeus estiveram ao seu lado na construção da NAACP, que foi presidida até 1939 pelo judeu Joel Spingarn, grande amigo e parceiro de Du Bois (que dedicou sua autobiografia, *Dusk of Dawn*, a Spingarn). De fato, Du Bois passou a atacar firmemente o antissemitismo. Em 1933, alertou a comunidade negra contra o Nazismo: "Lembra ao negro americano que todo o preconceito racial [...] é uma coisa feia e suja. Alimenta-se da inveja e do ódio". Hoje parece óbvio que um descendente de africanos jamais poderia apoiar os nazistas, mas na época havia líderes negros, como Marcus Garvey, simpáticos ao fascismo e, no Harlem, um certo Abdul Hamid, conhecido como "Black Hitler", propagandeava o boicote contra estabelecimentos comerciais de judeus.

Em 1936, feito um sociólogo-espião, Du Bois deu um jeito de ir à Berlim nazista. Como estava lá oficialmente para observar os métodos da educação profissionalizante alemã e acompanhar a participação dos atletas afro-americanos nas Olimpíadas, foi até que bem recebido pelos abestados da assessoria de imprensa nazi e teve até a oportunidade de assistir a uma ópera e pomares de pessegueiros e pereiras de galhos baixos, vemos por todos os lados entre círculos de floresta escura uma Terra de Canaã. Aqui e ali surgem histórias de projetos criados para fazer dinheiro, nascidos nos dias frenéticos da Reconstrução — companhias de "desenvolvimento" de terras, vinícolas, moinhos e fábricas; a maioria fracassou, e os estrangeiros assumiram os empreendimentos. É um belo lugar, o condado de Dougherty a oeste do Flint. As florestas são maravilhosas, os solenes pinheiros não são mais vistos, pois estas são as "Matas de Carvalhos", com belas nogueiras, faias, carvalhos e palmeiras. Mas a mortalha da dívida paira sobre este lindo local; os comerciantes estão em débito com os fornecedores, os agricultores estão em débito com os comerciantes, os arrendatários estão em débito com os proprietários, e os trabalhadores estão esmagados sob o peso do fardo de todos. Aqui e ali, um ou outro homem foi capaz de erguer a cabeça acima

de Wagner, de quem gostava tanto. Mas, assim que colocou os pés fora do país, antes mesmo de voltar aos Estados Unidos, começou a disparar artigos para o *Pittsburgh Courier* (um dos principais jornais da comunidade negra norte-americana) em que denunciava o que vira:
"Há uma campanha contínua e intensa de preconceito racial levada a cabo, abertamente, contra todas as raças não nórdicas e especificamente contra os judeus. Supera em crueldade e infâmia tudo o que eu já vi, e eu vi muita coisa."
"Não há tragédia no mundo moderno equivalente aos efeitos da guerra contra os judeus na Alemanha."
"É um ataque contra a civilização, comparável apenas aos horrores da Inquisição espanhola e ao tráfico de escravizados africanos. Faz a civilização regredir cem anos."
Apesar de tudo, foi só a partir da edição de 1953 que Du Bois modificou esses trechos do livro. Ele próprio admite que, ao longo dos cinquenta anos desde a primeira publicação, amigos judeus alertaram que tais trechos soavam antissemitas. À época de tais alertas, Du Bois resistiu. Primeiro porque o livro já estava escrito assim e se Du Bois começasse a modificá-lo não iria parar até reescrevê-lo quase totalmente, tantas foram as evoluções posteriores de seu pensamento; por isso sua decisão de "deixar o livro como foi impresso pela primeira vez, como um monumento ao que eu pensava e sentia em 1903". Além do mais, "judeus" era o termo usado pelas pessoas que ele entrevistou: "Eu nem sequer estou certo de que os estrangeiros exploradores a que me referi eram de fato judeus. Usei a palavra dos meus informantes e agora até me pergunto se de fato havia judeus russos na Geórgia naquela época". E, por fim, Du Bois acreditava que sua própria postura ao longo dos anos, suas várias demonstrações de simpatia pelo povo judeu, deveria bastar para desmentir qualquer suspeita de que fosse antissemita. "Me senti muito ofendido pela sugestão que poderia haver algum preconceito racial no meu pensamento", escreve em 1953. "Deixei as palavras como havia escrito e não percebi, até o horrível massacre dos judeus alemães, como a repetição inconsciente do folclore a respeito dos judeus serem exploradores ajudou os Hitlers do mundo [...] o caso mostra como é fácil, em matéria de relações raciais, inadvertidamente dar uma impressão totalmente errada."

dessas águas turvas. Passamos por uma fazenda de gado com cercas, pastos e rebanhos que pareceu quase uma volta para casa depois de infinitos campos de milho e algodão. Aqui e ali existem proprietários negros: o magro e escuro Jackson, com seus quarenta hectares: "O que eu digo é: 'Cabeça erguida! Se não estiver com a cabeça erguida, você não consegue se levantar'", comenta Jackson, filosófico. E ele se levantou. Os belos celeiros do negro Carter são comparáveis aos da Nova Inglaterra. Seu antigo senhor o ajudou a começar, mas, quando o já idoso negro morreu, os filhos do ex-proprietário imediatamente apareceram para reivindicar as terras de volta. "E os brancos vão ficar com isso também", diziam as más línguas.

Saio desses hectares bem cuidados com um sentimento reconfortante de que o negro está se levantando. No entanto, à medida que avançamos, voltam os campos avermelhados, e as árvores desaparecem. Fileiras de velhos casebres aparecem, ocupados por arrendatários e trabalhadores — toscos, sujos e sem vida em sua maior parte, embora aqui e ali a idade e a decadência tornem o cenário um tanto pitoresco. Um jovem negro nos cumprimenta. Tem 22 e é recém-casado. Até o ano passado vinha tendo sorte com o arrendamento; mas o preço do algodão caiu, e o xerife confiscou e vendeu tudo o que ele tinha. Então o jovem se mudou para cá, onde o arrendamento é mais caro, a terra, mais pobre, e o proprietário, inflexível; ele aluga uma mula de quarenta dólares por vinte dólares ao ano. Pobre rapaz — um escravo aos 22 anos. Esta fazenda, hoje propriedade de um estrangeiro, era parte da famosa propriedade dos Bolton. Depois da guerra, foi lavrada durante muitos anos por presidiários negros — que na época eram ainda mais numerosos do que nos dias atuais; era uma forma de fazer os negros trabalharem [de graça], e a culpa ou inocência de cada um era encarada como uma questão menor. Existem duros relatos de crueldade e injustiça contra os libertos acorrentados, mas as autoridades do condado fizeram ouvidos moucos até que esse mercado de trabalho gratuito fosse quase arruinado pela migração em massa. Depois disso, eles retiraram os presidiários das fazendas, mas só depois de uma das mais belas regiões das "Matas de Carvalhos" ter sido arruinada e transformada em um deserto vermelho, do qual apenas um ianque ou imigrante seria capaz de extrair mais sangue, valendo-se para isso das dívidas contraídas pelos arrendatários.

Não é à toa que Luke Black, com seu jeito lento, monótono e desanimado, fala com tanta desesperança quando vem até nossa charrete. Por que ele deveria continuar lutando? A cada ano sua dívida só aumenta. Que estranho a Geórgia, o tão propalado refúgio dos pobres endividados, condenar sua gente à indolência e ao infortúnio da mesma forma implacável que a Inglaterra fazia! A terra empobrecida geme com suas dores de parto e produz míseros cem quilos de algodão por hectare, nos mesmos lugares onde cinquenta anos atrás era possível colher oito vezes mais. Dessa magra colheita, o arrendatário é obrigado a ceder entre um quarto e um terço em troca do arrendamento, e a maioria do restante é usada para pagar juros de alimentos e suprimentos comprados a crédito. Por vinte anos, o velho negro emaciado trabalhou nesse sistema, e agora, transformado em trabalhador diarista, precisa sustentar sua esposa e a si mesmo com um salário de um dólar e cinquenta centavos de dólar por semana, que só recebe durante uma parte do ano.

A antiga propriedade dos Bolton, na época dos trabalhos forçados, incluía também a fazenda vizinha. Era aqui que ficavam os condenados, em uma enorme prisão feita de troncos que está de pé até hoje. Continua sendo um lugar desolador, com fileiras de casebres feios ocupados por arrendatários ignorantes. "Quanto você paga de arrendamento aqui?", perguntei. "Não sei... Quanto é, Sam?" "Tudo o que ganhamos", respondeu Sam. É um local deprimente — um campo aberto, sem sombras, sem o charme dos melhores dias e carregado apenas da lembrança dos trabalhos forçados — tanto hoje como no passado e antes da guerra. Eles não são felizes, esses homens negros que conhecemos na região. Existe pouquíssimo do jeito alegre, despreocupado e brincalhão que costuma ser associado aos negros das regiões rurais. No máximo, encontramos uma boa disposição natural escondida em meio a queixas ou transformada em melancolia e tristeza. E de tempos em tempos é possível notar uma raiva velada, porém intensa. Eu me lembro de um homem negro e corpulento que conhecemos na beira da estrada. Por 45 anos ele trabalhou nesta fazenda, começando com as mãos vazias, e é assim que continua. Conseguiu mandar os quatro filhos para a escola primária, é verdade, e talvez, caso a nova lei de demarcação não permitisse a existência de lavouras sem cercas no oeste de Dougherty, ele pudesse ter cultivado uma pequena plantação para seguir em frente. Em sua situação atual, está frustrado, amargurado e com uma dívida impossível de pagar. Ele nos parou para perguntar sobre o rapaz negro que segundo consta foi baleado e morto por um policial em uma calçada de Albany apenas por falar alto demais. E então diz baixinho: "Se um branco encostar em mim, está morto;

não saio falando isso por aí — não digo em voz alta, nem na frente das crianças —, mas é sério. Vi com os meus próprios olhos eles chicotearem meu pai e minha mãe nos campos de algodão até arrancarem sangue, até...", e nós seguimos em frente.

Mas Sears, que conhecemos em seguida, relaxando sob os frondosos carvalhos, era bem diferente. Feliz? Pois é, sim; ele ria e brincava com as pedrinhas do chão e achava que o mundo simplesmente era o que era. Trabalhava havia doze anos e não tinha nada além de uma mula que sequer terminara de pagar. Filhos? Sim, sete; mas não tinham ido à escola naquele ano — não havia como comprar livros e roupas, nem como abrir mão do trabalho deles. Alguns estão nos campos agora — três rapazes crescidos conduzindo mulas, e uma garota robusta com as pernas escuras descobertas. Ignorância, preguiça e despreocupação aqui, ódio candente e sentimento de vingança ali — esses são os extremos do problema do negro que encontramos nesse dia, e não sabíamos dizer qual deles preferíamos.

Às vezes conhecemos personagens distintos e fora do comum. Um deles estava saindo de um terreno recém-capinado, fazendo um longo desvio para não cruzar o caminho das cobras. Era um homem pardo e idoso, com um rosto magro, cansado e expressivo. Demonstrava uma certa perspicácia contida e um senso de humor áspero e impossível de descrever; uma sinceridade um tanto carregada de cinismo que causava perplexidade. "A crioulada tinha inveja de mim lá no outro lugar", ele falou, "então eu e minha velha conseguimos este pedaço de mata, que eu derrubei sozinho. Não ganhei nada por dois anos, mas acho que tenho uma boa lavoura agora". O algodão parecia alto e farto, e nós o elogiamos. Ele fez uma mesura, curvando-se quase até o chão, com uma expressão séria e imperturbável que parecia quase suspeita. Então continuou: "Minha mula morreu na semana passada" — o que naquele lugar era uma calamidade comparável a um incêndio devastador em uma cidade — "mas um branco me emprestou outra". Em seguida acrescentou, olhando bem para nós: "Ah, eu me dou bem com os brancos". Nós mudamos o rumo da conversa. "Ursos? Cervos?", ele falou. "Bem, acho que tinha", e começou a desfiar uma série de relatos de bravura, histórias sobre caçadas no pântano. Nós o deixamos no meio da estrada olhando para nós, mas aparentemente com o pensamento distante.

A propriedade dos Whistle, onde fica o pedaço de terra ocupado por esse homem, foi comprada logo depois da guerra por um grupo inglês, a

"Companhia Dixie de Algodão e Milho". O administrador da empresa vivia em grande estilo, com criados e uma carruagem de seis cavalos a seu dispor; o luxo tornou inevitável que, depois de pouco tempo, viesse a falência. Ninguém vive na velha casa hoje, mas um homem vem do Norte todo inverno para cobrar o altíssimo preço exigido dos arrendatários. Não sei o que é mais comovente — essas casas vazias ou os lares dos filhos dos antigos senhores de escravos, cujas portas brancas escondem histórias cheias de tristeza e amargura, relatos de pobreza, de dificuldade, de frustração. Uma revolução como a ocorrida em 1863[218] é uma coisa terrível; eles acordaram ricos e foram à noite dormir no leito da miséria. Especuladores miseráveis e vulgares agora mandam neles, e seus filhos se espalharam pelo mundo. Veja aquela casa pintada com cores tristes, cercada de casebres e cercas e belas plantações! Não há felicidade lá dentro; no mês passado o filho pródigo do pai em apuros escreveu da cidade pedindo dinheiro. Dinheiro! De onde ele iria tirar dinheiro? Então o filho se levantou no meio da noite e matou seu bebê, e matou sua esposa, e se suicidou com um tiro. E o mundo seguiu em frente.

Eu me lembro de ter contornado uma curva de estrada que margeava um belo trecho de floresta e um riacho cantante. Uma casa baixa e espaçosa apareceu diante de nós, com uma varanda de vários pilares, uma grande porta de carvalho e um amplo gramado que reluzia sob o sol da tarde. Mas não havia vidro nas janelas, os pilares estavam corroídos por cupins, e o musgo pendia do telhado. Por curiosidade, espiei pela porta sem batentes e vi na parede do vestíbulo uma pintura em letras desbotadas que dizia "Boas-vindas".

O noroeste do condado de Dougherty é um contraste e tanto em relação à porção sudoeste. Com seus carvalhos e pinheiros, não tem o mesmo aspecto luxurioso e quase tropical da parte mais ao sul. Também as lembranças de um passado romântico são menos presentes, e há um modo mais sistemático de uso da terra para fazer dinheiro. Os brancos estão mais em evidência aqui, e os pequenos produtores e seus empregados ocupam em certa medida o lugar dos proprietários e arrendatários. As lavouras não têm a mesma exuberância das terras mais férteis, tampouco os sinais de negligência que vimos

---

218 No dia 22 de setembro de 1862, durante a Guerra Civil, o presidente Abraham Lincoln proclamou que, a partir do dia 1º de janeiro de 1863, todos os escravizados do país seriam considerados livres. Foi mais um incentivo para que os escravizados nos estados confederados abandonassem as fazendas e fugissem para o Norte, onde tal liberdade estava garantida.

tantas vezes, e havia cercas e campinas espalhadas aqui e ali. Boa parte do solo é pobre, e por isso não chamou a atenção dos barões escravistas do pré-guerra. Desde então, seus descendentes empobrecidos e os imigrantes estrangeiros foram se apossando das terras. Os rendimentos do produtor são magros demais para garantir o pagamento de bons salários, mas eles nem sequer consideram a possibilidade de vender suas pequenas propriedades. Aqui está o negro Sanford; ele trabalhou catorze anos como capataz para os Ladson, e com o dinheiro do patrão "pagou por fertilizantes o suficiente para comprar uma fazenda", mas o proprietário não aceita vender nem uns poucos hectares.

Dois filhos — um rapaz e uma moça — pegam pesado na enxada nos campos da propriedade onde Corliss trabalha. É um homem de rosto pardo e liso, e está recolhendo seus porcos. Era o administrador de um negócio bem-sucedido de descaroçamento, mas a Empresa de Sementes e Óleo de Algodão jogou o preço do serviço tão para baixo que, segundo ele, se tornou impossível ganhar dinheiro. Ele aponta para uma casa antiga e imponente, o lar de "Pai Willis". Nós partimos para lá imediatamente, pois "Pai Williams" era o alto e poderoso Moisés negro que liderou os negros de lá por uma geração, e foi um bom líder. Era um pregador batista e, quando morreu, 2 mil pessoas seguiram o cortejo de seu caixão até a cova; e o sermão de seu funeral é repetido todos os anos. Sua viúva ainda mora na casa — uma mulher miúda, de feições desgastadas e bem marcadas, que fez uma mesura peculiar quando a cumprimentamos. Mais adiante vive Jack Delson, o produtor negro mais próspero do condado. É uma alegria conhecê-lo — um homem negro grande e bonito, de ombros largos, inteligente e jovial. É proprietário de duzentos e sessenta hectares e tem onze arrendatários negros. Sua casa é bonita e arrumada, cercada por um canteiro de flores, e há uma pequena loja logo ao lado.

Passamos pela propriedade dos Munson, onde uma brava viúva arrenda suas terras e sobrevive a duras penas; e pelos quatrocentos e cinquenta hectares da fazenda dos Sennet, administrada por um capataz negro. A partir daí o aspecto das propriedades começa a mudar. Quase todas as terras pertencem a judeus russos[219]; os capatazes são brancos, e os casebres são substituídos por casas de tábuas espalhadas aqui e ali. O custo do arrendamento é alto, e a mão de obra mais usada é a de lavradores diaristas e

---

219 Por alguma razão, Du Bois não substituiu esse "judeus russos". Ver nota 217.

trabalhadores que recebem por "empreita". A sobrevivência aqui é difícil, e poucas pessoas têm tempo para conversar. Cansados do longo passeio, nos dirigimos de bom grado a Gillonsville, um conjunto tranquilo de casas de fazenda em um entroncamento de estradas, com uma das lojas fechadas e a outra tocada por um pregador negro. Ele conta ótimas histórias dos tempos áureos de Gillonsville, antes que as ferrovias chegassem a Albany; hoje isso não passa de uma lembrança. Mais adiante na rua, paramos em frente à casa do pregador e nos sentamos à porta. Era um cenário do tipo que é difícil de esquecer: uma casa pequena e baixa, cujo telhado principal se projetava para a frente e criava uma varandinha sombreada. Foi lá que nos acomodamos, depois de um longo tempo debaixo de sol, e bebemos água fresca — eu e o falante lojista que vem sendo meu companheiro de todos os dias; a mulher negra silenciosa e idosa ocupada em remendar calças e que quase não abre a boca; o homem esfarrapado de aspecto infeliz que acabou de chegar para ter com o pregador; e por fim a bela matrona que é a esposa do dono da casa, uma mulher roliça e inteligente com uma pele parda de tom mais claro. "Propriedade?", disse a esposa. "Bem, só esta casa." Em seguida, ela acrescentou baixinho: "Nós compramos duzentos e oitenta hectares ali adiante e pagamos pelas terras; mas fomos trapaceados e perdemos tudo. Sells era o dono". "Sells!", repetiu o esfarrapado, que se apoiava contra a balaustrada e ouvia tudo. "É um tremendo trapaceiro. Trabalhei para ele trinta e sete dias na primavera, e ele me pagou com cheques para eu sacar no fim do mês. Mas nunca tinham fundos, e ele sempre me evitando. Então o xerife apareceu e levou minha mula, o milho e a mobília..." "A mobília? Mas a mobília é protegida por lei contra o confisco." "Bem, ele levou tudo mesmo assim", disse o homem de feições endurecidas.

8
SOBRE A BUSCA DO VELO DE OURO

Mas o Bruto disse em seu coração: "Até que do meu moinho pare a mó,
Os banquetes serão cinzas, e as riquezas serão pó!

"Aqueles poucos que fortes e argutos são,
Cínicos favores meus receberão;
Encherei suas barrigas goela abaixo até seu espírito sucumbir;
Aos que pacientes e humildes sabem ser
Arrancarei as alegrias de seu viver;
Ansiarão por inutilidades em um eterno mais querer.
A loucura a dominar as pessoas, a inveja a surgir;
O irmão chorando pelo sangue do irmão sem um céu para ouvir."[220]

— William Vaughn Moody [221]

[222]

220 But the Brute said in his breast, "Till the mills I grind have ceased,/ The riches shall be dust of dust, dry ashes be the feast!/// "On the strong and cunning few/ Cynic favors I will strew;/ I will stuff their maw with overplus until their spirit dies;/ From the patient and the low/ I will take the joys they know;/ They shall hunger after vanities and still an-hungered go./ Madness shall be on the people, ghastly jealousies arise;/ Brother's blood shall cry on brother up the dead and empty skies."
221 William Vaughn Moody (1869-1910), poeta e dramaturgo norte-americano.
222 Trecho do spiritual "Children, You'll be Called On": *Children, you'll be called on,/ To march in the field of battle,/ When this warfare'll be ended,/ Hallelujah./ When this warfare'll be ended,/ I'm a soldier of the jubilee,/ This warfare'll be ended,/ I'm a soldier of the cross.* ("Filhos meus, vocês serão convocados,/ Para marchar no campo de batalha,/ Quando esta guerra tiver terminado,/ Aleluia./ Quando esta guerra tiver terminado,/ Sou um soldado do jubileu,/ Esta guerra terá terminado,/ Eu sou um soldado da cruz.")

Você já viu um algodoal branco e pronto para a colheita — seu velo de ouro pairando sobre a terra escura como uma nuvem prateada com alguns toques de verde, sua alvura assinalada a oscilar como a espuma das ondas da Carolina até o Texas através de um mar humano e negro? Às vezes cheguei quase a suspeitar que foi aqui que o carneiro alado Crisómalo deixou o Velo depois que 3 mil anos atrás Jasão e seus argonautas saíram vagando às cegas rumo ao misterioso leste; e certamente é possível criar uma bela e plausível analogia envolvendo bruxaria e dentes de dragões, além de sangue e homens armados, entre a antiga e a moderna busca do Velo de Ouro no mar Negro[223].

E agora o velo de ouro pode ser encontrado; não só encontrado, mas tecido em seu nascedouro. Pois o ruído dos cotonifícios é a novidade mais significativa hoje no Sul. Por toda a extensão das Carolinas e da Geórgia, chegando até o México, elevam-se essas construções estreitas e avermelhadas, despojadas e feias, mas tão movimentadas e barulhentas que não parecem se encaixar em uma terra em que tudo parece vagaroso e sonolento. Talvez tenham brotado dos dentes dos dragões[224]. É dessa forma que o Reino do Algodão ainda vive; o mundo ainda se curva a seu cetro. Até os mercadores que outrora desafiavam os novos-ricos do Sul foram um a um cruzando os mares e, com certa relutância, mas com plena ciência do que estavam fazendo, tomaram o caminho do Cinturão Preto.

Existem também, é claro, aqueles que com pose de sábios afirmam que a capital do Reino do Algodão se mudou do Cinturão Preto para o Cinturão Branco — que o negro hoje responde por no máximo metade da produção algodoeira. Esses homens se esquecem de que essa produção é duas vezes

---

223 Na mitologia grega, o velo (ou velocino) de ouro é a pele recoberta com a lã de ouro do carneiro alado Crisómalo. Era o maior tesouro da Cólquida, país na costa leste do mar Negro. O velo era protegido por um muro muito alto, guardas, touros que soltavam fogo e um dragão que nunca dormia. Jasão e seus companheiros, os argonautas, apesar de tão valentes e fortes, só conseguiram roubar o velo graças à ajuda inesperada de Medeia, a própria filha do rei da Cólquida.
Um detalhe que não deve ter passado despercebido a Du Bois: hoje, a região da Cólquida faz parte do país da Europa Oriental chamado Geórgia.
224 Na lenda, Jasão semeou dentes de dragão e desses dentes semeados nasceram guerreiros que lutaram contra ele.

maior, ou até mais que isso, do que na época da escravidão, e que, mesmo que eles tenham alguma razão no que dizem, o negro ainda é predominante em um Reino do Algodão bem maior do que aquele que a própria Confederação esperava. Portanto, os negros atualmente são as principais figuras de uma grande indústria mundial; e isso por si só, e à luz do interesse histórico, torna os trabalhadores dos algodoais dignos de estudo.

Quase nunca vemos a condição atual do negro ser estudada de forma honesta e minuciosa. É muito mais fácil supor que sabemos tudo. Ou então, como as conclusões já estão formadas em nossas mentes, nós nos recusamos a permitir que sejam influenciadas pelos fatos. E, no entanto, sabemos de fato pouquíssimo sobre esses milhões de pessoas — sobre seus cotidianos e suas aspirações, sobre suas alegrias e tristezas, sobre suas verdadeiras dificuldades e sobre o significado dos crimes que lhe atribuem! Tudo isso só pode ser aprendido com o contato próximo com as massas, e não com argumentos generalizantes que abrangem milhões de pessoas distantes no espaço e no tempo, e nem um pouco semelhantes entre si em termos de formação e cultura. Hoje, meu caro leitor, nós voltaremos nossas atenções ao Cinturão Preto da Geórgia, com o objetivo de simplesmente conhecer as condições dos trabalhadores rurais negros de um de seus condados.

Em 1890, viviam ali dez mil negros e dois mil brancos. O condado é rico, mas as pessoas são pobres. A tônica do Cinturão Preto é a dívida; não em termos de crédito no comércio, mas da impossibilidade permanente de parte da massa populacional ganhar o suficiente para cobrir suas despesas. Trata-se de uma herança direta da perdulária economia do regime escravista do Sul; uma tendência que foi intensificada e se transformou em crise com a Emancipação. Em 1890, o condado de Dougherty tinha seis milhões de escravos, que valiam no mínimo dois milhões e meio de dólares; suas fazendas foram estimadas em três milhões de dólares — somando assim cinco milhões e meio de dólares em propriedades, cujo valor dependia em grande parte do sistema de trabalho escravista e da demanda especulativa por uma terra outrora riquíssima, mas em parte já desvitalizada pela negligência de uma monocultura exaustiva. A guerra, portanto, representou a ruína financeira; em vez dos cinco milhões e meio de 1860, em 1870 só restavam as fazendas, avaliadas em menos de dois milhões. Além disso, havia a concorrência cada vez maior da cultura algodoeira dos solos férteis do Texas;

seguiu-se uma queda acentuada do preço do algodão, de cerca de 28 centavos de dólar o quilo em 1860 para oito centavos em 1868. Foi uma reviravolta financeira dessa magnitude o fator responsável pelo endividamento dos proprietários de terras do Cinturão do Algodão. E, se as coisas ficaram ruins para o senhor, o que dizer do homem[225]?

As fazendas do condado de Dougherty na época da escravidão não eram imponentes e aristocráticas como as da Virgínia. A casa-grande era menor, normalmente térrea e não muito distante dos casebres dos escravos. Às vezes os casebres as cercavam dos dois lados, como asas abertas; às vezes apenas de um lado, formando uma fileira dupla, ou margeando o caminho que ligava a propriedade à estrada principal. O formato e a disposição dos casebres dos lavradores de hoje no Cinturão Preto são os mesmos dos tempos da escravidão. Alguns vivem nesses mesmos casebres, e outros em casebres construídos no lugar dos antigos, todos espalhados em pequenos grupos pela propriedade, orbitando em torno de uma casa-grande dilapidada onde vive o arrendatário ou o administrador das terras. O caráter geral e o arranjo dessas habitações permanecem totalmente inalterados. Havia no condado, fora de sua capital administrativa Albany, cerca de mil e quinhentas famílias negras em 1898. Destas, apenas uma habitava uma casa com sete cômodos, e somente catorze dispunham de cinco cômodos ou mais. A maioria vivia em lares com um ou dois cômodos.

O tamanho e a distribuição das casas das pessoas são um bom parâmetro para avaliar suas condições. Portanto, se investigarmos melhor esses lares negros, encontraremos uma situação em larga medida insatisfatória. Espalhado por todas as propriedades está o casebre de um cômodo — ora à sombra da casa-grande, ora diante da estrada poeirenta, ora se erguendo como manchas escuras entre o verde dos algodoais. Quase sempre são velhos e toscos, construídos com tábuas rústicas, sem reboco nem forro. A luz e a ventilação são fornecidas pela única porta e pelo buraco quadrado na parede com uma veneziana de madeira. Não há vidro, nem varanda, nem

---

225 "Man", no original. O autor refere-se ao liberto, de uma maneira que ecoa o uso da palavra "homem" na linguagem cristã, como sinônimo de "ser humano comum, mortal". Ao que se tem registro, só décadas depois "man" se generalizou como uma gíria afro-americana para designar a autoridade (o policial, o patrão, o chefe e outros) e homens brancos em geral.

ornamentos. Do lado de dentro há um fogão enegrecido de fuligem e, na maioria das vezes, velho e em péssimo estado. Uma ou duas camas, uma mesa, um baú e algumas cadeiras compõem toda a mobília; um cartaz qualquer ou um recorte de jornal são o máximo que decoram as paredes. De tempos em tempos é possível encontrar um casebre limpíssimo, com um fogão fumegante e uma entrada hospitaleira; a maioria, porém, é suja e dilapidada, mal ventilada e com cheiro de comida ou de lugar fechado, um lugar que lembra tudo menos um lar.

Acima de tudo, os casebres são superlotados. Nós nos acostumamos a associar a superpopulação quase exclusivamente ao ambiente urbano. O motivo para isso é termos pouquíssimo conhecimento sobre a vida na zona rural. Aqui no condado de Dougherty é possível encontrar famílias de oito ou dez pessoas ocupando um ou dois cômodos, e para cada dez cômodos de lares habitados por negros existem vinte e cinco pessoas. Nem mesmo os mais abomináveis cortiços de Nova York têm mais de vinte e duas pessoas para cada dez cômodos. É claro que um cômodo apertado em uma grande cidade, sem ao menos um quintal, pode ser de certa forma ainda pior do que um casebre na zona rural. Mas em certos aspectos é melhor; tem janelas de vidro, uma chaminé decente, um piso estável. A maior vantagem do camponês negro, porém, é que ele pode passar a maior parte da vida longe de sua morada, ao ar livre.

Existem quatro causas principais para essas habitações precárias: em primeiro lugar, o costume herdado da escravidão de atribuir esse tipo de moradia aos negros; os lavradores brancos receberiam acomodações melhores e, pela mesma razão, até trabalhos melhores. Em segundo lugar, o fato de os negros, acostumados a esse tipo de habitação, não exigirem condições melhores; eles não sabem o que significa ter uma casa melhor. Em terceiro lugar, os proprietários como classe ainda não se deram conta de que é um bom investimento para seus negócios elevar o padrão de vida de sua mão de obra com medidas paulatinas e judiciosas; de que um trabalhador negro que exige uma moradia de três cômodos e cinquenta centavos de dólar por dia seria mais eficiente no trabalho e daria mais lucro do que um peão desmotivado que espreme sua família inteira em um cômodo recebendo trinta centavos. E, por fim, em meio a essas condições de vida existem poucos incentivos para que o trabalhador se torne um agricultor melhor. Caso seja ambicioso, o que ele faz é se mudar para a cidade ou encontrar outra profissão; para o arrendatário, as perspectivas são quase nulas, e assim, por encarar sua situação como temporária, ele aceita a moradia que lhe for atribuída sem protestar.

É em casas como essas, portanto, que esses camponeses negros vivem. Suas famílias podem ser grandes ou pequenas; existem muitos arrendatários que vivem sozinhos — viúvas, pessoas solteiras ou remanescentes de grupos que se dispersaram. O sistema de trabalho e o tamanho das casas tendem a causar a separação dos núcleos familiares: os filhos crescidos vão embora para trabalhar em regime de empreita ou migram para a cidade, e as irmãs viram domésticas; e assim o que se vê são muitas famílias com hostes de crianças e vários casais recém-casados, mas relativamente poucas famílias com filhos e filhas adolescentes e jovens. O tamanho médio das famílias negras sem dúvida diminuiu desde a guerra, em especial por causa da pressão econômica. Na Rússia, cerca de um terço dos noivos e mais da metade das noivas têm menos de vinte anos; o mesmo valia para os negros de outrora. Hoje, no entanto, entre a população negra, pouquíssimos rapazes e menos da metade das moças com menos de vinte anos são casados. Os jovens se casam entre os 25 e 35 anos; as moças, entre os vinte e os trinta. Esse adiamento se deve à dificuldade de obter ganhos suficientes para alimentar uma família; isso sem dúvida leva, nos distritos desse condado, à imoralidade sexual. A forma assumida por essa imoralidade, no entanto, quase nunca é a da prostituição, e a frequência do nascimento de filhos ilegítimos é muito menor do que se imagina. Em vez disso, o que se tem é a separação e o abandono depois que o grupo familiar foi formado. O número de separados é de trinta e cinco a cada mil — uma proporção muito grande. Obviamente, seria injusto comparar esse número com as estatísticas de divórcio, pois muitas dessas mulheres separadas na verdade são viúvas sem saber, e em outros casos a separação não é definitiva. Mesmo assim, isso representa um grande perigo moral. Há pouquíssima ou quase nenhuma prostituição entre esses negros, e mais de três quartos das famílias, de acordo com o constatado em uma investigação feita de casa em casa, são formados por pessoas decentes, com um respeito considerável pela castidade feminina. Obviamente, a conduta dessas massas não seria vista como apropriada na Nova Inglaterra, e existem muitos hábitos e costumes permissivos. Mas os nascimentos de bebês ilegítimos são sem dúvida menores do que na Áustria e na Itália, e as mulheres como um todo são mais pudicas. O grande problema em termos das relações sexuais é a facilidade com que se dão os casamentos e as separações. Não se trata de uma novidade, nem de uma consequência da Emancipação. É uma herança da escravidão. Naqueles tempos um rapaz, com o consentimento de seu senhor, simplesmente "se juntava" com uma moça. Nenhum procedimento formal era necessário, e a rotina extenuante das grandes fazendas do Cinturão Preto costumava tornar isso dispensável, de qualquer forma. Mas, caso o senhor de escravos precisasse do rapaz em outra fazenda ou em outra parte de suas terras, ou se decidisse vendê-lo, sua vida de casado era encerrada sem a menor cerimônia, e o casal separado poderia se juntar a outros companheiros de acordo com os interesses de seu proprietário. Esse costume difundido ao longo de dois séculos não pôde ser erradicado em trinta anos. Hoje o neto daquele rapaz "se junta" com uma mulher sem precisar de documentos ou cerimônias; eles vão morar juntos como um casal decente e honesto e, para todos os efeitos, são marido e mulher. Às vezes essa união dura até a morte; mas em muitos casos as brigas em família, o espírito de nomadismo, os casos extraconjugais ou, talvez com mais frequência, a ingrata batalha para sustentar uma família acabam levando à separação, e o resultado disso são lares desfeitos. A igreja dos negros tem feito muito esforço para abolir essa prática, e atualmente a maior parte dos casamentos é celebrada na presença de um pastor. Ainda assim, trata-se de um mal bastante arraigado, e apenas uma elevação do padrão de vida dessas pessoas pode erradicá-lo de vez.

Analisando a população negra do condado como um todo, é justo caracterizá-la como pobre e ignorante. Talvez dez por cento dela seja composta de pessoas bem de vida e bons trabalhadores, mas pelo menos nove por cento são lascivos e violentos. O restante, mais de oitenta por cento, são pobres e ignorantes, pessoas honestas e bem-intencionadas, esforçadas e até certo ponto estáveis, com alguma libertinagem sexual, porém nada excessivo. Essas linhas divisórias não são estanques de forma nenhuma; elas variam, é possível afirmar, de acordo com o preço do algodão. Já o grau de ignorância não é fácil de explicar. Podemos dizer, por exemplo, que quase dois terços deles não sabem ler ou escrever. Mas isso não dá conta de expressar a situação como um todo. Eles são ignorantes sobre o mundo, sobre a organização da economia moderna, sobre a função do governo, sobre os valores e possibilidades individuais — de quase todas as coisas que o sistema escravista, para proteger seus interesses, precisou impedir que aprendessem. Boa parte daquilo que os meninos brancos absorvem de seu meio social logo na infância representa problemas desconcertantes para rapazes negros bem mais velhos. Os Estados Unidos da América não são sinônimo de Oportunidade para *todos* os seus filhos.

Não é difícil nos perdemos em detalhes em uma tentativa de compreender a verdadeira condição de uma determinada massa de seres humanos. Muitas vezes nos esquecemos de que cada unidade dessa massa é uma alma humana viva e pulsante. Podem ser ignorantes, miseráveis e ter um pensamento obscuro; mas amam e odeiam, trabalham e se cansam, riem e choram lágrimas amargas, e observam com um sentimento lúgubre o horizonte sombrio de sua vida — assim como você e eu. Esses milhares de negros na verdade não são preguiçosos; são imprevidentes e descuidados, e fazem questão de quebrar a monotonia do trabalho duro com um vislumbre do mundo indo à cidade aos sábados; existem entre eles os vadios e os malandros, mas a imensa maioria trabalha de forma incansável, com fé de que receberá algo em troca, e em circunstâncias que exigem um esforço voluntário que poucas pessoas das classes trabalhadoras modernas estariam dispostas a despender. Mais de oitenta por cento deles — homens, mulheres e crianças — são trabalhadores rurais. Na verdade, esse é quase o único campo de atuação aberto para eles. A maioria das crianças só vai à escola depois que "as lavouras estão plantadas", e pouquíssimas permanecem estudando depois do início do processo de plantio na primavera. O trabalho infantil é difundido por aqui naquilo que tem de pior, perpetuando a ignorância e prejudicando o desenvolvimento físico. Para os homens adultos do condado não há muita variedade de funções: mil e trezentos são lavradores, ao passo que apenas duzentos são operários, carroceiros etc. — o que inclui vinte e quatro artesãos, dez comerciantes, vinte e um pregadores e quatro professores. Essa limitação quanto ao estilo de vida encontra sua expressão máxima entre as mulheres: mil trezentas e cinquenta delas são trabalhadoras rurais, cem são domésticas e lavadeiras e, das restantes, sessenta e cinco são donas de casas, oito são professoras e seis são costureiras.

Entre essas pessoas não existem classes ociosas[226]. Muitas vezes nos esquecemos de que nos Estados Unidos mais da metade dos jovens e adultos

---

226 Basicamente, a camada social que não precisa se dedicar ao trabalho produtivo. Inclui os ricos, mas também os militares, o clero e outros. Du Bois toma o conceito que Thorstein Veblen (1857-1929) havia apresentado quatro anos antes no célebre livro *A Teoria da Classe*

não estão no mundo do trabalho, e sim cuidando de seus lares, aprendendo sobre o mundo ou descansando depois de uma vida dedicada a seus ofícios. Mas aqui noventa e seis por cento das pessoas estão na labuta; ninguém tem tempo de transformar casebres toscos e sem vida em lares, não há idosos com quem sentar ao lado da lareira e aprender sobre as tradições do passado; também não se veem as crianças felizes e os jovens sonhadores. A monotonia do serviço pesado diário só é quebrada pela alegria e a despreocupação das visitas à cidade aos sábados. O dia a dia na lavoura, como quase tudo na zona rural, é monótono, e por aqui há poucas máquinas e novas ferramentas para atenuar esse cotidiano repetitivo. Mas, apesar disso, ainda é um trabalho a céu aberto, o que não é pouco em uma época em que o ar fresco é raridade.

Em termos gerais, a terra ainda é fértil, apesar do histórico de uso abusivo do solo. Por nove ou dez meses seguidos as lavouras crescem de acordo com o esperado: os legumes em abril, os grãos em maio, os melões em junho e julho, o feno em agosto, as batatas-doces em setembro e o algodão daí até o Natal. No entanto, dois terços dos campos são ocupados pela monocultura, o que deixa os trabalhadores endividados. Por que isso?

Na estrada de Baysan, onde os largos campos são flanqueados por grandes florestas de carvalhos, há uma fazenda; já teve milhares de hectares, e chegava até além da grande mata. Aqui, mil e trezentos seres humanos obedeciam aos comandos de um único — seus corpos lhe pertenciam, e em grande medida também suas almas. Um deles ainda vive aqui — um homem baixo e atarracado, com o rosto pardo enrugado e marcado e os cabelos crespos grisalhos. A lavoura? Apenas aceitável, segundo ele; aceitável. Prosperando? Não, ele não estava prosperando nem um pouco. Smith, de Albany, é quem lhe "provém", e o arrendamento que cobra é de quase quatrocentos quilos de algodão. Não dá para ganhar nada depois de pagar isso. Por que não comprou as terras? *Humpf!* É necessário ter dinheiro para comprar

---

Ociosa (1899). Até pela influência que ambos tiveram do pragmatismo de William James, a teoria social de Veblen e a de Du Bois têm muito em comum, ainda que tenham se desenvolvido independentemente. Du Bois (à época) e Veblen não eram marxistas, mas ambos defendiam uma economia planificada com o objetivo de construir a justiça social. "Assim como Thorstein Veblen, Du Bois era crítico do capitalismo e do livre empreendedorismo ao modo americano, crítico das doutrinas que pregam o laissez-faire na economia", diz Phill Zuckerman (em *The Social Theory of W. E. B. Du Bois*). "Ambos viam a reforma radical da economia americana como um passo necessário na direção da justiça social."

terras. E ele vira as costas e se vai. Livre! A coisa mais lamentável entre as consequências da ruína da guerra, as fortunas destruídas dos senhores de escravos, as esperanças destruídas de mães e donzelas, a queda de um império — a coisa mais lamentável em tudo isso foi o liberto negro que pôs de lado sua enxada porque lhe disseram que estava livre. Mas que espécie de galhofa era aquela liberdade? Sem um centavo no bolso, sem um palmo de terra, sem um grão de provisões — sem ser dono sequer dos trapos que vestia no corpo. Livre! Aos sábados, duas ou mais vezes por mês, o antigo senhor de escravos, antes da guerra, costumava distribuir toucinho e farinha entre seus negros. E, depois que a euforia inicial da liberdade passou, e o liberto se deu conta de seu real estado de desamparo, ele retrocedeu, voltou a empunhar a enxada, e o antigo senhor ainda era quem lhe fornecia seu toucinho e sua farinha. O caráter legal do serviço em teoria era muito diferente; na prática, a tarefa genérica de "lavourar" foi substituída pelo trabalho diário em grupos; e o escravo foi aos poucos se transformando em um meeiro, ou um arrendatário de terras, no nome, mas, de fato, um trabalhador sem salário definido.

Para piorar, o preço do algodão caiu, e aos poucos os senhores foram deixando as fazendas, dando início ao reino do comerciante. O comerciante do Cinturão Preto é uma instituição curiosa — em parte banqueiro, em parte proprietário de terras, em parte empreiteiro, em parte déspota. Sua loja, que com frequência era uma simples banca montada em um entroncamento de estradas que se tornava semanalmente o centro de um vilarejo, se transferiu para a cidade; e a partir de então é ele que o negro segue. O comerciante tem de tudo — roupas e sapatos, café e açúcar, carne de porco e farinha, alimentos secos e enlatados, carroças e arados, sementes e fertilizantes —, e o que não tem em estoque pode encomendar de outra loja. Então, aqui vem o arrendatário, Sam Scott, depois de estabelecer um trato com o administrador de um proprietário ausente para cultivar quinze hectares de terras; ele mexe nervosamente no chapéu até que o comerciante termine sua prosa matinal com o coronel Saunders e diga: "Pois não, Sam, o que você deseja?". Sam deseja que ele lhe "provenha" — ou seja, que lhe venda a crédito comida e roupas para o ano, e talvez sementes e ferramentas, até que a safra seja colhida e negociada. Se Sam parecer um sujeito correto, ele e o comerciante irão ao escritório de um advogado, e o agricultor hipotecará sua mula e sua carroça em troca de sementes e do fornecimento semanal de alimentos.

Assim que as folhas de algodão começarem a brotar do chão, é feita outra hipoteca pela "lavoura". Todos os sábados, ou a intervalos maiores, Sam procura o comerciante para buscar suas "rações"; uma família de cinco pessoas em geral recebe quinze quilos de carne de porco e cinquenta quilos de farinha de milho por mês. Além disso, roupas e calçados também devem ser fornecidos; se Sam ou alguém de sua família ficar doente, um farmacêutico ou médico é acionado; se a mula precisar de ferraduras, a encomenda é feita ao ferreiro etc. Caso Sam seja um trabalhador diligente e sua safra pareça promissora, muitas vezes ele é incentivado a consumir mais — açúcar, roupas novas, talvez uma charrete. Mas quase nunca é aconselhado a poupar. Quando o preço do algodão subiu para vinte centavos de dólar o quilo no outono passado, os astutos comerciantes do condado de Dougherty venderam mil charretes em uma única estação, a maioria para homens negros.

A segurança nessas transações — uma hipoteca sobre lavouras e instrumentos de trabalho — a princípio pode parecer muito tênue. E, de fato, os comerciantes têm muitas histórias para contar envolvendo corpo mole e trapaça; safras colhidas no meio da noite, mulas desaparecidas e arrendatários em fuga. Mas em termos gerais o comerciante do Cinturão Preto é o homem mais próspero da região. Ele soube usar de forma tão habilidosa e restritiva os termos da lei de arrendamento que ao homem negro muitas vezes só resta escolher entre a miséria e a criminalidade; no contrato, o arrendatário "abre mão" de todas as exceções previstas no acordo de penhora; ele não pode dispor da safra empenhada, que a lei põe sob controle quase total do proprietário ou do comerciante. Quando a lavoura está crescendo, o comerciante a vigia como um gavião; assim que está pronta para ser comercializada, ele assume sua posse, vende, paga o arrendamento ao proprietário, desconta as mercadorias que forneceu e, caso sobre alguma coisa, o que às vezes não acontece, entrega o restante ao servo negro para que comemore seu Natal.

O resultado direto desse sistema é uma agricultura totalmente voltada ao algodão e a falência dos arrendatários. A moeda corrente do Cinturão Preto é o algodão. É uma safra sempre fácil de vender em dinheiro vivo, o preço não costuma ter grandes flutuações anuais, e trata-se de uma cultura que os negros dominam. Sendo assim, o proprietário exige ser pago em algodão pelo arrendamento, e o comerciante não aceita hipotecar nenhuma outra lavoura. Não adianta, portanto, querer que o arrendatário negro diversifique seu plantio — sob esse sistema, é impossível. Além disso, o sistema é praticamente projetado para levar o arrendatário à bancarrota. Eu me lembro de uma ocasião em que cruzei com uma pequena carroça puxada por uma mula na estrada à beira do rio. Um jovem de pele parda a conduzia distraído, com os cotovelos apoiados nos joelhos. Sua esposa, mais escura, estava sentada ao seu lado, impávida, silenciosa.

"Olá!", gritou meu condutor, que tinha um jeito bastante imprudente de abordar essas pessoas, apesar de elas parecerem acostumadas com isso. "O que temos aqui?"

"Carne e farinha", respondeu o homem, e parou. A carne estava descoberta no fundo da carroça — uma grande costela de porco salgada; a farinha estava em um saco branco.

"Quanto você pagou pela carne?"

"Vinte centavos o quilo." Caso comprasse com dinheiro vivo, ele poderia pagar doze ou catorze centavos.

"E a farinha?"

"Dois dólares." O preço em dinheiro na cidade é de um dólar e dez centavos. O homem estava pagando cinco dólares por uma mercadoria que poderia conseguir por três dólares, com um ágio de um dólar ou um dólar e cinquenta.

Mas a culpa não é só sua. O agricultor negro entrou atrasado nesse jogo — e endividado logo de saída. Não foi uma escolha sua, e sim o crime de uma nação despreocupada que segue indiferente às tragédias da Reconstrução, aos interlúdios de guerra com a Espanha entre matinês nas Filipinas, como se Deus estivesse mesmo morto. Uma vez endividada, não é fácil para uma raça inteira se reerguer.

Em 1898, ano de baixa no preço do algodão, de trezentas famílias de arrendatários, cento e setenta e cinco encerraram o ano com dívidas que somavam catorze mil dólares; cinquenta não ganharam nem perderam, e as outras setenta e cinco apuraram um lucro total de seiscentos dólares. A dívida das famílias de arrendatários negros de todo o condado deve ser de no mínimo sessenta mil dólares. Em um ano mais próspero, a situação fica bem melhor; mas na média a maioria dos arrendatários fecha o ano ou no zero, ou em dívida, o que significa que trabalham em troca de moradia, alimento e roupas. Trata-se de uma organização econômica radicalmente injusta. De quem é a culpa?

As causas por trás dessa situação são complexas, mas discerníveis. E uma das principais, excetuando-se a negligência da nação em deixar os escravos começarem do zero, é a opinião disseminada entre comerciantes e empregadores do Cinturão Preto de que apenas pela escravidão da dívida o negro pode ser mantido trabalhando. É verdade que algum tipo de pressão era necessário no início do sistema de trabalho livre para manter os mais desmotivados e preguiçosos em atividade; e inclusive hoje as massas de trabalhadores negros precisam ser vigiadas mais de perto que a maioria dos trabalhadores do Norte. É por trás dessa opinião sincera e disseminada que a desonestidade e a exploração de trabalhadores ignorantes têm uma boa chance de se ocultar. E a tudo isso deve ser acrescentado o fato óbvio de que a escravização de seus ancestrais e um sistema de labor sem recompensa em nada colaboraram para aprimorar a eficiência e ou temperamento da massa de trabalhadores negros. E essa contextualização não se restringe ao Sambo[227]; ao longo de toda a história isso também se mostrou verdadeiro para John e Hans, para Jacques e Pat[228], para camponeses de todas as nacionalidades. É essa a situação da massa de negros do Cinturão Preto hoje; e eles estão pensando a respeito. A criminalidade e um tipo perigoso de socialismo barato são resultados inevitáveis dessa reflexão. Hoje eu encontro esse homem negro esfarrapado sentado em um tronco, entalhando distraidamente um graveto. Ele murmurou para mim um sussurro de muitas eras ao dizer: "O homem branco passa o ano todo sentado; o crioulo precisa trabalhar noite e dia e plantar a lavoura; o crioulo ganha pão e carne; o branco fica sentado e ganha tudo. *Isso é errado*". E o que os mais destacados entre esses negros podem fazer para melhorar sua condição? Uma destas duas coisas: da forma como for possível, comprar terras; caso não possa, migrar para a cidade. Assim como séculos atrás, não é fácil para o servo escapar para a liberdade da vida citadina. Em partes consideráveis dos estados do Golfo, e

---

[227] Originalmente, termo ofensivo para designar mestiços de negros com indígenas, um equivalente inglês de "cafuzo". No século XIX passou a ser usado, tanto nos Estados Unidos como na Grã-Bretanha, para definir afrodescendentes de modo geral e qualquer pessoa de pele mais escura, até mesmo indianos. A origem da palavra está no espanhol "zambo", que tem o mesmo sentido e que, de seu lado, teria origem em "nzambu", que significa "macaco" na língua quicongo.

[228] John, Hans, Jacques e Pat: nomes populares de, respectivamente, ingleses, alemães, franceses e irlandeses.

principalmente no Mississippi, na Louisiana e no Arkansas, os negros das fazendas dos distritos rurais são obrigados a trabalhar quase sem salários. Isso é ainda mais frequente em distritos onde a classe dos produtores rurais é formada pelos mais ignorantes entre os brancos pobres, e os negros não têm acesso às escolas nem ao intercâmbio com seus semelhantes mais prósperos. Se um peão nessa situação fugir, o xerife, eleito com o voto dos brancos, pode ser acionado para capturar o fugitivo e devolvê-lo sem maiores questionamentos. Se ele conseguir escapar para outro condado, basta uma acusação de furto, que pode bem ser verdadeira, para garantir seu retorno. Ainda que alguma alma mais zelosa faça questão de que haja um julgamento, um júri formado por pessoas da vizinhança provavelmente é garantia de condenação certa, e a pena de trabalho comunitário pode ser revertida sem dificuldade para o benefício de um patrão. Um sistema como esse é inviável nas partes mais civilizadas do Sul ou nos arredores de cidades maiores; mas nessas vastas extensões de terra além do alcance do telégrafo e da imprensa o espírito da Décima Terceira Emenda infelizmente foi dizimado. Essa situação representa o fundo do poço em termos econômicos para os camponeses negros norte-americanos; e em qualquer estudo sobre a ascensão e a condição do liberto negro precisamos traçar seu progresso material a partir dessa condição de servidão moderna.

Mesmo nos distritos rurais mais civilizados do Sul, a livre movimentação de trabalhadores do campo é restrita pelas leis migratórias[229]. A Associated Press noticiou recentemente ao mundo a prisão de um jovem branco no sul da Geórgia, um representante da Companhia Atlântica de Suprimentos Navais que "foi pego no ato de aliciar homens da fazenda de terebintina do sr. John Greer". O crime pelo qual esse rapaz foi detido rende uma multa de quinhentos dólares por cada condado no qual o agente tentou conseguir mão de obra para trabalhar fora do estado. Dessa forma, a ignorância dos negros sobre o mercado de trabalho fora de sua própria região é intensificada, em vez de atenuada, pelas leis de quase todos os estados sulistas.

Algo similar a essas medidas é a lei informal dos distritos mais distantes e das pequenas cidades sulistas segundo a qual o bom caráter de todos

---

[229] Os estados do Sul criaram leis que restringiam a movimentação de trabalhadores através de suas fronteiras.

os negros que não são conhecidos pela comunidade deve ser atestado por algum homem branco. Trata-se na verdade de um renascimento da antiga ideia romana de patronato à qual os recém-libertos foram submetidos. Em muitos casos, esse sistema foi benéfico para o negro, e com frequência, sob a orientação e proteção da família do antigo senhor de escravos, ou de eventuais amigos brancos, o liberto pôde progredir em termos morais e materiais. Mas esse mesmo sistema resultou em rejeições por parte de comunidades inteiras de reconhecer o direito de um negro de mudar de domicílio e definir o rumo de sua própria vida. Um negro desconhecido no condado de Baker, na Geórgia, por exemplo, está sujeito a ser parado em qualquer lugar público e ser obrigado a relatar o que está fazendo para qualquer branco que assim deseje proceder. Caso não dê uma resposta considerada apropriada ou se mostre independente ou "atrevido" demais, pode ser preso ou expulso sumariamente da cidade.

É assim que, nos distritos rurais do Sul, através de leis escritas ou informais, a servidão, as restrições à migração de mão de obra e um sistema de patronagem por parte dos brancos se impõem sobre uma parte considerável da região. Além disso, a possibilidade para a opressão ilegal e a extorsão é muito maior na zona rural do que na cidade, e quase todos os conflitos mais sérios da última década surgiram de disputas entre antigos senhores de escravos e libertos — por exemplo, no caso do linchamento de Sam Hose[230]. Como resultado dessa situação, surgiu, em primeiro lugar, o Cinturão Preto; e, em seguida, o fenômeno da migração para a cidade. O Cinturão Preto não foi, como muitos presumiram, uma movimentação em busca de trabalho sob condições mais favoráveis; foi principalmente uma questão de autodefesa — um ajuntamento do povo negro de modo a se proteger e garantir a paz e a tranquilidade necessárias para o avanço material. Essa movimentação se deu entre a Emancipação e 1880, e alcançou apenas em parte os resultados desejados. A corrida às cidades que vem ocorrendo desde 1880 é o movimento contrário de homens decepcionados com as oportunidades econômicas existentes no Cinturão Preto.

No condado de Dougherty, na Geórgia, é possível ver facilmente os resultados desse ajuntamento em busca de proteção. Apenas dez por cento da

---

[230] Ver nota 193.

população adulta é nascida no local e, no entanto, o número de negros supera o de brancos em uma proporção de cinco para um. Sem dúvida essa maioria numérica representa uma segurança para os negros — uma libertação pessoal do tratamento arbitrário que leva centenas de trabalhadores a permanecer em Dougherty apesar dos baixos salários e das condições econômicas adversas. Mas a mudança está a caminho e, de forma lenta porém contínua, até mesmo aqui os trabalhadores rurais estão migrando para a cidade, deixando campos não cultivados para trás. Por que isso? Por que os negros não se tornam proprietários de terras e não fazem prosperar o campesinato negro, um sonho que há mais de uma geração é alimentado por filantropos e estadistas?

Para o sociólogo de vagão de trem — o homem que tenta entender e conhecer o Sul dedicando algumas poucas horas vagas em uma viagem de lazer a desvendar uma situação que vem de séculos —, para essas pessoas, todo o problema dos trabalhadores rurais negros pode ser resumido pela sentença de Tia Ophelia[231]: "Indolência!". Eles presenciaram repetidas vezes cenas parecidas com a que eu testemunhei no verão passado. Estávamos voltando à cidade pela estrada depois de um dia longo e quente. Uma dupla de jovens negros passou por nós em uma carroça puxada por mulas, com várias sacas de espigas de milho soltas na caçamba. Um deles era o condutor, curvado para a frente, com os cotovelos apoiados nos joelhos — um retrato da despreocupação e da irresponsabilidade. O outro estava em sono profundo no fundo da carroça. Quando passamos, notamos que uma espiga de milho caiu da carroça. Eles nem perceberam. Um pouco mais adiante, vimos outra espiga no chão; e entre aquela mula capenga e a cidade contamos vinte e seis espigas de milho. Desleixo? Sim, um exemplo bem-acabado de indolência. Mas analisemos melhor esses rapazes: eles não são preguiçosos; no dia seguinte se levantariam ao nascer do sol; eles fazem serviços pesados, e por iniciativa própria. Não têm um comportamento sórdido, egoísta e mercenário; na verdade, alimentam um certo desdém pelo dinheiro. Ficam vadiando à vista de todos, mas trabalham duro quando ninguém está olhando. São capazes tanto de roubar uma melancia como de devolver uma carteira sem mexer em

---

[231] Personagem de *A Cabana do Pai Tomás*, o célebre romance de Harriet Beecher Stowe publicado em 1852. Ophelia, apesar de ser uma abolicionista, é cheia de preconceito contra negros. "Aos seus olhos", conta Stowe, "o maior dos pecados, a soma de todos os males, era expressa numa palavra muito presente e importante de seu vocabulário: 'indolência'".

nada. Seu grande defeito como trabalhadores está em sua falta de motivação para ir além da mera exaustão física. Eles são descuidados porque não sabem que vale a pena ter cautela; são imprevidentes porque em seu meio o resultado da prudência e da imprudência é o mesmo. Acima de tudo, não entendem por que deveriam se esforçar mais do que o necessário para aprimorar uma terra que pertence ao homem branco, ou engordar a mula dele, ou preservar o milho dele. O proprietário branco, por sua vez, alega que qualquer tentativa de dar mais responsabilidade a esses trabalhadores, ou salários maiores, ou casas melhores, ou terras, na certa resultaria em fracasso. O que ele tem a mostrar ao visitante do Norte é a terra revirada e exaurida; as mansões em ruínas, o solo empobrecido e os hectares hipotecados, e diante de tudo isso afirma: "Este é o resultado da liberdade do negro!".

O que acontece é que tanto o antigo senhor de escravos como os libertos têm argumentos suficientes para tornar difícil entender o lado do outro. O negro personifica no branco todas as suas dificuldades e seus infortúnios; se for pobre, é porque o branco fica com o fruto de seu trabalho; se for ignorante, é porque o branco não lhe proporciona tempo nem condições de aprender; e, se algum mal lhe acontecer, é por alguma maquinação secreta do "pessoal branco". Por outro lado, os proprietários de terras e seus descendentes nunca foram capazes de compreender por que os negros, em vez de se contentarem em trabalhar em troca de comida e abrigo, alimentam um desejo de subir na vida, e por que se mostram melancólicos, insatisfeitos e desleixados, sendo que seus pais eram felizes e tolos e leais. "Ora, vocês crioulos têm uma vida bem mais mole que a minha", disse um intrigado comerciante de Albany a um cliente negro. "Sim", ele respondeu, "e os seus porcos também".

Tomando esse trabalhador rural insatisfeito e desmotivado como ponto de partida, vejamos como os milhares de negros de Dougherty lutaram por seu ideal, e qual é esse ideal. Toda luta social se torna evidente pela diferenciação, primeiro econômica e depois de classe, que surge em uma população homogênea. Hoje as seguintes classes econômicas podem ser distinguidas claramente entre esses negros.

Os "dez por cento de baixo" são lavradores, entre os quais estão alguns miseráveis; quarenta por cento são compostos de arrendatários e vinte e nove por cento de semiarrendatários e assalariados. Há também os cinco por cento que são inquilinos e seis por cento que são proprietários — os "dez por cento de cima" na região. Os lavradores são totalmente desprovidos de capital, mesmo em termos de comida e dinheiro para se manterem no intervalo entre plantio e colheita. Só o que têm a oferecer é sua força de trabalho; os proprietários fornecem a terra, os animais, as ferramentas, as sementes e as moradias; e no fim do ano o trabalhador fica com um terço ou metade da lavoura. Com essa sua parte, no entanto, é preciso pagar com juros a comida e as roupas que recebeu adiantados durante o ano. O que se tem, portanto, é um trabalhador sem capital e sem salário, e um empregador cujo capital é obtido em sua maior parte dos rendimentos de seus empregados. Trata-se de um arranjo insatisfatório tanto para o contratante como para o contratado, e em termos gerais vigora apenas em terras empobrecidas com proprietários sob grande pressão econômica.

Acima dos lavradores vem a grande massa da população negra que trabalha em uma terra sob sua responsabilidade, pagando pelo arrendamento em algodão e se valendo do sistema de hipoteca de lavouras. Depois da guerra, esse sistema se tornou atraente para os libertos em razão da maior liberdade e da possibilidade de extrair rendimentos extras. Mas, com a implantação da prática da alienação de safras, com o esgotamento da terra e com a escravidão representada pela dívida, a posição dos arrendatários foi se deteriorando até assumir a forma de um trabalho quase sem recompensa. Antigamente quase todos os arrendatários dispunham de algum capital, que muitas vezes era considerável; mas, com a debandada dos proprietários, o aumento no custo do arrendamento e a queda no preço do algodão, hoje metade deles só tem suas mulas como bens. A mudança da condição do trabalhador de lavrador para arrendatário foi possível pela instituição do arrendamento. Se o arrendamento for fixado em um valor razoável, é um incentivo para o arrendatário se esforçar cada vez mais. Por outro lado, se o preço for muito alto, ou se a terra se deteriorar, o resultado é o desânimo ou a diminuição dos esforços por parte do campesinato negro. Sem dúvida nenhuma esta última causa é comprovável; no condado de Dougherty, todas as vantagens econômicas advindas da alta do preço do algodão no mercado e do esforço por parte dos arrendatários foram embolsadas pelos proprietários e comerciantes na forma de pagamento do arrendamento e de juros. Se o algodão sobe de valor, o preço do arrendamento sobe ainda mais; se o algodão cai, o preço do arrendamento permanece o mesmo ou cai apenas um pouco. Se o arrendatário trabalhar com todo o empenho e colher uma boa safra, o preço do arrendamento sobe para o ano seguinte; se a lavoura do ano não vingar, seu milho é confiscado e sua mula é vendida para cobrir a dívida. Obviamente, existem exceções à regra — exemplos de bondade pessoal e tolerância; mas na imensa maioria dos casos a regra é extrair o máximo possível da massa de trabalhadores rurais negros.

O arrendatário médio entrega de vinte a trinta por cento de sua safra em troca do arrendamento. Uma cobrança tão alta só pode gerar consequências prejudiciais — uso abusivo e negligente do solo, deterioração moral dos trabalhadores e um sentimento generalizado de injustiça. "Onde a zona rural é pobre", bradou Arthur Young[232], "está na mão dos meeiros", e "sua condição é ainda pior que a dos trabalhadores diaristas". Ele estava se referindo à Itália de um século atrás; mas poderia estar falando do condado de Dougherty de hoje. E é especialmente verdadeiro hoje o que ele declarou sobre a França pré-Revolução: "Os meeiros são considerados não muito melhores que os servos, são descartados à revelia e obrigados a acatar todas as imposições dos proprietários". É nesse plano inferior que metade da população do condado de Dougherty — e talvez mais da metade dos milhões de negros que moram nesta terra — labuta hoje.

Em um degrau acima deles podem ser colocados os trabalhadores que são pagos em dinheiro por sua mão de obra. Alguns deles têm direito a uma casa, e talvez um pedaço de terra para plantar uma horta; esses semiarrendatários podem comprar a crédito alimentos e roupas e recebem uma quantia fixa no final do ano, que varia de trinta a sessenta dólares, da qual devem ser descontados os bens que consumiram, e com juros. Cerca de dezoito por cento da população pertence a essa classe, enquanto vinte e dois por cento são trabalhadores que recebem apenas salários em dinheiro uma vez por mês ou por ano, e ou são "providos" por suas próprias economias, ou então, como é mais comum, por um comerciante que assume o risco de inadimplência. A remuneração desses trabalhadores é de trinta e cinco a cinquenta centavos de dólar por dia durante a temporada de plantio, cultivo e colheita. Em geral são jovens solteiros, inclusive algumas mulheres; quando se

---

232 Especialista em agricultura, estatística e economia, o inglês Arthur Young (1741-1820) escreveu diversos livros a respeito da produção agrícola na Inglaterra, Irlanda, França e Itália. Esses comentários citados por Du Bois foram escritos por Young a partir do que este observou na França e Itália em viagens realizadas entre 1787 e 1789.

casam, eles descem para a classe dos arrendatários ou, com menos frequência, tornam-se inquilinos.

Os inquilinos que pagam pelo uso da terra em dinheiro, são a primeira das classes emergentes, e constituem cinco por cento das famílias. A única vantagem dessa pequena classe é a liberdade de escolher suas lavouras, além do senso de responsabilidade maior que adquirem conduzindo transações em dinheiro. Embora alguns dos inquilinos não estejam em condições muito melhores que os arrendatários, tomados em conjunto são pessoas mais inteligentes e responsáveis, e aquelas que com o tempo se tornam proprietárias de terras. Por terem mais personalidade e bom senso, conseguem obter, e às vezes até exigir, melhores condições de preço; as propriedades rurais alugadas, que variam entre quinze e quarenta hectares, têm um custo aproximado de cinquenta e quatro dólares ao ano. Os homens que cultivam essas propriedades não permanecem muito tempo como inquilinos; ou decaem para a categoria de arrendatários, ou, com uma série de boas colheitas, ascendem à classe dos proprietários.

Em 1870, os livros fiscais do condado de Dougherty não registravam nenhum proprietário de terras negro. Se houvesse algum naquela época — e é possível que houvesse uns poucos —, suas terras provavelmente estavam no nome de um patrono branco, um costume que vinha da época da escravidão. Em 1875, as propriedades dos negros começaram a aparecer e somavam trezentos hectares; dez anos depois já eram dois mil e seiscentos hectares, número que subiu para três mil e seiscentos hectares em 1890 e quatro mil hectares em 1900. O valor total dessas propriedades no mesmo período subiu de oitenta mil dólares em 1875 para duzentos e quarenta mil dólares em 1900.

Dois fatores complicam esse contexto e tornam até certo ponto difícil apurar se essas tendências são verdadeiras; são eles o pânico de 1893[233] e a queda no preço do algodão em 1898. Além disso, o sistema de registro de propriedades nos distritos rurais da Geórgia é um tanto antiquado, e seu valor estatístico é incerto; não existe fiscalização, e cada homem paga seus impostos de acordo com o que declara ao agente coletor de tributos. Sendo assim, o comportamento das pessoas tem um grande impacto no sistema, e as

---

233 Grande crise, mais uma provocada pela especulação financeira. Levou a uma depressão econômica que só acabou em 1897.

declarações variam de forma inexplicável de ano a ano. Mas sem dúvida esses números servem para indicar que é pequeno o capital acumulado pelos negros, e que o fato de serem proprietários está vinculado a uma prosperidade momentânea. Eles não têm condições de sobreviver nem a alguns poucos anos de depressão econômica e estão mais sujeitos às oscilações do mercado de algodão do que os brancos. Portanto, os proprietários, apesar de seus esforços gigantescos, são uma classe transitória, cujo contingente é diminuído de forma contínua por indivíduos que decaem para a classe dos inquilinos ou arrendatários, e que só cresce quando alguém consegue emergir da massa de trabalhadores. De cem proprietários existentes em 1898, metade havia comprado suas terras de 1893 em diante, um quarto entre 1890 e 1893, um quinto entre 1884 e 1890 e os demais entre 1870 e 1884. No total, cento e oitenta e nove negros haviam sido proprietários de terras no condado desde 1875.

Se todas as terras que os proprietários negros já possuíram houvessem sido mantidas nas mãos dos negros, eles teriam sob seu controle por volta de doze mil hectares, em vez dos seis mil que têm hoje. Mesmo assim, esses seis mil hectares não são pouca coisa — são uma prova considerável do valor e da capacidade dos negros. Se tivessem recebido um apoio econômico inicial depois da Emancipação, se tivessem sido inseridos em uma comunidade instruída e próspera que realmente trabalhasse em seu benefício, talvez pudéssemos considerar esse resultado insatisfatório ou até mesmo insignificante. Mas, para alguns poucos milhares de trabalhadores rurais ignorantes em meio a uma situação de pobreza, um mercado em decadência e uma grande pressão social, conseguir poupar e se capitalizar em duzentos mil dólares em uma geração exigiu um tremendo esforço. O desenvolvimento de um país e o avanço de uma classe social requerem um esforço empedernido e uma dura batalha de corpo e alma contra o mundo que poucas pessoas das classes mais favorecidas conhecem e sabem apreciar.

Em meio às difíceis condições econômicas desta porção do Cinturão Preto, apenas seis por cento da população conseguiu emergir para a classe de proprietários de terras; e mesmo estes não estão em uma condição segura, já que sua quantidade aumenta e diminui de acordo com as flutuações do mercado de algodão. Noventa por cento lutaram por um pedaço de terra e fracassaram, e metade está submetida a um estado de servidão e desamparo. Para estes, só existe um caminho, que eles vêm tomando em números cada vez maiores, que é a migração para a cidade. Uma análise da distribuição das terras em poder de proprietários negros curiosamente revela esse fato. Em 1898, as cifras eram as seguintes: menos de quinze hectares, quarenta e nove famílias; de quinze a cem hectares, dezessete famílias; de cem a quatrocentos hectares, treze famílias; acima de quatrocentos hectares, duas famílias. Em 1890, havia quarenta e quatro propriedades, mas apenas nove delas tinham menos de quinze hectares. O grande aumento no número de propriedades, portanto, se deu com a compra de pequenas chácaras perto da cidade, onde os donos na verdade estão incorporados à vida citadina; isso é parte do fenômeno do êxodo para o ambiente urbano. E, para cada proprietário que conseguiu escapar assim das perspectivas estreitas e sofríveis da vida no campo, quantos lavradores, quantos arrendatários, quantos inquilinos arruinados se juntaram a essa procissão? Não é uma relação estranha? Os pecados dos distritos rurais aparecem na cidade, e a cura definitiva das feridas sociais urbanas de hoje, aqui no condado de Dougherty e em vários outros lugares próximos e distantes, talvez esteja fora dos muros das cidades.

9

SOBRE OS FILHOS DO SENHOR DE ESCRAVOS E SOBRE O HOMEM

A vida espezinha a vida, e o coração outro coração;
Nas igrejas e nos mercados vivemos em aglomeração
Para manter no sonho ou no túmulo alguma separação.[234]

—Sra. Browning

[235]

234 *"Life treads on life, and heart on heart;/ We press too close in church and mart/ To keep a dream or grave apart"*. Trecho de "A Vision of Poets", da poeta inglesa Elizabeth Barrett Browning (1806-1861), que ficou famosa por seus poemas de amor, mas também por seus poemas engajados na luta feminista (como Aurora Leigh), contra o trabalho infantil e contra o escravismo.

235 Trecho do spiritual "I'm a Rolling". Essa música é atribuída a Wallace Willis (1820?-1880?), um liberto que vivia com os Choctaws, uma nação indígena, em meados do século XIX. Willis seria também autor de outros clássicos, como "Swing Low", "Steal Away", "Roll, Jordan, Roll" e "The Angels are Coming", que foram popularizados pelos Jubilee Singers, da Universidade Fisk, e depois regravados por artistas que vão de Louis Armstrong, Bing Crosby e Paul Robeson a Eric Clapton, B.B. King e Joan Baez. A letra de "I'm Rollin" diz: *I'm a-rolling/ I'm a-rolling/ I'm a-rolling/ Thro' an unfriendly world/ I'm a-rolling/ I'm a-rolling/ Thro' an unfriendly world// Oh, brothers, won't you help me?/ Oh, brothers, won't you help me to pray?/ Oh, brothers, won't you help me?/ Won't you help me in the service of the Lord?// Oh, sisters, won't you help me?/ Oh, sisters, won't you help me to pray?/ Oh, sisters, won't you help me?/ Won't you help me in the service of the Lord?// Oh, preachers, won't you help me?/ Oh, preachers, won't you help me to pray?/ Oh, preachers, won't you help me?/ Won't you help me in the service of the Lord?* ("Eu tô vagando/ Eu tô vagando/ Eu tô vagando/ Por um mundo hostil/ Eu tô vagando/ Eu tô vagando/ Por um mundo hostil// Ó irmãos, vocês não vão me ajudar?/ Ó irmãos, vocês não vão me ajudar a rezar?/ Ó irmãos, vocês não vão me ajudar?/ Não vão me ajudar a serviço do Senhor?// Ó irmãs, vocês não vão me ajudar?/ Ó irmãs, vocês não vão me ajudar a rezar?/ Ó irmãs, vocês não vão me ajudar?/ Não vão me ajudar a serviço do Senhor?// Ó pregadores, vocês não vão me ajudar?/ Ó pregadores, vocês não vão me ajudar a rezar?/ Ó pregadores, vocês não vão me ajudar?/ Não vão me ajudar a serviço do Senhor?")

O fenômeno do contato entre diferentes raças de homens, tão antigo quanto o mundo, terá uma nova exemplificação neste novo século. Na verdade, o que caracterizou nossa era foi o contato da civilização europeia com os povos menos desenvolvidos do planeta. Qualquer que consideremos ser o resultado de tal contato no passado, certamente se trata de um capítulo da ação humana nem um pouco agradável de revisitar. Guerra, assassinato, escravidão, extermínio e degradação moral — essas foram repetidas vezes as consequências de levar a civilização e o abençoado evangelho às ilhas do mar e ao gentio sem fé e sem leis. Também não satisfaz à consciência do mundo moderno afirmar de forma complacente que tudo isso foi correto e apropriado, o inevitável triunfo da força sobre a fraqueza, do bem sobre o mal, dos superiores sobre os inferiores. Com certeza seria tranquilizador conseguir acreditar nisso; mas existem fatos cruéis demais a impossibilitar que tudo seja explicado de forma assim tão simples. Nós sentimos e sabemos que existem muitas e delicadas diferenças na psicologia das raças, inúmeras transformações que nossas análises sociais incipientes ainda não são capazes de dar conta em sua totalidade, e que explicam muito de nossa história e de nosso desenvolvimento social. Ao mesmo tempo, sabemos que essas considerações nunca explicaram ou justificaram de forma adequada o triunfo da força bruta e do ardil sobre a fragilidade e a inocência.

Portanto, é um dever de todas as pessoas honradas do século XX garantir que no futuro da competição entre as raças a sobrevivência do mais apto signifique o triunfo do bem, da beleza e da verdade; que possamos preservar para a civilização futura tudo o que existe de elogiável e nobre e poderoso, e não continuar premiando a ganância e o despudor e a crueldade. Para tornar essa esperança uma realidade, somos obrigados a conduzir diariamente um estudo cada vez mais consciencioso do fenômeno do contato entre as raças — empreender uma análise franca e justa, sem a interferência falsificadora e atenuadora de nossos desejos ou medos. E temos no Sul um dos melhores campos em todo o mundo para esse estudo — um campo que, é verdade, os cientistas norte-americanos consideram um tanto indigno de sua posição, e que até o homem médio que não é cientista conhece bem, mas ainda assim uma linha de estudo que, em razão das enormes complicações raciais com que Deus parece punir este país, deve ocupar mais e mais nossas atenções, nossos esforços e nossos pensamentos, e diante da qual devemos perguntar: "Qual é a verdadeira relação entre brancos e negros no Sul?". E devemos responder não com defesas ou acusações, e sim com um relato direto e sem vernizes.

Na vida civilizada de hoje, o contato entre os homens e seus familiares com seus semelhantes se dá em algumas poucas linhas principais de ação e comunicação: em primeiro lugar, existe a proximidade física dos lares e ambientes de convivência, a maneira como as vizinhanças se organizam e a contiguidade dessas vizinhanças. Em segundo lugar, e principalmente em nossa época, existem as relações econômicas — os métodos pelos quais os homens cooperam uns com os outros para ganhar a vida, para a mútua satisfação de necessidades, para a produção de riqueza. Em seguida há as relações políticas, a cooperação para o controle social, para a governança da população, para a imposição e cobrança dos impostos e tributos. Em quarto lugar, há as formas menos tangíveis, porém importantíssimas, de contato e troca intelectual — o intercâmbio de ideias através de diálogos e conferências, de periódicos e de bibliotecas; e, acima de tudo, há a formação em cada comunidade desse curioso *tertium quid* chamado opinião pública. Em proximidade com tudo isso estão as várias formas de contato social na vida cotidiana, em viagens, teatros, reuniões domésticas, casamentos e noivados. Por fim, existem as diversas formas de atividades religiosas, ensinamentos morais e iniciativas beneficentes. Essas são as principais formas através das quais os homens que vivem na mesma comunidade travam contato entre si. Minha tarefa aqui, portanto, é indicar, de acordo com meu ponto de vista, como os negros se encontram e se misturam com os brancos nesses aspectos da vida cotidiana no Sul.

Em primeiro lugar, há a questão da habitação física. Em geral costuma ser impossível em quase todas as comunidades sulistas traçar uma fronteira racial em um mapa, na qual de um lado moram os brancos e, do outro, os negros. A complexidade da fronteira racial geográfica varia, é claro, a depender da comunidade. Conheço algumas cidades em que uma linha reta demarcada no meio da rua principal separa noventa por cento dos brancos de noventa por cento dos negros. Em outras cidades, ao redor dos antigos povoamentos dos brancos foi construída uma larga faixa habitada por negros; em outros casos, pequenos assentamentos ou núcleos de negros surgiram em meio a um território ocupados por brancos. Em geral, nas cidades, cada rua pertence a uma cor, e apenas de vez em quando seus moradores se aproximam. Mesmo na zona rural a segregação se manifesta em pequenas áreas e, é claro, na grande escala do fenômeno do Cinturão Preto.

Toda essa segregação por cor é em larga medida independente do ajuntamento por classes sociais que é comum a todas as comunidades. Um aglomerado de moradias precárias habitadas por negros pode estar a uma distância perigosamente próxima de um bairro residencial branco, e é muito comum encontrar um aglomerado de habitações precárias de moradores brancos no coração de um respeitável distrito negro. Uma coisa, no entanto, é rara: os mais destacados entre os brancos e os mais destacados entre os negros quase nunca vivem próximos. O que acontece, então, é que em quase toda cidade grande ou pequena do Sul tanto os brancos como os negros só costumam ver o que suas raças produzem de pior. Isso é uma tremenda mudança em relação ao passado, quando, através do contato próximo do senhor de escravos com o criado doméstico na casa-grande, era possível encontrar o que havia de melhor nas duas raças convivendo com intimidade e harmonia, enquanto os mais toscos e obtusos entre a mão de obra escravizada eram mantidos longe dos olhos e dos ouvidos da família. Não é difícil apontar por que uma pessoa que viu a escravidão de dentro da casa de seu pai, e que hoje vê a liberdade nas ruas de uma grande cidade, não consegue compreender por inteiro a nova situação. Por outro lado, a crença arraigada na população negra de que os sulistas brancos não têm interesse no bem dos negros foi intensificada nos últimos anos por esse contato contínuo entre as melhores classes dos negros com os piores representantes da raça branca.

    Tratando agora das relações econômicas entre as raças, estamos em um terreno que foi tornado familiar por estudos, muita discussão e consideráveis esforços filantrópicos. Mas mesmo assim há vários elementos fundamentais da cooperação entre negros e brancos para o trabalho que são ignorados ou não muito bem compreendidos. O norte-americano médio é capaz de conceber sem dificuldade a imagem de uma terra fértil esperando por cultivo e cheia de agricultores negros. Para ele, o problema do Sul é simplesmente uma questão de formar trabalhadores eficientes oferecendo a eles conhecimento técnico e capital. O problema, porém, não é de forma nenhuma assim tão simples, em razão do fato bastante óbvio de que esses trabalhadores foram condicionados durante séculos a ser escravos. Sendo assim, eles exibem as vantagens e os defeitos de tal condicionamento; são obedientes e afáveis, mas não confiáveis, previdentes ou cuidadosos. Se o desenvolvimento econômico do Sul for levado até o limite da exploração, como hoje parece provável, então o que teremos será uma massa de trabalhadores exposta à concorrência implacável dos demais trabalhadores do mundo, porém com a desvantagem de ter recebido uma formação que é o exato oposto da recebida pelo operário confiável e com iniciativa formado em um ambiente democrático. O que o trabalhador negro precisa é de uma orientação pessoal atenta, da liderança de homens com corações dentro do peito, para dotá-los de visão, cautela e honestidade. Não é preciso mobilizar complexas teorias sobre diferenças raciais para comprovar a necessidade dessa formação coletiva depois de os cérebros da raça terem sido embotados por 250 anos de contínuo condicionamento para a submissão, o desleixo e o roubo. Depois da Emancipação, era claramente um dever assumir a iniciativa de instruir o trabalhador negro. Não vou me deter aqui na questão de quem era esse dever — se do antigo senhor de escravos que se beneficiou desse trabalho não remunerado ou do filantropo do Norte cuja persistência criou a crise, ou do governo nacional cujo decreto libertou os cativos; não vou me deter na questão de quem era esse dever, mas insisto em afirmar que era o dever de alguém constatar que esses trabalhadores foram largados à própria sorte, sem orientação, sem capital, sem formação, sem capacidade de organização econômica e sem ao menos a proteção da lei, da ordem e da decência — deixados em uma região com grande potencial, mas não com o intuito de promover um desenvolvimento interno gradual e cuidadoso, e sim lançados de forma quase imediata à competição implacável com os melhores trabalhadores modernos sob um sistema econômico em que cada um luta por si, muitas vezes desconsiderando os direitos ou o bem-estar de seus semelhantes.

Nunca devemos nos esquecer de que o sistema econômico hoje vigente no Sul, que sucedeu o antigo regime, não é o mesmo sistema existente em regiões industriais consolidadas, como o norte dos Estados Unidos, a Inglaterra ou a França, onde há sindicatos, leis restritivas, regimentos comerciais escritos e tácitos e uma longa experiência obtida na prática. Em vez disso, o que se tem é uma cópia da Inglaterra do início do século XIX, antes da regulamentação do trabalho fabril — a Inglaterra que causava desprezo entre os pensadores e despertou a ira de Carlyle[236]. O cetro do império que saiu das

---

[236] Apesar do historiador, filósofo e matemático britânico Thomas Carlyle (1795-1881) ter sido um reacionário, racista e defensor do escravismo, ele exerceu grande influência sobre Du Bois e, em alguma medida, sobre todos os intelectuais de língua inglesa criados no século XIX.

mãos dos cavalheiros sulistas em 1865 — em parte pela força bruta, em parte por sua própria petulância — nunca mais foi devolvido a eles. Foi passado para os homens que vieram conduzir a exploração industrial do Novo Sul — filhos de brancos pobres com uma sede redobrada de riqueza e poder, ianques avarentos e imigrantes[237] inescrupulosos. Foi nas mãos desses homens que os trabalhadores sulistas caíram, tanto os brancos como os negros; e essa é sua ruína. Por esses operários, os novos capitães da indústria não sentem amor nem ódio; eles não são vistos com empatia nem de forma romantizada; é uma simples questão de dólares e dividendos. Sob um sistema como esse, todo trabalhador está condenado a sofrer. Nem mesmo os brancos são ainda inteligentes, prudentes e bem treinados a ponto de conseguirem se resguardar do avanço do capital organizado. As consequências, também entre eles, são longas horas de expediente, baixos salários, trabalho infantil e falta de proteção contra a usura e a exploração. Mas entre os trabalhadores negros tudo isso é agravado, em primeiro lugar pelo preconceito racial cujas manifestações variam desde a desconfiança por parte dos melhores elementos entre os brancos até um ódio fervoroso entre os piores; e, em segundo lugar, como mencionei antes, pela herança econômica maldita da escravidão. Com a formação que recebeu, é difícil para o liberto aprender a aproveitar as oportunidades que já lhe estão disponíveis, e as novas oportunidades quase nunca vão para ele, e sim para os brancos.

Deixado com pouca proteção e supervisão pelos melhores entre os sulistas, ele se tornou vítima, por força da lei e dos costumes, dos mais inescrupulosos homens de sua comunidade. O sistema de penhora de lavouras que está despovoando as zonas rurais do Sul é não apenas resultado da falta de esforço da parte dos negros mas também uma consequência de leis maliciosamente concebidas para reger hipotecas, penhoras e descumprimentos de contratos, que homens sem consciência podem usar a seu favor para aprisionar os incautos a ponto de se tornar impossível escapar de suas garras, tornando o trabalho uma farsa, e o protesto, um crime. No Cinturão

---

"O pensamento político progressista nunca teve outro adversário que merecesse tão sincero respeito", escreveu Walt Whitman, apesar de atacado ferinamente pelo britânico. Era de uma perspectiva aristocrática e anti-iluminista que Carlyle denunciava a industrialização e a modernidade, mas suas críticas, com muita frequência, eram certeiras.

237 Nas primeiras edições, no lugar de "imigrantes" estava "judeus" (ver nota 217).

Preto da Geórgia, eu vi um negro honesto pagar por uma propriedade em três prestações, e então, bem debaixo dos olhos da lei e da decência, o norte-americano empreendedor que a vendeu embolsar o dinheiro e deixar o negro sem terra e obrigado a lavrar o próprio solo que comprou por trinta centavos de dólar ao dia. Vi um agricultor negro se endividar com um lojista branco, e esse lojista ir até sua propriedade e tomar qualquer coisa que pudesse vender — mulas, arados, safras estocadas, ferramentas, móveis, roupas de cama, relógios, espelhos —, e tudo isso sem que um xerife ou um policial impedisse a violação das isenções de penhora, e sem precisar se reportar a nenhuma autoridade responsável. E esses casos podem acontecer, como acontecem, em qualquer comunidade onde uma classe de trabalhadores ignorantes é considerada, em razão dos costumes locais e do preconceito racial, indigna de solidariedade e fraternidade. Enquanto os melhores elementos dessas comunidades não se sentirem obrigados a proteger e orientar e atender os membros mais frágeis de seu grupo, eles serão deixados à mercê de aproveitadores e vigaristas.

Essa infeliz situação econômica não significa a impossibilidade de qualquer avanço para os negros sulistas ou a ausência de uma classe de proprietários e operários negros qualificados que, apesar de todos os obstáculos, estão construindo um patrimônio e se tornando bons cidadãos. Mas significa que essa classe não é tão numerosa quanto facilmente seria em um sistema econômico mais justo, significa que mesmo aqueles que sobrevivem à competição são prejudicados a ponto de não conseguirem tanto quanto merecem, e sobretudo significa que a ascensão dos mais bem-sucedidos acontece ao acaso, e não através de métodos inteligentes e racionais de formação e seleção. Para remediar essa situação, só existe uma medida possível. Precisamos admitir parte do preconceito racial existente no Sul como um fato — deplorável em sua intensidade, lamentável em suas consequências e perigoso para o futuro, mas ainda assim um fato incontestável que apenas o tempo pode eliminar. Não podemos esperar, portanto, que nesta geração, ou mesmo nas próximas, a população branca possa vir a assumir a liderança orientada pela solidariedade e o sacrifício pessoal que a situação exige de maneira tão eloquente. Essa liderança, esse condicionamento social e esses exemplos devem vir dos próprios negros. Por algum tempo se duvidou que os negros pudessem produzir líderes como esses; mas hoje ninguém que é capaz de questionar a sério a capacidade do negro de assimilar a cultura e o senso comum da civilização moderna e passá-los adiante, ainda que de forma apenas parcial, a seus semelhantes. Se isso é verdade, então aqui está o caminho para sair dessa situação econômica, e a reivindicação imposta aos líderes negros de caráter e inteligência — homens capacitados, homens esclarecidos e de iniciativa, homens formados em faculdades, capitães da indústria negros e missionários da civilização; homens que compreendem e conhecem os meandros da civilização moderna, que podem assumir a responsabilidade pelas comunidades dos negros e torná-las desenvolvidas e instruídas pela força de seus conselhos e exemplos, pela solidariedade profunda e pela inspiração dos laços sanguíneos e dos ideais compartilhados. Mas, para que esses homens possam fazer isso, precisam ter algum poder — devem ser apoiados pela opinião pública dessas comunidades, devem poder usar a favor de seus objetivos e propósitos as armas que a experiência do mundo mostrou serem indispensáveis para o progresso humano.

Entre essas armas, talvez a mais eficiente no mundo moderno seja o voto; e isso me leva a refletir sobre a terceira forma de contato entre brancos e negros no Sul — a atividade política.

Na postura dos norte-americanos em relação ao sufrágio negro, é possível traçar com uma precisão incomum os conceitos de governança prevalentes em cada época. Na década de 1850, os ecos da Revolução Francesa ainda estavam próximos a ponto de acreditarmos quase integralmente no sufrágio universal. Nós argumentávamos, de uma forma que então nos parecia lógica, que nenhuma classe social era boa, sincera e desinteressada o bastante para decidir por si só o destino de seus semelhantes; que em todos os estados os melhores juízes de seu próprio bem-estar eram as pessoas que lá residiam; sendo assim, apenas munindo todas as mãos com um voto — com o direito a uma voz na política local — os melhores interesses da maioria poderiam ser atendidos. Havia objeções a esses argumentos, claro, mas nós os rebatíamos de forma concisa e convincente; se reclamassem da ignorância dos eleitores, nós respondíamos: "Vamos educá-los". Caso se queixassem da venalidade de alguns, nós retrucávamos: "Vamos cassar seus direitos ou colocá-los na cadeia". E, por fim, àqueles que temiam a demagogia e a perversidade natural a determinados seres humanos, nós garantimos que o tempo e as más experiências se encarregariam de dar uma lição até mesmo aos mais obtusos. Foi nesse contexto que a discussão do sufrágio negro foi levantada no Sul. Tratava-se de um povo desamparado que de repente foi tornado livre.

Como eles poderiam se proteger daqueles que não aceitavam sua liberdade e estavam determinados a impedi-la? Não através da força, disse o Norte; não através da tutela governamental, disse o Sul; pelo voto, então, a única forma de defesa legítima de um povo livre, disse o Bom Senso da Nação. Na época, ninguém achou que os ex-escravos pudessem usar o voto com inteligência ou eficácia; mas todos pensaram que conceder tamanho poder a uma classe tão numerosa no país faria com que seus membros se educassem de modo a permitir seu melhor uso.

Enquanto isso, novas formas de pensar surgiam no país; o inevitável período de retrocesso moral e corrupção política que sempre se estabelece no rastro de uma guerra se abateu sobre nós. Os escândalos se tornaram tão flagrantes que os homens respeitáveis começaram a se afastar da política, e como consequência os políticos ganharam uma reputação duvidosa. Os homens começaram a se orgulhar de não ter nenhum envolvimento com o governo e a concordar tacitamente com aqueles que viam nos cargos públicos uma forma de promover seus interesses privados. Em meio a essa mentalidade, tornou-se fácil promover a supressão do voto do negro no Sul e aconselhar os negros respeitáveis a se manter longe da política. Os cidadãos decentes e de boa reputação que no Norte negligenciaram seus deveres cívicos passaram a ridicularizar a importância que o negro dava a esse direito. Dessa forma, não demorou para que cada vez mais as classes superiores de negros seguissem os conselhos vindos de fora e as pressões internas e perdessem o interesse pela política, deixando nas mãos dos elementos irresponsáveis e venais de sua raça as atividades eleitorais. O voto negro continuou sendo mal orientado, porém ainda mais desmoralizado pelo suborno descarado, a coação ou a fraude; isso seguiu acontecendo até que o eleitor negro aceitasse por completo a ideia de que a política não passava de um método de obter ganhos pessoais por meios desonestos.

E, por fim, nos dias de hoje, quando estamos despertando para o fato de que a perpetuação das instituições republicanas neste país continental depende da purificação através das urnas, a educação cívica dos eleitores, e a elevação do voto ao plano de um dever solene que se negligenciado pelo cidadão patriota pode pôr em risco os filhos de seus filhos —, nesta época em que estamos lutando pelo renascimento da virtude cívica, o que vamos dizer aos eleitores negros do Sul? Vamos falar que a política é uma forma desonesta e inútil de atividade humana? Vamos induzir os melhores entre os negros a se interessar cada vez menos pelo governo e abrir mão desse direito sem protestar? Não estou aqui elevando a voz contra os esforços legítimos para expurgar das urnas a exploração da ignorância, da miséria e das práticas criminosas. Mas são poucos os que alegam que o atual movimento de restrição de direitos no Sul tem esse propósito; o que se declara de forma simples e franca em quase todos os casos é que o objetivo dessas leis é a exclusão do homem negro da prática política.

Ora, por acaso essa é uma questão menor, que não tem influência na questão principal do desenvolvimento profissional e intelectual do negro? É possível estabelecer no Sul uma massa de trabalhadores, artesãos e proprietários rurais negros que, segundo a lei e a opinião pública, não podem ter nenhuma voz na elaboração da legislação que rege sua vida e seu trabalho? A organização moderna da indústria, considerando que deseja atuar, assim como faz hoje, sob um governo livre e democrático que permite às classes trabalhadoras exigir o respeito a seu bem-estar — um sistema como esse pode ser implementado no Sul se metade de sua força de trabalho não tiver voz nos espaços de discussão pública e nem poder para defender seus interesses? Hoje ao homem negro sulista não é permitido decidir quase nada sobre quanto vai pagar de impostos ou como o dinheiro arrecadado vai ser gasto; sobre quem deve executar as leis, e como isso deve ser feito. É lamentável o esforço absurdo que precisa ser feito em momentos críticos para fazer os legisladores de alguns estados pelo menos ouvirem uma apresentação respeitosa da opinião dos negros sobre um assunto controverso. Todos os dias, os negros são obrigados cada vez mais a voltar sua atenção para a lei e a justiça, e não como salvaguardas para sua proteção, mas como fontes de humilhação e opressão. As leis são feitas por homens que os ignoram; são executadas por homens que não têm a menor motivação para tratar a população negra com respeito ou consideração; e, por fim, os acusados entre eles de transgredir a lei são julgados não por seus pares, mas quase sempre por homens que preferem punir dez negros inocentes a deixar um culpado sair impune[238].

Eu sou o último a negar as evidentes fraquezas e deficiências da população negra; e sou o último a negar que os sulistas brancos têm feito

---

238 "É melhor que dez culpados escapem à condenação que um inocente sofra": o famoso *ratio* de William Blackstone em seu *Commentaries on the Laws of England*, de 1765, obra fundamental do direito moderno.

esforços para resolver seus complexos problemas raciais. Reconheço de bom grado que é possível, e às vezes até melhor, que um povo subdesenvolvido seja governado para seu próprio bem por homens mais poderosos e bem preparados até que chegue o momento em que possa começar a enfrentar sozinho as batalhas do mundo. Já apontei o fato de que o negro emancipado lamentavelmente precisava muito de orientação econômica e espiritual e estou disposto a admitir que, se os representantes daquilo que a opinião pública branca sulista tem de melhor estivessem no poder, essas condições que mencionei estariam razoavelmente bem atendidas. No entanto, o que afirmei muitas vezes e volto a enfatizar é que as opiniões mais esclarecidas do Sul não são as opiniões predominantes hoje. Deixar o negro desamparado e sem direito a voto não é deixá-lo sob a orientação dos melhores, e sim abandoná-lo à exploração e à degradação moral por parte dos piores; isso não é mais verdadeiro no Sul do que no Norte, nem mais verdadeiro no Norte do que na Europa: em qualquer região, em qualquer país sob o sistema atual de livre concorrência, permitir que uma classe de pessoas desprezadas e desprovidas de poder — sejam elas brancas, negras ou azuis — fique à mercê de seus homens mais poderosos, mais ricos e com mais recursos disponíveis é abrir espaço para uma tentação à qual a natureza humana raramente resistiu e raramente resistirá.

Deve-se considerar também que a condição política do negro no Sul é muitas vezes associada à questão da criminalidade. Não há dúvidas de que a criminalidade entre os negros cresceu de forma considerável nos últimos trinta anos, e que nas áreas degradadas das grandes cidades surgiu uma nova classe de criminosos entre os negros. Para explicar essa triste situação, precisamos levar em conta duas coisas: (1) que o resultado inevitável da Emancipação era o aumento da criminalidade e do número de criminosos, e (2) que o aparato policial sulista foi montado primordialmente para controlar escravos. Quanto ao primeiro ponto, não podemos nos esquecer de que, sob um rígido sistema escravista, é quase inviável a existência da criminalidade. Mas, quando indivíduos de diferentes constituições de repente são jogados no mar do mundo, alguns nadam, alguns afundam e outros apenas flutuam, ficando à mercê das correntezas em um ambiente em constante mudança. A revolução social e econômica que atingiu o Sul em 1863 foi tamanha que destacou entre os negros aqueles que eram incompetentes e corrompidos, dando início a um processo de diferenciação social. Ora, um novo grupo de pessoas não se ergue do chão como uma massa inerte e sólida, e sim como uma planta viva cujas raízes ainda estão se moldando ao solo. Portanto, o aparecimento do criminoso negro era um fenômeno previsível; e, apesar de causar preocupação, não deveria ser motivo para surpresa.

Aqui, mais uma vez a esperança do futuro depende de uma abordagem especialmente cuidadosa e delicada em relação a esses criminosos. Seus crimes a princípio eram cometidos por vagabundagem, por imprudência e por impulso, e não por malícia ou violência desmedida. Esses maus comportamentos exigiam um tratamento especial, firme porém educativo, sem possibilidade de injustiças e condicionado a provas irrefutáveis de culpa. Mas o Sul estava despreparado para lidar com criminosos, fossem eles brancos ou negros, pois não dispunha de presídios e reformatórios adequados; seu aparato policial foi pensado para lidar apenas com negros, assumindo tacitamente que todo homem branco era *ipso facto* um membro de sua polícia. Foi assim que surgiu um sistema de justiça dúbio, que aos brancos concedia leniência indevida e imunidade na prática a criminosos incontestes, e aos negros oferecia severidade excessiva, injustiça e falta de discernimento. Pois, conforme afirmei, o aparato policial sulista foi criado originalmente para manter os negros na linha, não para coibir criminosos; e, quando os escravos foram libertados e todo o Sul se convenceu de que o negro era inapto para o trabalho livre, o primeiro e quase unânime recurso a que se recorreu foi o uso dos tribunais como uma ferramenta para reconduzir os negros à escravidão. Não era a questão da criminalidade, e sim a questão racial que determinava se um homem era culpado de praticamente qualquer acusação. Assim sendo, os negros passaram a encarar os tribunais como instrumentos de injustiça e opressão, e os condenados, como mártires e vítimas.

Quando os verdadeiros criminosos apareceram, e em vez de pequenos furtos e vadiagem começamos a ver roubos, assaltos à mão armada, assassinatos e estupros, houve um efeito curioso em ambos os lados da barreira de cor: os negros se recusavam a acreditar nos testemunhos e na legitimidade dos júris compostos de brancos, e dessa forma o principal fator desmotivador do crime, a opinião pública de seu próprio estrato social, se perdeu, e o criminoso passou a ser visto como alguém crucificado, e não simplesmente enforcado. Por outro lado, os brancos, acostumados a avaliar sem critério a culpa ou a inocência dos acusados negros, foram acometidos de impulsos passionais que iam além de qualquer limite imposto pela lei, pela razão e pela decência. Uma situação como essa só poderia fazer com que a criminalidade aumentasse, e foi isso o que aconteceu. À violência e à vadiagem rotineiras são acrescentados a cada dia motivos para revolta e vingança que despertam a selvageria latente em ambas as raças e com frequência tornam impossível a resolução pacífica da questão do desenvolvimento econômico.

Mas o principal problema a ser enfrentado por qualquer comunidade afetada pela praga da criminalidade não é como punir os criminosos, e sim como impedir que os jovens se voltem para o crime. E aqui, mais uma vez, as condições peculiares encontradas no Sul impediram que precauções apropriadas fossem tomadas. Eu já vi garotos de doze anos trabalhando acorrentados em obras públicas nas ruas de Atlanta, e na frente de instituições de ensino, na companhia de criminosos mais velhos e calejados; essa mistura indiscriminada de homens e mulheres e crianças transformam os trabalhos forçados em escolas perfeitas para a criminalidade e a degradação moral. A luta pela criação de reformatórios juvenis, que vem acontecendo na Virgínia, na Geórgia e em outros estados, é um sinal animador do despertar de certas comunidades para as consequências suicidas de tal política.

É nas escolas públicas, no entanto, além do ambiente familiar dos lares, que devem ser feitos os maiores esforços para formar cidadãos decentes e com respeito próprio. Nós nos dedicamos tão fervorosamente à discussão sobre as escolas técnicas e a educação superior que o estado lamentável do sistema de ensino primário no Sul quase foi perdido de vista. A cada cinco dólares gastos em educação pública no estado da Geórgia, as escolas para brancos recebem quatro dólares, e as escolas para negros, um dólar; e mesmo o sistema escolar dos brancos, a não ser nas cidades grandes, é ruim e precisa ser reformulado. Se isso é verdadeiro para os brancos, o que dizer então para os negros? Estou cada vez mais convencido, ao analisar o sistema de escolarização primária do Sul de que o governo federal precisa intervir e ajudar de alguma forma a educação popular. Hoje é somente graças aos esforços vigorosos por parte dos homens bem-pensantes do Sul que o orçamento para as escolas públicas dos negros não foi reduzido a uma esmola em alguns estados; e essa iniciativa de corte de verbas, além de não estar morta, em muitas comunidades está ganhando força. O que, em nome da razão, esta nação espera de um povo mal instruído e pressionado por uma concorrência econômica implacável, sem direitos políticos e com escolas públicas ridiculamente inadequadas? O que esperar além da criminalidade e da desmotivação, contrabalançadas aqui e ali pelos esforços obstinados dos mais afortunados e mais determinados, que por sua vez só podem se apegar à esperança de que em algum momento o país caia em si?

Até aqui tentei deixar claras as relações físicas, econômicas e políticas entre os brancos e os negros no Sul da forma como as vejo, incluindo na discussão, pelas razões já expostas, as questões da criminalidade e da educação. Mas, mesmo depois de tudo o que foi dito sobre esses aspectos mais tangíveis do contato humano, ainda resta uma parte que é essencial para um retrato correto do Sul, mas que é difícil de descrever e expressar em termos que possam ser facilmente entendidos por forasteiros. Trata-se, em suma, da atmosfera da região, de seu modo de pensar e sentir, das mil e uma pequenas ações que fazem parte da vida. Em qualquer comunidade ou nação, essas pequenas coisas são as mais complicadas de entender e, no entanto, as mais essenciais para obter uma noção clara da vida coletiva tomada como um todo. O que vale para todas as comunidades é especialmente válido para o Sul, onde, longe das vistas da história escrita e da letra da lei, vem se estabelecendo há uma geração uma tensão tempestuosa e profunda das almas humanas, um fermentar intenso de sentimentos e uma convulsão intricada de espíritos como nenhum povo jamais viveu. Dentro e fora do sombrio véu da cor, forças sociais poderosas estão em ação — esforços pelo aprimoramento humano, iniciativas que só levam à desintegração e ao desespero, tragédias e comédias da vida social e econômica, e um oscilar de elevação e afundamento dos corações humanos que tornam esta terra uma mistura de lamento e alegria, de transformação e empolgação e inquietação.

O centro dessa turbulência espiritual são milhões de libertos e seus filhos, cujos destinos estão vinculados ao desta nação de forma tão fatídica. E, no entanto, um observador casual em visita ao Sul a princípio não vê quase nada disso. Ele nota a frequência cada vez maior de rostos escuros à medida que avança, mas fora isso os dias passam preguiçosos, o sol brilha forte e este pequeno mundo parece feliz e contente como qualquer outro que já conheceu. Inclusive, sobre a questão maior — o problema do negro — ele ouve tão pouco que parece até haver uma conspiração pelo silêncio; o jornal matinal raramente a menciona, e quando o faz é com um tom distante e professoral, e na verdade quase todo mundo parece esquecer ou ignorar a metade mais escura da região, até que o perplexo visitante se vê inclinado a perguntar se existe *mesmo* um problema por aqui. Mas, se permanecer por tempo suficiente, vem o despertar: talvez um arroubo repentino e passional que o deixe sem fôlego diante de tanto amargor; ou, mais provavelmente, uma percepção gradual de coisas que a princípio não havia notado. De forma lenta porém constante, seus olhos começam a perceber as sombras da barreira de cor: primeiro ele conhece grupos de negros e brancos; então de repente percebe que não há nenhum rosto escuro por perto; ou no fim de um dia de passeio ele se vê no meio de uma estranha reunião de pessoas, onde todos os rostos são pardos ou negros, e onde se experimenta uma vaga e desconfortável sensação de ser um estrangeiro. Ele por fim se dá conta de que, de maneira silenciosa e inexorável, o mundo a seu redor flui em duas grandes correntes: ambas correm sob o mesmo sol, aproximam-se e misturam suas águas em uma aparente despreocupação — mas então se dividem e tomam uma enorme distância. Isso tudo acontece de forma discreta; nenhum erro é cometido, e caso ocorra algum o braço ágil da lei e da opinião pública entra em ação no mesmo instante, como no dia em que um homem negro e uma mulher branca foram presos por conversar um com o outro na Whitehall Street, em Atlanta[239].

Quem reparar bem vai ver que entre esses dois mundos, apesar de muito contato físico e intercâmbio diário, não existe quase nenhuma vida intelectual em comum ou algum ponto de confluência em que os pensamentos e sentimentos de uma raça entram em contato direto e se harmonizam com os pensamentos e sentimentos da outra. Antes e logo depois da guerra, quando os mais destacados negros eram criados domésticos das mais destacadas famílias brancas, havia laços de intimidade, de afeto e às vezes relações sanguíneas entre as raças. Essas pessoas viviam na mesma casa, compartilhavam da vida em família, conversavam e dialogavam entre si. Mas desde

---

[239] No dia 23 de março de 1901, o jornal *The Atlanta Constitution* deu a notícia: "A Linha de Cor foi ignorada – Mulher branca e negro são presos por andarem juntos – Mulher nega a acusação". O texto informa: "A sra. James Charles, uma mulher bem-vestida e de aparência atraente [...] foi presa na tarde de ontem com C. W. King, um cozinheiro negro. Os dois foram detidos por estarem andando e conversando na rua. A mulher estava chorando ao chegar ao quartel da polícia". Ela falou ao repórter que apenas parou porque ouviu a música vindo de uma loja e sorriu ao ver o homem negro dançando, e neste momento foi detida por um policial: "Eu neguei ter falado com qualquer negro. Disse a ele que sou uma mulher nascida no Sul, e que aquela insinuação era um insulto". King (que o jornal nomeia sem usar o "sr.") também negou a acusação. Disse que era um engano: "Eu nem percebi que havia uma mulher branca perto de mim" (https://eji.org/files/The-Atlanta-%20Constitution-March-%2023-1901.pdf).

então a integração cada vez maior dos negros à civilização naturalmente implicou o desenvolvimento de classes mais elevadas: existe um número crescente de pastores, professores, médicos, comerciantes, operários qualificados e proprietários rurais que por natureza e formação são a aristocracia e as referências de liderança dos negros. No entanto, entre eles e os melhores elementos da população branca existe pouca ou nenhuma troca intelectual. Esses homens frequentam igrejas diferentes, moram em distritos diferentes, ficam segregados em todos os eventos públicos, viajam separados e estão começando a ler jornais e livros diferentes. Na maioria das bibliotecas, dos auditórios, das salas de concerto e dos museus, os negros ou não são admitidos, ou são só são recebidos em termos incompatíveis com o orgulho das classes que esses locais poderiam atrair. Os jornais diários noticiam os acontecimentos do mundo dos negros à distância, sem muita consideração ou apuração factual; e, dessa maneira, em todos os espaços de comunicação intelectual — escolas, palestras, esforços de aprimoramento social e afins —, tornou-se uma verdade que os representantes das duas raças, que para seu benefício mútuo e para o bem-estar da região deveriam estar em total entendimento e harmonia, são tão distantes uns dos outros que um lado pensa que todos os brancos têm mentalidade estreita e preconceituosa, e o outro lado acha que todos os negros instruídos são perigosos e insolentes. Além disso, em uma região como o Sul, onde a tirania da opinião pública e a intolerância à crítica são por razões históricas óbvias tão presentes, uma situação como essa é dificílima de resolver. O homem branco, assim como o negro, está restringido pela barreira de cor, e diversas iniciativas de boa vontade e filantropia, de harmonia tolerante e camaradagem generosa entre os dois morreram no nascedouro porque alguns intrometidos colocaram a questão racial em primeiro plano e se valeram de toda a força das leis informais contra essas tentativas de inovação.

    Creio não ser necessário acrescentar muito mais a respeito do contato social entre as raças. Nada foi capaz de substituir a harmonia e o amor existente entre alguns senhores de escravos e criados domésticos, algo que a imposição de uma barreira de cor mais radical e inflexível nos últimos anos fez desaparecer quase por completo. Em um mundo em que é tão significativo o gesto de dar a mão para um homem e se sentar ao seu lado, olhar com franqueza em seus olhos e sentir que dentro dele bate um coração; em um mundo em que o ato de compartilhar um charuto ou uma xícara de chá significa mais que qualquer discussão parlamentar, artigo de revista ou discurso, é possível imaginar as consequências da ausência quase total de tal cortesia social entre raças alienadas uma da outra, cuja separação se estende até a parques públicos e bondes.

Aqui não pode haver nenhuma dessas iniciativas sociais de ir ao encontro do povo — com aquele em melhores condições abrindo o coração e dando as mãos para o que está em pior situação, em reconhecimento de sua humanidade em comum e de seus destinos entrelaçados. Por outro lado, em questões simples e diretas como a cessão de donativos, nas quais o contato social não pode ser questionado, e no atendimento aos idosos e doentes, o Sul, como se motivado por uma percepção de suas infelizes limitações, é generoso em larga medida. Um mendigo negro nunca é despachado sem pelo menos um bom pedaço de pão, e um grito de socorro por parte de um desafortunado é atendido sem demora. Eu me lembro de que, depois de um inverno frio em Atlanta no qual me recusei a contribuir com um fundo de amparo público a não ser que os negros deixassem de ser discriminados, perguntei para um amigo: "Algum preto recebeu auxílio?". "Ora", ele respondeu, "eles eram *todos* pretos."

No entanto, isso não chega ao cerne do problema. O aprimoramento humano não é uma questão de dar esmolas, e sim uma questão de harmonia e cooperação entre as raças que vai muito além da caridade. E aqui temos uma terra em que, nos estratos sociais mais elevados, e entre todos os que lutam pelo que é bom e nobre e verdadeiro, a barreira de cor acaba separando aqueles que seriam naturalmente amigos e colegas; ao passo que, entre aquilo que existe de mais baixo na sociedade — no bar, no antro de jogatina e no bordel —, essa mesma barreira se turva e se desfaz.

Minha intenção aqui foi compor um panorama das verdadeiras relações entre os filhos do senhor de escravos e do liberto no Sul. Não procurei atenuar os problemas por mera politicagem, pois acho que isso já foi feito por tempo demais. Por outro lado, também fiz um esforço sincero para não cometer exageros. Não duvido que em algumas comunidades do Sul as condições sejam melhores do que estas que apontei; mas também tenho certeza de que em outras a situação é ainda pior.

Além disso, é preciso dizer que essa questão perigosa e paradoxal em nenhum momento deixou de despertar interesse e perplexidade entre os sulistas mais conscientes. Religiosas e intensamente democráticas como são as populações brancas, elas percebem com clareza a falsidade da posição em que o problema do negro as coloca. Um povo tão honesto e generoso em sua essência não pode propagar os preceitos niveladores do cristianismo, nem acreditar na igualdade de oportunidade para todos os homens, sem cada vez mais se dar conta de que a atual barreira de cor está em enorme contradição com aquilo que seus cidadãos acreditam e professam. Mas, com a mesma frequência com que chegam a essa conclusão, a condição social do negro hoje representa uma ameaça e um espanto mesmo para os mais tolerantes: se não houvesse nada a pesar contra o negro a não ser sua cor de pele e sua constituição física, argumentam eles, o problema seria relativamente simples; mas o que dizer de sua ignorância, desmotivação, pobreza e criminalidade? Um grupo que se dê ao respeito pode ter algum tipo de camaradagem com gente como essa e ainda conseguir sobreviver? E se essa melancolia destruir a cultura de nossos pais e a esperança de nossos filhos? Trata-se de um argumento forte, porém nem um pouco mais poderoso do que o argumento contrário dos negros bem-pensantes: de fato, respondem eles, a situação de nossas massas é ruim; mas por um lado existe uma causa histórica comprovável para isso, e por outro há evidências inegáveis de que um número considerável de pessoas foi capaz de se elevar ao nível da civilização norte-americana, apesar das condições tão desvantajosas. E quando, por segregação e preconceito, essas mesmas pessoas são igualadas e tratadas como os piores entre sua gente apenas por serem negras, essa conduta não só desencoraja a temperança e a inteligência entre os negros como também oferece um incentivo direto às coisas de que vocês tanto se queixam — a ineficiência e o crime. Fiquem à vontade para estabelecer um limite para a criminalidade, para a incompetência e para o vício com toda a rigidez que acharem necessária, pois essas coisas devem ser erradicadas; mas uma barreira de cor não cumpre esse propósito, só serve para agravar o problema.

  Considerando essas duas linhas de argumentação, o futuro do Sul depende da capacidade dos representantes desses pontos de vista antagônicos de entender e aceitar a posição um do outro e simpatizar com ela — que o negro perceba de forma mais clara a necessidade de elevar o nível de seu povo, e que o branco se dê conta com mais intensidade do efeito mortificante e desastroso de um preconceito de cor que inclui na mesma classe de seres humanos desprezados pessoas como Phillis Wheatley[240] e Sam Hose.

240 Ver nota 93.

Não basta para o negro declarar que o preconceito de cor é a única causa de sua condição social, nem ao branco sulista responder que sua condição social é a principal causa do preconceito. Ambos estão intricados em uma relação recíproca de causa e efeito, e a transformação de apenas um dos lados não trará o efeito desejado. Ambos precisam mudar, caso contrário nenhum dos dois conseguirá ir muito longe. O negro não poderá suportar as tendências reacionárias e a imposição irracional da barreira de cor indefinidamente sem incorrer em desânimo e retrocesso. E a condição do negro será sempre o pretexto para mais discriminação. Neste período crítico da República, somente pela união da inteligência com a harmonia em ambos os lados da barreira de cor a justiça e a retidão serão capazes de triunfar:

> *Essa mente e essa alma em bom acordo,*
> *Podem fazer juntas a música, como antes,*
> *Mas mais grandiosa.*[241]

---

[241] *"That mind and soul according well,/ May make one music as before,/ But vaster."* — Alfred Lord Tennyson.

10

SOBRE A FÉ DOS ANCESTRAIS

Apagada face da Beleza que o mundo inteiro assombra,
Boa face da Beleza que é luminosa demais para contemplar,
Onde as estrelas perdidas pelos céus são lançadas, —
Que lá, apenas para você desfrutar
A luz da paz possa estar.

Beleza, triste face da Beleza, Mistério, Deslumbramento,
O que são esses sonhos para o tolo que tartamudeia
Que resmunga pequenos gemidos sob o trovão
De Eras reduzidas a areia,
A grãozinhos de areia. [242]

— Fiona MacLeod[243]

[244]

242 "*Dim face of Beauty haunting all the world,/ Fair face of Beauty all too fair to see,/ Where the lost stars adown the heavens are hurled,—/ There, there alone for thee/ May white peace be.// Beauty, sad face of Beauty, Mystery, Wonder,/ What are these dreams to foolish babbling men/ Who cry with little noises 'neath the thunder/ Of Ages ground to sand,/ To a little sand.*"

243 Fiona MacLeod era um pseudônimo do poeta escocês William Sharp (1855-1905). O segredo só foi revelado depois da morte de Sharp, em 1905, portanto depois da primeira edição de *As Almas do Povo Negro*.

244 "Steal Away", mais uma música atribuída a Wallace Willis, fala de fugir para Jesus: *Steal away, steal away/ Steal away to Jesus!/ Steal steal away home/ I ain't got long to stay here/ My Lord calls me/ He calls me by thunder/ The trumpet sounds within my soul/ I ain't got long to stay here/ Tombstones are bursting/ Poor sinner stands a trembling/ The trumpet sounds within my soul/ I ain't got long stay here.* ("Vou fugir, vou fugir/ Vou fugir para Jesus!/ Vou fugir desta casa/ Não preciso mais ficar aqui/ Meu Senhor me chama/ Ele me chama através do trovão/ A trombeta faz o chamado ressoar em minha alma/ Não preciso mais ficar aqui/ As lápides estão se arrebentando/ Os pobres pecadores tremem/ A trombeta faz o chamado ressoar em minha alma/ Não preciso mais ficar aqui.")

Alguns estudiosos veem nessa música um chamado para uma reunião secreta (religiosa ou não), escondida dos brancos, ou para uma fuga pela chamada Underground Railroad.

Foi na zona rural, bem longe de casa, bem longe de meu lar adotivo, em uma noite escura de domingo. O caminho serpenteava de nossa casa de troncos isolada até o leito pedregoso de um riacho, passando por trigais e milharais, até podermos ouvir à distância nos campos a cadência rítmica de uma canção — suave, sedutora, poderosa, que se elevava e morria em um lamento em nossos ouvidos. Eu era um professor rural nesse tempo, recém-chegado do Leste, e nunca havia testemunhado uma cerimônia de reavivamento[245] dos negros sulistas. Nós de Berkshire talvez não sejamos tão rígidos e formais quanto o povo de Suffolk[246] de antigamente, claro; mas somos quietos e contidos, e não sei o que aconteceria naquelas manhãs ensolaradas de sábado no culto se alguém pontuasse o sermão com um grito enlouquecido ou interrompesse o louvor com um "Amém" em voz alta! Portanto foi para minha grande surpresa que, à medida que me aproximava do vilarejo e da igreja pequena e simples mais adiante, constatei o clima de empolgação intensa que tomava conta daquela massa de negros. Uma espécie de terror suprimido pairava no ar e parecia nos envolver — uma loucura pitiática[247], uma possessão demoníaca, a terrível realidade conferida pela música e a letra. A silhueta escura e volumosa do pregador oscilava e estremecia quando as palavras chegavam a seus lábios e eram lançadas sobre nós com uma eloquência singular. As pessoas resmungavam e se agitavam, até que a mulher parda de rosto magro ao meu lado de repente se levantou de um pulo e berrou como uma alma penada, acompanhada de gemidos e grunhidos e gritos, uma cena de arroubo passional humano como jamais imaginei ser possível.

---

245 Também chamado de "avivamento" ou de "revivificação", é uma cerimônia de conversão coletiva, de "reavivamento" da fé, característica de algumas religiões protestantes (ou de períodos da história dessas religiões).

246 Berkshire é o condado de Massachusetts onde Du Bois nasceu e viveu até os 17 anos. Fica no extremo oeste do estado. O condado de Suffolk, onde se localiza Boston, fica do lado oposto de Massachusetts, à beira do Atlântico. Boston foi fundada pelos puritanos, um ramo especialmente rigoroso, moralista e austero do calvinismo, por isso a comparação feita por Du Bois.

247 Pítia era a suprema sacerdotisa do Oráculo de Delfos, um dos mais prestigiados da Grécia antiga. Sabe-se pouco a respeito de como, de fato, tal Oráculo funcionava. Mas a versão mais popular nos livros de história é que Pítia entrava em transe (por causa dos gases emitidos pelas fendas na rocha onde se localizava o templo) e falava coisas aparentemente desconexas que depois eram interpretadas pelos sacerdotes do templo.

Aqueles que nunca presenciaram o frenesi de uma cerimônia de reavivamento dos negros dos recantos mais distantes do Sul não têm como entender o sentimento religioso dos escravos; assim descritas, essas cenas podem parecer grotescas e engraçadas, mas vistas em primeira mão são terríveis. Três elementos caracterizam essa religião do escravo: o Pregador, a Música e o Frenesi. O Pregador é a personalidade mais peculiar desenvolvida pelo negro em solo norte-americano. Um líder, um político, um orador, um "chefe", um instigador, um idealista — ele é tudo isso e também o centro ao redor do qual orbita um grupo de homens, que podem ser vinte ou mil. A combinação de uma certa engenhosidade com uma sinceridade profunda, de seu tato com sua habilidade consumada, lhe valeu sua preeminência e o ajuda a mantê-la. Seu tipo, obviamente, varia de acordo com a época e o local, das Índias Ocidentais no século XVI à Nova Inglaterra do século XVIII, e dos pontos mais distantes do Mississippi a grandes cidades como Nova Orleans ou Nova York.

    A Música da religião negra é uma melodia melancólica e cheia de ritmo, com cadências comoventes que, apesar da descaracterização caricatural, permanece sendo a mais original e bela expressão da vida e do desejo humano já nascida em solo norte-americano. Surgida nas selvas africanas, onde sua contraparte ainda pode ser ouvida, foi adaptada, transformada e intensificada pela vida espiritual trágica do escravo até que, sob a pressão da lei e do chicote, se tornasse a expressão mais verdadeira da tristeza, do desespero e da esperança de um povo.

    Por fim, o Frenesi do "Clamor"[248], quando o Espírito do Senhor comparecia e, arrebatando o fiel, o deixava enlouquecido com uma alegria sobrenatural, foi o último elemento essencial à formação da religião do negro e aquele no qual ele acreditava com mais devoção. Em termos de expressão, variava do silêncio contido e extasiado ou do murmúrio e gemido baixos até o abandono absoluto do fervor físico — os esperneios, os guinchos e os berros, a oscilação dos corpos, o agitar dos braços, os choros e os risos, as visões e o transe. Nada disso é novidade no mundo; é tão antigo quanto a religião, como em Delfos[249] e Endor[250]. E se afirmou de tal forma

---

248 "Shouting", no original.
249 Ver nota 247.
250 No Livro de Samuel, o rei Saul expulsa os necromantes e adivinhos de Israel. Mas, logo

no negro que várias gerações acreditaram firmemente que sem essa manifestação visível de Deus não poderia haver uma comunhão verdadeira com o Invisível.

Essas eram as características da vida religiosa do negro até a época da Emancipação. Como em meio às circunstâncias peculiares do ambiente do homem negro essa era a expressão de sua vida mais elevada, é de grande interesse para o estudioso acompanhar seu desenvolvimento, tanto em termos sociais como psicológicos. Existem diversas linhas de pesquisa interessantes que aqui se aglutinam. O que a escravidão significava para o selvagem africano? Qual era sua postura em relação ao Mundo e à Vida? O que lhe parecia ser o bem e o mal — Deus e o Diabo? Em que direção apontavam seus desejos e suas lutas, e por consequência onde se situavam suas desilusões e decepções? As respostas a essas perguntas só são possíveis com um estudo do processo de formação da religião do negro, com suas transformações graduais do paganismo da Costa do Ouro à igreja institucional dos negros de Chicago.

Além disso, o amadurecimento religioso de milhões de homens, embora fossem escravos, inevitavelmente tem uma influência poderosa sobre seus contemporâneos. Os metodistas e os batistas dos Estados Unidos da América devem muito de sua condição atual à influência silenciosa, porém importantíssima, de seus milhões de convertidos negros. Isso é perceptível em especial no Sul, onde a teologia e a filosofia religiosa nesse sentido estão bem defasadas em relação ao que existe no Norte, e a religião dos brancos

---

depois, quando viu o tamanho do exército que os filisteus haviam reunido para lutar contra ele, disse aos servos que, antes da batalha, queria se consultar com uma necromante. Eles responderam: "Há uma necromante em En-Dor". Disfarçado, Saul foi consultá-la. A mulher fez aparecer o recém-falecido Samuel, e este avisou ao rei que ele iria ser derrotado pelos filisteus e iria morrer, e também seus filhos. Então a mulher, com pena do rei, preparou para ele uma refeição. Como é um trecho especialmente problemático para os cristãos, por colocar em questão o descrédito oficial do que chamam "bruxaria", a função da mulher tem sido interpretada e traduzida de diversas maneiras nas diversas versões da Bíblia cristã, tanto em português quanto em inglês: por exemplo, "feiticeira", "mulher que pratica a adivinhação", "médium" (na versão dos espíritas) e até, para explicitar que ela seria uma impostora, "ventríloqua". Na Bíblia hebraica ela é aquela "que possui um ōḇ em En-Dor", sendo "ōḇ" um poço de onde sairiam os espíritos que falavam com a mulher, como os gases que inspiravam a Pítia de Delfos. Por isso, o erudito Rei James (1566-1625), que patrocinou a tradução inglesa da Bíblia que leva seu nome, a chamou de "Saul's Pythonese" em seu *Daenamonologie*, de 1597.

pobres é uma simples cópia do pensamento e dos métodos dos negros. A massa de hinos "gospel" que tomou conta das igrejas norte-americanas e quase arruinou nosso senso musical consiste em grande parte de imitações pioradas das melodias dos negros, feitas por ouvidos que capturaram as notas, mas não a musicalidade, que identificaram o corpo, mas não a alma, das canções entoadas no Jubilee Hall[251]. Portanto, fica claro que o estudo da religião negra é não só uma parte vital de sua história nos Estados Unidos da América mas também uma parte de grande interesse da própria história norte-americana.

A igreja negra de hoje é o centro social da vida dos negros nos Estados Unidos e a expressão mais característica de seu caráter africano. Tomemos como exemplo uma igreja típica de uma cidadezinha da Virgínia: trata-se da "Primeira Igreja Batista" — uma construção espaçosa de tijolos capaz de abrigar quinhentas ou mais pessoas sentadas, decorada com bom gosto com revestimento de pinho da Geórgia nas paredes, carpete no chão, um pequeno órgão e janelas com vitrais coloridos. No subsolo há uma ampla sala de reuniões com bancos. O lugar é o ponto focal de uma comunidade de mil ou mais negros. Várias organizações se reúnem aqui — a congregação da igreja em si, a escola dominical, duas ou três empresas de seguros, sociedades de mulheres, sociedades secretas e grandes assembleias de vários tipos. Festas, jantares e palestras acontecem no local, além dos cinco ou seis cultos religiosos semanais. Somas consideráveis de dinheiro são coletadas e gastas aqui, onde os desocupados arrumam trabalho, os recém-chegados são apresentados, as notícias são difundidas e os donativos de caridade são distribuídos. Sem deixar de ser um centro social, intelectual e econômico, também se trata de um centro religioso de grande poder. Depravação, Pecado, Redenção, Paraíso, Inferno e Danação são assuntos apresentados pelo pregador duas vezes aos domingos, depois de encerrado o trabalho na lavoura; e poucos na comunidade têm a audácia de resistir à conversão. Nessa modalidade formal de religião, a igreja muitas vezes se apresenta como a instituição que preserva a moral, conduz a vida em família e dá a palavra final em termos do que é Certo ou Errado.

---

251 Ver nota 139.

Portanto é possível ver na igreja negra de hoje, reproduzido em um microcosmo, todo o mundo mais amplo do qual o negro é alijado pelo preconceito de cor e sua condição social. Nas igrejas das grandes cidades, a mesma tendência é percebida e em muitos aspectos intensificada. Uma grande igreja como a Bethel da Filadélfia tem mil e cem membros em sua congregação, um prédio com capacidade para receber mil e quinhentas pessoas e avaliado em cem mil dólares, um orçamento anual de cinco mil dólares e um corpo diretor composto de um pastor e vários pregadores assistentes, um conselho executivo e legislativo, juntas fiscais e coletores de dízimos; há reuniões gerais da igreja para estabelecer regulamentos; há subdivisões comandadas por líderes comunitários, uma milícia e vinte e quatro sociedades subsidiárias. A atuação de uma igreja como essa é imensa e abrangente, e os bispos que presidem essas organizações espalhadas pelo país estão entre os negros mais poderosos do mundo.

Essas igrejas são verdadeiros governos de homens, e uma simples investigação revela que, pelo menos no Sul, quase todo negro norte-americano frequenta uma. Alguns não são membros ativos da congregação, claro, e alguns não compareceem com regularidade aos cultos; mas, na prática, todo povo proscrito precisa de um centro social, e para essas pessoas esse papel é cumprido pela igreja negra. O recenseamento de 1890 revelou a existência de quase vinte e quatro mil igrejas negras no país, com um total de fiéis que chega a mais de dois milhões de membros ativos de congregações, o que significa dez membros das igrejas a cada vinte e oito pessoas e, nos estados sulistas, um a cada duas pessoas. E há também um grande número de pessoas que, embora não sejam membros ativos de uma congregação, frequentam e participam de diversas atividades da igreja. Existe uma igreja negra organizada para cada sessenta famílias negras no país, e em alguns estados uma para cada quarenta famílias, que possuem em média um patrimônio de dez mil dólares cada, ou quase vinte e seis milhões dólares no total.

Foi assim, portanto, que a igreja negra se desenvolveu depois da Emancipação. A questão que ora se apresenta é: "Como foi o passo a passo dessa história social, e o que as atuais tendências indicam?". Em primeiro lugar, precisamos levar em conta que nenhuma instituição como a igreja negra poderia se erguer sem fundações históricas sólidas. Essas fundações podem ser encontradas se considerarmos que a história social do negro não começou nos Estados Unidos da América. Ele foi trazido de um determinado ambiente — a vida em clãs polígamos sob o comando de um chefe e sob a poderosa influência de um pregador. Sua religião era o culto à natureza, com uma crença profunda em influências invisíveis do ambiente, boas e más, e sua prática se dava através da encantação e do sacrifício. A primeira mudança brusca em sua vida foi o navio negreiro e os canaviais das Índias Ocidentais. A organização da fazenda substituiu o clã e a tribo, e o senhor de escravos branco assumiu a posição do chefe com poderes mais amplos e atitudes mais despóticas. O trabalho forçado e incessante se tornou a tônica da vida, e os antigos laços de sangue e parentesco desapareceram, e em vez de uma família surgiu uma nova poligamia e poliandria que, em alguns casos, chegava quase à promiscuidade. Foi uma tremenda revolução social, mas alguns traços da antiga vida em grupo foram mantidos, e a principal referência que restou foi a do Sacerdote ou Curandeiro. Ele apareceu na fazenda de monocultura desde o início e encontrou sua função como cuidador dos doentes, intérprete do Desconhecido, consolador das tristezas, vingador sobrenatural das injustiças e a pessoa capaz de expressar de forma pitoresca, ainda que rude, a decepção e o ressentimento de um povo sequestrado e oprimido. Dessa forma, como bardo, médico, juiz e sacerdote, dentro dos limites estreitos do sistema escravista, surgiu o pregador negro, e sob sua direção as primeiras igrejas não eram de modo algum cristãs ou organizadas; em vez disso, tratava-se de uma adaptação e uma fusão dos rituais pagãos conduzidas entre os membros de cada fazenda e designadas de forma genérica como voduísmo[252]. A convivência com os senhores de escravos,

---

[252] Por "voduísmo" Du Bois entende aqui diversas tradições religiosas africanas que conseguiram penetrar nos Estados Unidos e se manter mais ou menos independentes do cristianismo. O distanciamento que o cientista Du Bois tem em relação ao cristianismo afro-americano é ainda maior com relação à religiosidade africana. Du Bois fala de "voduísmo" da maneira como um intelectual elitista e eurocêntrico falaria. E isso é até um tanto compreensível: a repressão, durante e depois do período escravagista, contra as religiões africanas foi ainda maior e mais efetiva nos Estados Unidos que, por exemplo, no Brasil, e essas tradições foram obrigadas a se esconder nos pântanos e cantos mais obscuros do país. Era como uma lembrança ruim, vergonhosa, para aqueles descendentes de africanos que conseguiam subir alguns degraus na hierarquia da sociedade norte-americana. De maneira geral, todos os intelectuais afro-americanos do século XIX fizeram questão de se afirmar como cristãos e de manter grande distância da religiosidade africana. Já no momento em que inaugura a literatura afro-americana, com o livro *Poems on Various Subjects, Religion and Moral* (1773) a poeta Phillis Wheatley (ver nota 93) anuncia: "Tua misericórdia me trouxe de minha terra

os esforços dos missionários e as questões de conveniência deram a esses ritos um primeiro verniz de cristianismo, e depois de várias gerações a igreja negra se tornou cristã.

Duas características dessa igreja devem ser destacadas. A primeira é que ela se tornou quase inteiramente batista e metodista em sua fé; e a segunda é que, como instituição social, surgiu muitas décadas antes do lar monogâmico negro. Em razão das circunstâncias de sua origem, a igreja ficava confinada à fazenda e consistia em várias unidades desconectadas; ainda que mais tarde certa liberdade de movimentação tenha sido permitida, a limitação geográfica sempre foi um fator importante e a causa do caráter descentralizado e democrático da fé batista entre os escravos. Ao mesmo tempo, o ritual visível do batismo apelava fortemente ao seu temperamento místico. Hoje a Igreja Batista ainda é a que tem mais membros entre os negros, com 1,5 milhão de fiéis. Em seguida, em termos de popularidade, vinham as igrejas organizadas que mantinham relações com as igrejas brancas próximas, em especial as batistas e metodistas, mas também algumas episcopais e outras. Os metodistas ainda são a segunda maior denominação, com quase um milhão de negros. A fé dessas duas denominações principais era mais adequada aos escravos pela proeminência que conferiam ao ardor e fervor religioso. Os membros negros em outras denominações sempre foram pouco numerosos e relativamente desimportantes, embora os episcopalianos e os presbiterianos estejam conquistando as classes mais instruídas hoje, e a Igreja Católica esteja avançando em certas regiões. Depois da Emancipação, e no Norte ainda antes, as igrejas negras em grande parte romperam suas afiliações com as igrejas brancas, por escolha ou imposição externa. As igrejas batistas se tornaram independentes, mas as metodistas foram

---

pagã/ Ensinou minha alma ignorante a entender/ Que existe um Deus, que existe um Salvador também:/ Uma vez que a redenção não busquei nem conhecia./ Alguns veem nossa raça negra com olhar de desprezo;/ 'A cor deles é diabólica'/ Lembre-se, cristãos: negros, escuros como Caim,/ Podem ser refinados e entrar no trem angélico" (*"Twas mercy brought me from my Pagan land/ Taught my benighted soul to understand/ That there's a God, that there's a Saviour too:/ Once I redemption neither sought nor knew./ Some view our sable race with scornful eye;/ 'Their colour is a diabolic die'/ Remember, Christians, Negros black as Cain,/ May be refin'd, and join th'angelic train"* — trecho de "On Being Brought from Africa to America"). Demorariam ainda vários anos depois de *As Almas do Povo Negro* para a intelectualidade afro-americana começar a fazer as pazes com o "paganismo" africano.

obrigadas desde o início a se unir a fim de formar uma diretiva episcopal. Isso fez surgir a Igreja Metodista Africana, a maior organização negra do mundo, a Igreja de Sião e a Metodista de Cor, além de conferências e igrejas de uma ou outra denominação.

O segundo fato a ser notado — a saber, que a igreja negra é anterior aos lares negros — conduz a uma explicação de boa parte daquilo que é paradoxal nessa instituição comunal e na conduta moral de seus membros. Mas nos leva em especial a considerar tal instituição como uma expressão peculiar da vida interior e da ética de um povo de uma forma quase nunca vista em outros casos. Vamos nos voltar, portanto, do desenvolvimento exterior da igreja para a bem mais importante questão da vida interior e da ética das pessoas que a compõem. O negro já foi apontado muitas vezes como um animal religioso — um ser de natureza profundamente emocional que por instinto se prende ao sobrenatural. Dotado de uma rica imaginação tropical e uma apreciação intensa e delicada da natureza, o africano transplantado vivia em um mundo de deuses e demônios atuantes, um mundo de duendes e bruxas, um mundo cheio de influências estranhas — com um Bem ao qual suplicar, e um Mal para apaziguar. A escravidão, portanto, em sua visão era um triunfo sombrio do Mal. Todos os odiosos potentados do Mundo Inferior estavam contra ele, e um espírito de revolta e vingança tomou conta de seu coração. Ele reuniu todos os recursos do paganismo para ajudá-lo — exorcismo e bruxaria, o misterioso culto de Obi[253] com seus rituais bárbaros, feitiços e sacrifícios de sangue e até, vez ou outra, de vítimas humanas. Estranhas orgias noturnas e conjurações místicas foram evocadas, as bruxas e os sacerdotes de vodu se tornaram o centro da vida em grupo do negro, e essa veia de superstição vaga que caracteriza o negro iletrado vem se aprofundando e se fortalecendo até hoje.

No entanto, apesar do sucesso dos ferozes *maroons*, os negros dos domínios dinamarqueses[254], o espírito de revolta aos poucos foi morrendo sob a pressão da energia inabalável e da força superior dos senhores de escravos. Por volta de meados do século XVIII, o escravo decaiu, com sussurros abafados, ao lugar mais baixo de um novo sistema econômico,

---

253 Culto afro-caribenho. Também grafado "Obeah".
254 Ver notas 90 e 91.

e estava inconscientemente maduro para uma nova filosofia de vida. Nada era mais adequado a sua condição do que o recém-aprendido cristianismo e suas doutrinas de submissão passiva. Os senhores de escravos foram os primeiros a perceber isso e colaboraram de bom grado com a propaganda religiosa, dentro de certos limites. O prolongado sistema de repressão e degradação do negro tendia a enfatizar os elementos de seu caráter que o tornava uma propriedade valiosa: a cortesia era transformada em humildade, a fibra moral era reduzida à submissão, e a formidável forma de apreciação da beleza por parte do cativo assumiu a forma de uma infinita capacidade de suportar o sofrimento. Ao perder a alegria neste mundo, o negro se agarrou avidamente às concepções do além-mundo; à ideia do redentor Espírito do Senhor exercitando a paciência neste mundo de tristeza e tribulações até o Grande Dia em que Ele levaria Seus filhos de pele escura para casa — isso se tornou um sonho reconfortante. O pregador repetia a profecia, e os bardos cantavam:

> *Crianças, livres todos nós vamos ser*
> *Quando o Senhor enfim aparecer!*[255*]

Esse fanatismo religioso profundo, retratado tão lindamente em *A Cabana do Pai Tomás*[256], como todas as fés fatalistas, em pouco tempo igualaria o luxurioso ao mártir. Em meio à permissividade moral do ambiente da fazenda, onde o casamento era uma farsa, a preguiça era uma virtude e a propriedade era um roubo, uma religião que pregava a resignação e a submissão se degenerou com facilidade, nas mentes menos laboriosas, em uma filosofia de indulgência e criminalidade. Muitas das piores características das massas de negros de hoje tiveram sua semente plantada nesse período de desenvolvimento ético do escravo. Foi quando o Lar foi arruinado sob as

---

255* *"Children, we all shall be free/ When the Lord shall appear!"* — Trecho do spiritual "Children, we all shall be free".
256 Publicado em 1852, o romance escrito por Harriet Beecher Stowe (1811-1896) foi o mais vendido do século XIX e também a mais poderosa ferramenta literária da luta abolicionista. No correr do século XX, passou a ser criticado pelos retratos condescendentes dos personagens afro-americanos. "Pai Tomás" se tornou um xingamento usado contra afro-americanos servis, excessivamente humildes e submissos aos brancos.

vistas da igreja, tanto a dos brancos como a dos negros; foi quando os hábitos descuidados se enraizaram, e a desolação melancólica substituiu a labuta esperançosa.

Com o início do movimento abolicionista e o crescimento gradual de uma classe de negros livres, veio uma mudança. Muitas vezes nós negligenciamos a influência do liberto antes da guerra, em razão de seu número reduzido e do pouco peso que teve na história do país. No entanto, não devemos nos esquecer de que sua maior influência foi interna — exercida no mundo dos negros, onde ele era o líder em questões sociais e éticas. Reduzidos como estavam a poucos centros urbanos como Filadélfia, Nova York e Nova Orleans, muitos libertos acabaram se deixando abater pela pobreza e a indiferença; mas nem todos. O líder negro livre emergiu, e sua principal característica era sua intensa seriedade e seu sentimento profundo em relação à escravidão. Para ele, a liberdade era uma realidade, não um sonho. Sua religião se tornou mais sombria e intensa, e sua ética assumiu um tom de vingança, e em suas canções o dia da redenção estava próximo. O "Advento do Senhor" deixou de acompanhar a Morte e passou a ser uma aspiração presente. Em meio a escravos fugidos e debates incessantes, o desejo de liberdade arrebatou os milhões de negros ainda cativos e se tornou seu único ideal de vida. Os bardos negros capturaram essas notas e às vezes até ousavam cantar:

> Ó Liberdade, Ó Liberdade, Ó Liberdade vem a mim!
> Antes de me conformar à escravidão
> Prefiro ser enterrado em um caixão,
> E ir para a morada do Senhor
> E ser livre assim.[257*]

Ao longo de cinquenta anos, a fé dos negros se transformou e passou a se identificar com o sonho da Abolição, até que aquilo que no Norte era um radicalismo passageiro e no Sul um complô de caráter anárquico

---

[257*] "*O Freedom, O Freedom, O Freedom over me!/ Before I'll be a slave/ I'll be buried in my grave,/ And go home to my Lord/ And be free*". "Oh, Freedom" surgiu logo após a Guerra Civil e foi recuperada no final dos anos 1950 para se tornar um dos principais hinos do movimento pelos direitos civis nos Estados Unidos.

se tornasse uma religião no mundo dos negros. Dessa forma, quando a Emancipação enfim chegou, foi encarada pelo liberto literalmente como o Advento do Senhor. Sua imaginação fervorosa estava inflamada como nunca pela movimentação dos exércitos, pelo sangue e a poeira da batalha, e pelos gritos e tumultos do levante social. O negro ficou mudo e paralisado diante desse turbilhão: o que aquilo tudo tinha a ver com ele? Os feitos incríveis do Senhor não estavam se desenrolando diante de seus olhos? Feliz e maravilhado com o que acontecera, ele ficou à espera de novos milagres até que a Era da Reação[258] varresse o país e trouxesse a crise que enfrentamos hoje.

É difícil explicar com clareza o atual estágio crítico da religião negra. Em primeiro lugar, precisamos nos lembrar de que, como os negros de hoje estão vivendo em contato próximo com uma grande nação moderna e compartilhando, ainda que de maneira imperfeita, da vida espiritual deste país, acabam sendo afetados de forma direta, em maior ou menor medida, por todas as demais forças religiosas e éticas existentes nos Estados Unidos. No entanto, essas questões e essas dinâmicas são ofuscadas e diminuídas (para eles) pela fundamental questão de seu status civil, político e econômico. Eles devem discutir eternamente o "Problema do Negro" — devem viver e empenhar todo seu ser nele e interpretar todo o restante à sua luz ou à sua sombra. Com isso vêm também os problemas concernentes a sua vida interior — a posição das mulheres, a manutenção do Lar, a educação das crianças, a acumulação de riquezas, a prevenção ao crime. Tudo isso significa um período de intensa fermentação ética, de questionamento religioso e de inquietação intelectual. Da vida dupla que todo negro norte-americano é forçado a viver, como um negro e como um norte-americano, arrastado pela correnteza do século XIX enquanto ainda se debate em meio aos redemoinhos do século XV — disso deve surgir uma consciência dolorosa de si mesmo, uma percepção quase mórbida de sua personalidade e uma hesitação moral que é fatal para a autoconfiança. Os mundos de dentro e de fora do Véu da Cor estão mudando, e depressa, mas não na mesma velocidade nem da mesma forma; e isso deve produzir uma aflição peculiar na alma, um sentimento singular de dúvida e perplexidade.

---

258 A era que se inicia com o fim da chamada Era da Reconstrução, em 1877.

Essa vida dupla, com pensamentos duplos, deveres duplos, classes sociais duplas, faz emergir mundos duplos e ideais duplos, e incita a mente a sucumbir ao faz de conta ou à revolta, à hipocrisia ou ao radicalismo.

Com essas palavras e expressões de caráter dúbio talvez seja possível retratar com mais clareza o paradoxo ético singular que o negro enfrenta hoje, e que está borrando e transformando sua vida religiosa. Sentindo que seus direitos e seus tão caros ideais estão sendo pisoteados, que a opinião pública está cada vez mais surda a suas justas reivindicações, e que todas as vozes reacionárias do preconceito, da ganância e da vingança estão ganhando forças redobradas e novos aliados todos os dias, o negro se encontra diante de um dilema nada invejável. Consciente de sua impotência, e pessimista a respeito, ele se torna cada vez mais amargurado e rancoroso; e sua religião, em vez de uma adoração, passa a ser uma queixa e uma maldição, um lamento em vez de uma esperança, um desdém em vez de uma fé. Por outro lado, um outro tipo de mentalidade, mais astuta e aguda, porém mais tortuosa, percebe na própria força do movimento antinegro sua fraqueza patente, e com um casuísmo jesuítico não se deixa deter por considerações de ordem ética em sua tentativa de transformar essa fraqueza em uma força para o homem negro. Portanto, temos aqui duas correntes de pensamento e embates éticos dificilmente conciliáveis; o perigo de uma é a anarquia, e o da outra, a hipocrisia. O primeiro tipo de negro parece quase disposto a praguejar contra Deus e morrer, e o outro se vê com muita frequência na posição de um traidor daquilo que é certo e de um covarde diante da força; o primeiro é apegado a ideais distantes, inflexíveis, talvez impossíveis de realizar; o outro esquece que a vida é mais que o alimento e que o corpo é mais que a vestimenta. Mas, no fim das contas, não é apenas a inquietação de uma era traduzida para o mundo dos negros — o triunfo da Mentira que hoje, com sua falsa cultura, se encontra diante um hediondo e anárquico assassino?

Hoje há dois grupos de negros, o primeiro no Norte, o outro no Sul, que representam essas tendências étnicas divergentes, a primeira levando ao radicalismo, e a outra, à hipocrisia. É com muito pesar que o Sul lamenta a perda do negro de antigamente — o velho, honesto, sincero e simplório servo da era religiosa anterior, marcada pela submissão e a humildade. Apesar da preguiça e da ausência de muitos elementos que compõem a verdadeira condição humana, ele ao menos era generoso, fiel e franco. Hoje ele se foi, mas quem são os culpados por seu desaparecimento? Não são as próprias pessoas que choram sua perda? A culpa não é da tendência, nascida da Reconstrução e da Reação, de fundar uma sociedade baseada na ilegalidade e no logro, levando ao limite a fibra moral de pessoas naturalmente honestas e diretas até que os brancos ameacem se tornar tiranos ingovernáveis e os negros, criminosos e hipócritas? O logro é a defesa natural do fraco contra o forte, e o Sul se valeu por muitos anos desse recurso contra seus conquistadores; e hoje a região deve se preparar para ver seu proletariado negro usar essa faca de dois gumes contra si. E isso é muito natural! A morte de Denmark Vesey e de Nat Turner[259] provou há muito tempo a impossibilidade de autodefesa física do negro. A autodefesa política está se tornando cada vez mais inviável, e a autodefesa econômica ainda é efetiva apenas em parte. Porém existe uma forma patente de autodefesa à mão — o logro e a bajulação, a tapeação e a mentira. É a mesma forma de defesa que os camponeses[260] da Idade Média usaram, e que deixou sua marca no caráter deles por séculos. Hoje o jovem negro do Sul que quiser ser bem-sucedido não pode falar de maneira franca e aberta, não pode ter uma postura honesta e assertiva, pois é obrigado diariamente a ser silencioso e desconfiado, a ser político e ardiloso; ele precisa bajular e ser agradável, suportar os insultos comezinhos com um sorriso no rosto, fechar os olhos para tudo o que existe de errado; com frequência excessiva, obtém vantagens pessoais com o logro e a mentira. Seus verdadeiros pensamentos, suas verdadeiras aspirações, só podem ser expressos com sussurros cautelosos; ele não deve fazer críticas, não deve reclamar. No caso dessa juventude negra em ascensão, a paciência, a humildade e a habilidade devem substituir a impulsividade, a autoafirmação e a coragem. Com esse sacrifício, vem uma abertura econômica, e talvez a paz e alguma prosperidade. Sem isso, as opções são os protestos violentos, a migração ou a criminalidade. Trata-se de uma situação restrita ao sul dos Estados Unidos ou do único método pelo qual as raças subdesenvolvidas são capazes de obter o direito de compartilhar da cultura moderna? O preço da cultura é a Mentira.

No Norte, por outro lado, a tendência é enfatizar o radicalismo do negro. Desprovido de seu direito de nascença no Sul por uma situação contra a

---

259 Sobre Vesey e Turner, ver notas 100 e 101.
260 Aqui também constava "judeus" no lugar de "camponeses" nas primeiras edições deste livro. Ver nota 217.

qual todas as fibras de sua natureza mais expressiva e assertiva se revoltam, ele se vê em uma terra em que mal consegue obter o suficiente para uma vida digna em um ambiente de competição implacável e preconceito de cor. Ao mesmo tempo, através de escolas e periódicos, de debates e palestras, ele vive seu despertar intelectual. Sua alma, que permanecia reprimida e diminuída havia tanto tempo, de repente se expande em uma recém-descoberta liberdade. Não é à toa essa tendência ao excesso — as reivindicações radicais, as soluções radicais, o denuncismo inflexível ou o silêncio raivoso. Alguns afundam, alguns emergem. O criminoso e o luxurioso trocam a igreja pelo antro de jogatina e o bordel e fluem em massa para as áreas degradadas de Chicago e Baltimore; as classes mais elevadas se isolam da vida coletiva tanto dos brancos como dos negros e formam uma aristocracia, culta porém pessimista, que faz críticas incisivas, mas não sugere nenhuma saída viável. Eles desprezam a submissão e a subserviência dos negros sulistas, mas não apontam nenhum outro meio através do qual uma minoria pobre e oprimida possa conviver lado a lado com seus antigos senhores. Por terem uma percepção profunda e aguda das tendências e das oportunidades da época em que vivem, suas almas estão amarguradas com o destino que os coloca sob o Véu; e o fato de essa amargura ser natural e justificada só serve para intensificá-la e torná-la ainda mais enlouquecedora.

Entre os dois extremos desse embate ético que tentei tornar claro aqui está a massa de milhões de negros, no Norte e no Sul; e sua vida e suas atividades religiosas são afetadas por esse conflito social. Suas igrejas estão se diferenciando — ora formando grupos de devotos frios e elegantes, quase indistinguíveis de seus similares brancos a não ser pela cor da pele; ora formando grandes instituições sociais e de negócios para atender ao desejo de informação e diversão de seus membros, tomando o cuidado de evitar questões desagradáveis tanto de dentro como de fora do mundo dos negros, e pregando na prática, quando não em palavras, o lema: "*Dum vivimus, vivamus*"[261].

Mas por trás dessa tranquilidade ainda vive o sentimento religioso profundo do verdadeiro coração do negro, a força inquieta e incontrolável de poderosas almas humanas que perderam sua estrela-guia do passado

---

[261] Em tradução livre: "Enquanto estamos vivos, vamos viver".

e procuram em meio à escuridão da noite um novo ideal religioso. Algum dia o Despertar virá, quando o vigor reprimido de 10 milhões de almas se encaminhar de forma irrefreável em direção ao Objetivo, para longe do Vale da Sombra da Morte[262], onde tudo o que faz a vida valer a pena — a Liberdade, a Justiça e a Verdade — tem o aviso: "Uso Restrito dos Brancos".

---

[262] Referência ao Salmo 23, conhecido como "O bom Pastor", que a tradição diz ter sido escrito por Davi quando este se viu cercado por inimigos preparados para atacá-lo. Davi não pede a Deus que o proteja, ele tem a certeza de que Deus o protegerá: "Ainda que eu caminhe pelo Vale da Sombra da Morte, não temerei mal algum, porque tu estás junto a mim, teu bastão e teu cajado me deixam tranquilo". Ainda que na tradição cristã, principalmente na católica, o pacífico Jesus tenha frequentemente substituído Iahweh (Deus) como o "o bom Pastor" (esta é uma alcunha de Jesus, principalmente por causa de uma passagem em João 10:11-14, em que ele se retrata como pastor que não abandona nenhuma de suas ovelhas), e a passagem seja lembrada nas preces dos ritos fúnebres pela alma daqueles que morreram, Du Bois (acompanhando várias tradições protestantes) retoma aqui o espírito guerreiro original.

11
SOBRE O FALECIMENTO DO PRIMOGÊNITO

Ó irmã, irmã, o primeiro que você concebeu
Com os pés a nos seguir e nos agarrando com as mãos,
A voz do sangue da criança ainda a gritar:
Quem de mim se lembra? Quem me esqueceu?
Você esqueceu, ó andorinha do verão,
Mas eu hei de lembrá-lo até o mundo acabar.[263]

— Swinburne[264]

[265]

263 "*O sister, sister, thy first-begotten,/ The hands that cling and the feet that follow,/ The voice of the child's blood crying yet,/* Who hath remembered me? who hath forgotten?/ *Thou hast forgotten, O summer swallow,/ But the world shall end when I forget.*"

264 O poeta inglês Algernon Charles Swinburne (1837-1909) ficou famoso na juventude por seus escandalosos poemas eróticos, antiteístas e a respeito de temas tabus como sadomasoquismo e bestialismo. No entanto, em 1903, quando Du Bois escolheu esse trecho do poema "Itylus" como epígrafe deste capítulo, Swinburne era já um senhor respeitável, um orgulho da Inglaterra e nome frequente na lista dos indicados ao prêmio Nobel de literatura. Na mitologia grega, Itylus era um menino que sua mãe, Aedon, matou por acidente. Aedon chora de tristeza e culpa, e é tanto sofrimento que os deuses se apiedam e a transformam em um rouxinol que dali em diante canta melancolicamente no final de todas as tardes.

265 Trecho do spiritual "I Hope My Mother Will Be There". *I hope my mother will be there,/ In that beautiful world on high./ That used to join with me in pray'r,/ In that beautiful world on high./ Oh I will be there Oh I will be there/ With the palms of victory,/ crowns of glory you shall wear/ In that beautiful world on high* ("Espero que minha mãe esteja lá,/ Naquele lindo mundo lá de cima./ Que se juntava a mim em oração,/ Naquele lindo mundo lá de cima./ Ah eu estarei lá, Ah eu estarei lá/ Com as palmas da vitória,/ coroas de glória você há de usar/ Naquele lindo mundo lá de cima.")

A letra é repetida mudando apenas o primeiro verso: no lugar de "mother", vem depois "sister" e "brother". No último trecho o primeiro verso inteiro muda: "I know my Saviour will be there" ("Eu sei que meu Salvador estará lá").

"Uma criança lhe nasceu", dizia um pedaço de papel amarelado que entrou voando em meu quarto em uma manhã escura de outubro. Na época o medo da paternidade se misturava de forma enlouquecedora com a alegria da criação; eu me perguntei como seria sua aparência e como se sentiria — como seriam seus olhos, seus cabelos se enrolando sobre si mesmos. E pensei com espanto nela — ela que dormira com a Morte para tirar um menino que estava logo abaixo de seu coração, enquanto eu me perdia em pensamentos sem rumo. Corri para minha esposa e meu filho, repetindo para mim mesmo, quase sem acreditar: "Esposa e filho? Esposa e filho?" — corri mais depressa que um barco e um trem a vapor, e mesmo assim tive que esperar impaciente por eles; longe da cidade cheia de vozes, longe do mar reluzente que avança sobre os meus montes Berkshire, que permanecem lá, tristonhos, guardando os portões de Massachusetts[266].

Corri escada acima até a pálida mãe e o bebê que choramingava, até o santuário em cujo altar uma vida encomendada por mim se ofereceu para conquistar uma vida, e conseguiu. O que é essa coisinha sem forma, esse choro recém-chegado de um mundo desconhecido — que parece ser só cabeça e voz? Eu o pego com curiosidade, e com perplexidade o vejo piscar, respirar e espirrar. Eu não o amei nesse instante; parecia absurdo amar uma criaturinha como aquela; mas a ela eu amava, minha menina-mãe, que agora eu via ressurgir como a glória da manhã — a mulher transfigurada. Através dela eu passei a amar o pequenino, conforme foi ficando mais forte; à medida que sua alminha se revelava em balbucios e choros e palavras semiformadas, e à medida que seus olhos adquiriam a luz e o brilho da vida. Como ele era belo, com sua cor de oliva e seus cachos dourados escuros, seus olhos que misturavam azul e castanho, seus membros miudinhos e perfeitos, e o leve impulso voluptuoso que vem do sangue africano que moldava suas feições! Eu o segurava nos braços, a uma certa distância de nosso lar sulista — eu o segurava, e vi o solo vermelho da Geórgia e a impressionante cidade de cem colinas, e senti uma vaga inquietação. Por que seu cabelo tinha aquele tom

---

[266] Ainda que Du Bois e sua esposa, Nina Gomer, vivessem em Atlanta na época, decidiram ter o bebê em Great Barrington (Massachusetts), onde teriam o suporte da família de Du Bois. Nina foi para a casa desses parentes nas últimas semanas de gravidez e ficou lá por algum tempo depois que Burghardt nasceu, no dia 2 de outubro de 1897. Nesse período, Du Bois continuou trabalhando em Atlanta.

de dourado? Cabelos dourados eram um mau sinal em minha vida. Por que o castanho de seus olhos não sufocava o azul? — pois castanhos eram os olhos de seu pai, e do pai de seu pai. E assim, na Terra da Barreira de Cor, eu vi cair sobre meu bebê a sombra do Véu.

"Sob o Véu ele nasceu", disse eu, "e aqui vai viver — um negro e um filho de um negro". Naquela cabecinha — ah, que amargura! — surgiu o orgulho obstinado de uma raça perseguida; com suas mãos miúdas com covinhas — ah, que esforço! — ele se agarrou a uma esperança não impossível, mas inviável; e com aqueles olhos brilhantes e curiosos que atravessavam minha alma contemplou uma terra que nos deu uma libertação que é uma galhofa e uma liberdade que é uma mentira. Vi a sombra do Véu sobre meu bebê, vi a fria cidade erguida sobre o solo vermelho como sangue. Aproximei meu rosto de sua bochechinha, mostrei a ele as estrelas e as luzes piscantes que começavam a aparecer, e aplaquei com uma canção de ninar o terror não exprimido de minha vida.

Ele cresceu tão robusto e tão altivo, tão borbulhante de vida, tão irrequieto com aquela sabedoria impossível de expressar de uma vida separada por apenas dezoito meses da Fonte de Toda Vida — só faltava idolatrarmos aquela revelação do divino, minha esposa e eu. A vida dela reconstruída e moldada ao redor da criança; ele habitando todos os seus sonhos e proporcionando o ideal para todos os seus esforços. Nenhum par de mãos além do seu poderia tocar e cuidar daqueles membros miudinhos; nenhum traje ou tecido poderia tocá-los antes de serem trabalhados por seus dedos; nenhuma voz além da sua poderia embalá-lo até a Terra dos Sonhos, e juntos falavam uma língua suave e desconhecida e viviam em um estado de comunhão. Eu também pairava em torno de sua caminha branca; via a força de meu braço se estender para as novas eras através da força renovada dos bracinhos dele; via o sonho de meus ancestrais negros em seus passinhos vacilantes em direção a um mundo incompreensível e desconhecido; ouvia em sua vozinha de Bebê a voz do Profeta que se elevaria sob o Véu.

E assim sonhamos e amamos e planejamos no outono e no inverno, e durante a longa e vicejante primavera sulista, até que os ventos quentes chegaram do fétido Golfo, até que as rosas tremularam e o sol quente e severo lançasse sua inclemente luz sobre as colinas de Atlanta. E então certa noite seus pezinhos se dirigiram exaustos para a caminha branca, e suas mãozinhas tremiam; e um rosto quente se apoiou no travesseiro, e nós sabíamos que o bebê estava doente. Por dez dias ele ficou lá deitado — uma semana que passou voando e três dias intermináveis, definhando, desfazendo-se. Com uma voz alegre a mãe cuidava dele nos primeiros dias e ria ao ver que seus olhinhos voltavam a sorrir. De carinhos ela o cercava, até que o sorriso desapareceu e o Medo se acocorou ao lado da caminha.

Então o dia não terminava, e a noite era um terror sem sonhos, e a alegria e o repouso se perderam. Até agora escuto a Voz que no meio da noite me chamava em meio ao transe opaco e sem sonhos, gritando: "A Sombra da Morte! A Sombra da Morte!". Eu saía sob a luz das estrelas para acordar o médico grisalho — a Sombra da Morte, a Sombra da Morte. As horas passavam trêmulas; a noite ficava à escuta; a assustadora alvorada se insinuava cansada em meio à luz do lampião. Então os dois olhavam para o menino quando ele se virava para nós com seus olhos grandes e estendia os bracinhos finos — a Sombra da Morte! E nós não dizíamos nada e virávamos o rosto.

Ele morreu no fim da tarde, quando o sol se punha melancólico sobre as colinas do oeste, escondendo sua face; quando os ventos estavam em silêncio, e as árvores, as grandes árvores verdejantes que ele tanto amava, estavam imóveis. Vi sua respiração se tornar cada vez mais acelerada e parar, e então sua alminha voar como uma estrela que atravessa a noite, deixando um mundo de trevas em seu rastro. O dia não mudou; as mesmas árvores altas espiavam pelas janelas, a mesma grama verde brilhava sob o sol poente. Apenas a câmara da morte estava convulsionada pela coisa mais triste do mundo — uma mãe que perde o filho.

Eu não me isolo. Me dedico ao trabalho. Aspiro a uma vida movida por minhas lutas. Não sou covarde para me encolher diante da força da tempestade, nem desanimar sob a sombra terrível do Véu. Mas me ouve, ó Morte! Minha vida não é dura o bastante — a terra árida que estende sua teia de desprezo ao meu redor não é fria o bastante, o mundo além destas quatro pequenas paredes não é implacável o bastante — sem tua presença aqui, ó Morte? Sobre minha cabeça a tempestade trovejante pulsava como uma voz sem coração, e a floresta enlouquecida pulsava com o praguejar lançado pelos fracos; mas que diferença fazia para mim, dentro de minha casa, qualquer coisa além de minha esposa e meu bebê? Tu sentes tanta inveja de uma lasquinha de felicidade que precisavas entrar aqui, ó Morte?

Ele tinha uma vidinha perfeita, de alegrias e amores, temperadas por lágrimas para deixá-la mais vívida — doce como um dia de verão às margens do Housatonic. O mundo o amava; a mulher beijava seus cachos, o homem contemplava serenamente seus belíssimos olhos, e as crianças orbitavam ao redor dele. Sou capaz de vê-lo agora, mudando como as nuvens do céu da gargalhada feliz à carinha fechada e séria, e depois a expressão pensativa quando observava o mundo. Não conhecia a barreira de cor, o pobrezinho — e o Véu, apesar de instalado sobre ele, ainda não obscurecera metade de seu sol. Ele amava a governanta branca, amava a babá negra; e por seu mundinho circulavam apenas as almas, sem cor e sem vestes. Eu — na verdade todos os homens nos tornamos maiores e mais puros pelo sopro infinito daquela vidinha. Ela, que com sua clareza de visão enxerga além das estrelas, disse quando ele partiu: "Ele será feliz Lá; sempre adorou coisas bonitas". E eu, muito mais ignorante, e cegado por uma teia tecida por mim mesmo, me vi sozinho entre palavras tortuosas, murmurando: "Se ele ainda existir, e estiver Lá, e se houver um Lá, que ele seja feliz, ó Destino!".

A manhã de seu enterro parecia alegre, com o canto dos pássaros e o doce aroma das flores. As árvores murmuravam para a grama, mas os rostos das crianças eram severos. E, no entanto, parecia um dia irreal e espectral — somente o fantasma da Vida. Parecíamos percorrer uma rua desconhecida atrás de um pequeno arranjo de flores brancas, com a sombra de uma canção em nossos ouvidos. A cidade agitada zunia ao nosso redor; eles não disseram muita coisa, aqueles homens e mulheres de rostos pálidos; não disseram muita coisa — apenas olharam de relance e falaram: "Crioulos!".

Nós não podíamos depositá-lo no solo da Geórgia, pois a terra daqui é estranhamente vermelha; então o levamos mais ao norte, com suas flores e suas mãozinhas dobradas. Em vão, em vão! Onde, ó Deus!, sob vosso céu amplo e azul, meu bebê há de descansar em paz — onde haja Reverência, e Bondade, e uma Liberdade que é livre?

Durante todo aquele dia e aquela noite se instalou uma terrível alegria em meu coração — não, não me culpe se eu vejo o mundo de forma tão sombria através do véu —, e minha alma me sussurrava, dizendo: "Morto não, morto não, resgatado; cativo não, livre". Agora nenhuma maldade amargurada pode abalar seu coração infante até que ele morra por dentro, nenhuma ofensa há de perturbar sua feliz meninice. Tolo fui eu por contemplar a ideia ou desejar que sua pequena alma crescesse sufocada e deformada sob o Véu! Eu deveria ter notado que naquele olhar profundo e transcendente que costumava se mostrar em seus olhos estava uma visão que ia muito além deste estreito Agora. Afinal em sua cabecinha cacheada por acaso não havia todo aquele orgulho de ser que seu pai já havia destruído dentro de seu próprio coração? Para que, aliás, um negro há de querer ter orgulho convivendo com as humilhações deliberadas de cinquenta milhões de seres humanos? Vá logo, meu menino, antes que o mundo rotule sua ambição como insolência, considere inaceitáveis seus ideais e o ensine a se acovardar e se curvar. É melhor ter este imenso vazio acabando com a minha vida do que um mar de sofrimento para você.

Palavras vãs; ele teria carregado seu fardo com mais coragem do que nós — sim, e o considerado mais leve também, algum dia; pois certamente este não é o fim. Certamente há de raiar o poderoso dia que arrancará o Véu e libertará os prisioneiros. Não para mim — eu devo morrer com minhas amarras —, mas para almas jovens que não conheceram a noite e abriram os olhos quando já era manhã; uma manhã em que se pergunte sobre o trabalhador não "Ele é branco?", e sim "Ele trabalha bem?". Em que se pergunte sobre o artista não "Ele é preto?", e sim "Ele é bom nisso?". Essa manhã há de chegar, daqui a muitos e muitos anos. Mas hoje ressoa com tom de lamento, na mesma praia sombria sob o véu, aquela voz grave: "Tu deves renunciar!"[267]. E diante desse comando eu desisti, e sem muito a lamentar — a não ser por aquela bela forma infantil que jazia fria, comungada com a morte, no ninho que eu construíra.

Se era para alguém ir, por que não eu? Por que eu não posso ter um descanso desta inquietação e fechar os olhos para esta vigília? A ampulheta do mundo não está em suas jovens mãos, Tempo, e o meu não está se esgotando? Existem mesmo tantos trabalhadores nestas vinhas que aquele corpinho promissor pôde ser tão facilmente descartado? Os infelizes de minha raça, que se aglomeram nos becos do país, permanecem sem pai nem mãe; mas ao lado do berço dele havia Amor, e a Sabedoria estava à espera para falar em seus ouvidos. Talvez agora ele conheça a Fonte de Todo Amor, e não precise ser sábio. Durma, então, criança — durma até que eu também adormeça e desperte com sua voz infantil e o som incessante dos passos de seus pezinhos, acima do Véu.

[267] Ver nota 162.

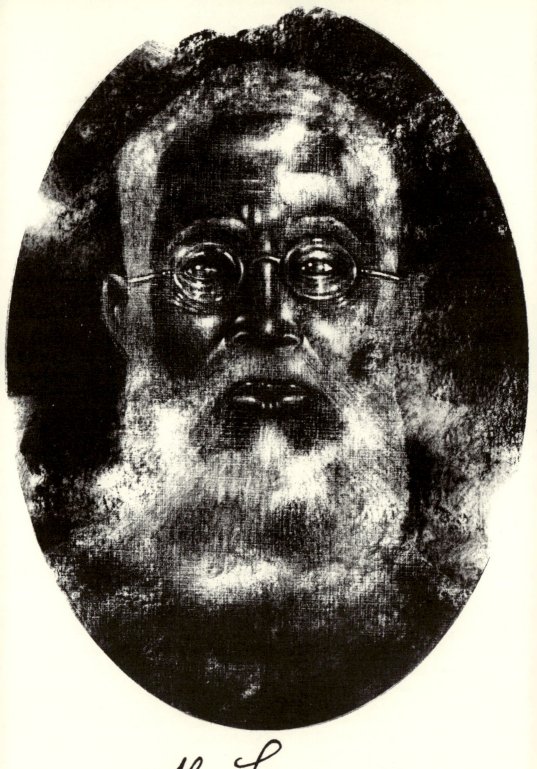

12

SOBRE ALEXANDER CRUMMELL

Então da Aurora pareceu ter vindo, mas distante
Como se estivesse além do limite do mundo,
Como o último eco nascido de um potente grito,
O som, como se uma bela cidade fosse uma só voz
Em torno de um rei que retorna de suas guerras[268]

— Tennyson

[269]

268 "*Then from the Dawn it seemed there came, but faint/ As from beyond the limit of the world, / Like the last echo born of a great cry,/ Sounds, as if some fair city were one voice/ Around a king returning from his wars.*" Trecho de "The Passing of Arthur", do poeta inglês Alfred Lord Tennyson (1809-1892). O poema faz parte do ciclo "Idylls of the King", que reconta a lenda do Rei Arthur.

269 "Swing Low, Sweet Chariot", outra canção atribuída a Wallace Willis (ver nota 235) que ficou famosa pelos Jubilee Singers e foi regravada por vários e vários artistas, de Louis Armstrong e os Irmãos Marx a Eric Clapton e UB40. Em 1939, foi uma das músicas que os nazistas proibiram de serem tocadas na Alemanha. Nos anos 1960, transformou-se em um dos hinos do movimento pelos direitos civis nos Estados Unidos e Joan Baez a cantou em Woodstock. Assim como no caso de "Steal Away", outra das canções de Willis, alguns estudiosos acreditam que por trás das referências bíblicas (especificamente sobre a flamejante carruagem voadora que levou o profeta Elias), a letra fala da Underground Railroad, a rota dos escravos que fugiam do Sul: *Swing low, sweet chariot/ Coming for to carry me home.// I looked over Jordan and what did I see/ Coming for to carry me home/ A band of angels coming after me/ Coming for to carry me home// If you get there before I do/ Coming for to carry me home/ Tell all my friends I'm coming to/ Coming for to carry me home* ("Balance de leve, doce carruagem/ Vindo para me levar para casa.// Olhei para o outro lado do Jordão e o que vi/ Vindo para me levar para casa/ Um bando de anjos vindo até mim/ Vindo para me levar para casa// Se você estiver lá antes de eu chegar/ Vindo para me levar para casa/ Diga a todos os meus amigos que estou indo para lá/ Vindo para me levar para casa").

Esta é a história de um coração humano — de um menino negro que muitos anos atrás começou o embate com a vida para conhecer o mundo e a si mesmo. Três tentações ele encontrou nessas dunas sombrias que se estendem cinzentas e desoladas sobre os olhos maravilhados da criança: a tentação do Ódio, que se apresenta diante da alvorada vermelha; a tentação do Desespero, no meio-dia nublado; e a tentação da Dúvida, que sempre surge com o crepúsculo. Acima de tudo, você precisa ouvir sobre os vales que ele atravessou — o Vale da Humilhação[270] e o Vale da Sombra da Morte.

Encontrei Alexander Crummell pela primeira vez em uma aula inaugural em Wilberforce[271], em meio a muita agitação e confusão. Alto, frágil e negro, com uma dignidade simples e um inconfundível ar de boa criação. Conversamos a sós, em um local onde a turbulência de jovens e enérgicos oradores não poderia nos alcançar. Eu o ouvi com gentileza, e depois com curiosidade, e depois com avidez, à medida que comecei a perceber seu caráter notável — a tranquilidade de seus modos corteses, a suavidade de sua força e sua bela mistura de esperança e verdade na experiência da vida. Instintivamente, eu me curvei diante desse homem da mesma forma como as pessoas se prostram aos profetas do mundo. Ele parecia um visionário, mas não do Passado vermelho ou do Porvir cinzento, mas do pulsante Agora — o zombeteiro mundo que me parecia ao mesmo tempo tão iluminado e sombrio, tão esplêndido e sórdido. Por oitenta anos ele vagara por este mesmo mundo, sob o Véu.

Ele nasceu junto com o Compromisso de Missouri[272] e morreu em meio

---

270 Uma das dificuldades na jornada do cristão no clássico *The Pilgrim's Progress*, de John Bunyan (1628-1688).

271 O encontro de Du Bois e Crummell descrito aqui acontece nessa aula inaugural de 1895, mas a ligação de Crummell com a família Du Bois vinha de antes: aos 21 anos ele fez sermões em New Haven, na igreja episcopal frequentada por Alexander Du Bois, avô do autor. É de imaginar que essa foi uma das razões que primeiro despertaram a curiosidade de W.E.B. Du Bois por Crummell, mas logo o interesse aumentou. "Além de seu avô Alexander, Crummell foi o primeiro homem negro vivo que Du Bois achou realmente digno de emular — o primeiro a quem ele se referiu com afeto e afinidade intelectual", escreve o biógrafo David Levering Lewis. Du Bois viu no pensamento do velho pastor um equivalente da filosofia de Herder e Hegel. A influência de Crummell sobre ele foi muito forte e só diminuiu, décadas depois, à medida que Du Bois mergulhava nas obras de Karl Marx.

272 Foi o acordo assinado de março de 1820 que legitimou a divisão entre os estados escravocratas (o Sul) e o Norte, onde o escravismo estava abolido. Também em março daquele ano nasceu Alexander Crummell.

aos ecos de Manila e El Caney[273]; tempos agitados para viver, tempos sombrios para examinar, e ainda mais para ter aspirações. O garoto de pele escura que deixou de lado a brincadeira com a lama e bolinhas de gude setenta anos atrás se deparou com vistas intrigantes ao observar o mundo. Os navios negreiros ainda gemiam sobre o Atlântico, gritos distantes saturavam a brisa do Sul, e o grande ancestral negro murmurou histórias terríveis de crueldade naqueles jovens ouvidos. Lá da porta, a mãe observava em silêncio o menino brincando e à noite o colocava ansiosamente para dentro para que as sombras não o levassem para a terra dos escravos[274].

Assim sua jovem mente trabalhou e se espantou e moldou curiosamente uma visão da Vida; e em meio a essa visão sempre esteve uma figura escura e solitária — sempre com a postura endurecida e rígida daquele ancestral amargurado, uma forma que se misturava a uma vastidão sem forma. Assim a tentação do Ódio cresceu e lançou sua sombra sobre a criança em desenvolvimento — se infiltrando discretamente em seu riso, em suas brincadeiras, em seus devaneios e em seus sonhos com uma turbulência áspera e rude. Então o menino negro perguntou sobre o céu e o sol e as flores e o eternamente sem resposta "Por quê?", e cresceu sem amar o mundo e seus modos ríspidos.

Que tentação estranha para um garoto, você pode pensar; e, no entanto, hoje, nesta vasta região, um milhão de crianças de pele escura se veem diante da mesma tentação e sentem seus braços frios e trêmulos. Para elas, talvez, alguém algum dia arranque o Véu — alguém surja como uma presença terna e alegre nessas vidinhas tristes para varrer o ódio ressentido, assim como

---

[273] A batalha de Manila (agosto de 1898) marcou a tomada das Filipinas pelos Estados Unidos, e a batalha de El Caney (julho de 1898), a tomada de Cuba. Se havia dúvidas a respeito da pertinência da expressão "imperialismo americano", elas então desapareceram. Foi no dia 10 de setembro desse ano que Crummell morreu.

[274] Nova York, onde Crummell nasceu e se criou, foi o penúltimo estado do Norte a abolir a escravatura, e houve até mesmo um movimento para que, na Guerra Civil, o estado se alinhasse com os confederados, já que Nova York havia crescido muito graças ao tráfico de escravos e ao comércio do algodão produzido no Sul. Havia, portanto, muita cumplicidade entre a classe empresarial da cidade e os latifundiários sulistas e, por isso, uma certa tolerância para com os caçadores que vinham atrás de afro-americanos que haviam fugido dos estados escravagistas. Às vezes esses caçadores sequestravam libertos para vendê-los aos fazendeiros do Sul. Por isso, o temor de Charity Hicks, mãe de Crummell, era mais ou menos generalizado entre os afro-americanos da região.

Beriah Green[275] entrou na vida de Alexander Crummell. E, diante daquele homem bonachão e generoso, a sombra parecia menos escura. Beriah Green tinha uma escola no condado de Oneida, em Nova York, com uma porção de garotos terríveis. "Vou trazer um menino negro para educar", disse Beriah Green, como apenas um excêntrico ou uma abolicionista teria ousado falar. "Rá!", riram-se os alunos. "S-sim", disse a esposa; e Alexander chegou. Uma vez antes o menino negro havia procurado por uma escola, viajando, com fome e com frio, quase seiscentos e cinquenta quilômetros até Canaan, em New Hampshire, onde havia liberdade. Mas os devotos agricultores locais atrelaram noventa cangas de bois à escola abolicionista e a arrastaram para o meio de um pântano[276]. O menino negro fez o longo caminho de volta.

O século XIX foi o primeiro de solidariedade humana — a era em que, movidos em parte pela curiosidade, começamos a descobrir nos outros a fagulha transfigurada de divindade que chamamos de Eu; quando matutos e camponeses, e andarilhos e ladrões, e milionários e — às vezes — negros se tornaram almas pulsantes cuja vitalidade nos tocou de forma tão próxima que quase suspiramos de surpresa, exclamando: "Vós também! Vós também vistes a Tristeza e as águas melancólicas da Desesperança? Vós também conheceis a Vida?". E então nos voltamos impotentes para aqueles Outros Mundos e bradamos: "Ó Mundo de Mundos, como pode o homem torná-lo um só?".

Então, naquela pequena escola de Oneida, apareceu diante daqueles alunos a revelação de um pensamento e de uma aspiração sob uma pele negra, algo que eles nem sequer imaginavam antes. Aquela coisa sombria e sem forma — a tentação do Ódio, que pairava entre o mundo e ele — foi se

---

275 Beriah Green (1795-1874) foi um pastor, educador e incansável abolicionista branco. Ao ser contratado em 1833 para dirigir o Oneida Institute, uma escola em Whitesboro (no estado de Nova York), Green colocou como condição que ele pudesse aceitar estudantes negros. Assim, o Oneida se tornou a mais radical escola do país, e nela não só negros eram bem-vindos mas também mulheres, índios e latinos. Várias lideranças do movimento abolicionista começaram sua militância ali.

276 A Noyes Academy foi inaugurada em Canaan (New Hampshire) em março de 1835, com 28 estudantes brancos e 17 afro-americanos. Um desses estudantes era Alexander Crummell. Mas a Noyes durou muito pouco: em julho do mesmo ano, os "cidadãos de bem" da cidade, revoltados com o que consideravam "promiscuidade", invadiram e vandalizaram a escola, que depois foi incendiada. Apesar disso, o prédio sobreviveu e foi transformado em uma escola exclusiva para brancos.

tornando mais pálida e menos sinistra. Não desapareceu por completo, mas foi se acumular difusamente apenas na periferia de seu campo de visão. Dessa forma a criança viu pela primeira vez o azul e o dourado da vida — a estrada ensolarada que corria entre o céu e a terra até a linha distante e oscilante onde ambos se encontravam e se beijavam. Uma visão da vida se descortinou para o menino em desenvolvimento — mística e maravilhosa. Ele levantou a cabeça, esticou o corpo e respirou fundo esse ar fresco e renovado. De um lugar além das florestas, vinham estranhos sons; então, brilhando entre as árvores, ele viu, muito, muito distantes, as hostes de pele escura de uma nação que bradava — um grito longínquo e alto. Ele ouviu o odioso tilintar de suas correntes; percebeu seu medo e seu servilismo, e se elevou dentro dele um protesto e uma profecia. E ele se pôs a caminhar pelo mundo.

Uma voz e uma visão foram seu chamado para se tornar um sacerdote — um visionário a conduzir os não eleitos para fora da prisão da servidão. Ele viu a hoste inconsciente se voltar em sua direção como um turbilhão de águas agitadas — e estendeu as mãos avidamente, e então, nesse exato momento, foi apanhado pela tentação do Desespero.

Não eram homem perversos — o problema do mundo não é a perversidade; eram homens bons e cordatos, bispos da Igreja Apostólica de Deus, e buscavam a retidão. Eles disseram sem se alterar: "É tudo muito natural — é inclusive recomendável; mas o Seminário Teológico Geral da Igreja Episcopal não pode admitir um negro". E, com aquela figura esguia e quase grotesca ainda a rondar suas portas, puseram as mãos em seus ombros e, com um tom de gentileza e lamento, falaram: "Ora, claro que nós... nós sabemos como *você* se sente; mas, como você pode ver, isso é impossível, é... bem — é prematuro. Em algum momento, nós acreditamos — acreditamos sinceramente — que todas essas distinções acabarão; mas por ora o mundo é o que é"[277].

Essa foi a tentação do Desespero; e o jovem a enfrentou de forma obstinada. Como uma sombra solene, perambulou por aqueles salões, insistindo,

---

[277] Em 1838, Alexander Crummell teve rejeitado seu pedido de admissão no Seminário Teológico, da Igreja Episcopal, apesar de plenamente qualificado. O comitê de admissão, chefiado pelo bispo Benjamin T. Onderdonk (1791-1861), não disfarçou que o motivo da rejeição era a cor da pele de Crummell. Por causa do escândalo em torno do caso, a Universidade Yale permitiu que Crummell assistisse às suas aulas de Teologia, ainda que apenas como ouvinte. Em 1842, Crummell foi ordenado diácono e em 1844, pastor.

argumentando, e de forma quase irada exigindo ser admitido, até que veio o "Não" definitivo; até que os homens colocaram o intruso para fora, decretaram que se tratava de um tolo, alguém sem razão e sem juízo, que se rebelava em vão contra a lei de Deus. E então toda a glória daquela Visão Esplêndida se esvaneceu, deixando apenas uma terra cinzenta e árida sob um céu sombrio de desespero. Até mesmo as gentis mãos que se estenderam para ele das profundezas daquela manhã sem vida pareciam apenas partes das sombras purpúreas. Ele as olhou com frieza e perguntou: "Por que lutar por uma graça especial se o caminho do mundo está fechado para mim?". E, com a mesma gentileza de antes, as mãos o empurraram adiante — as mãos do jovem John Jay[278], o bravo filho de um bravo pai; as mãos da boa gente de Boston, uma cidade onde havia liberdade. E ainda assim, com um caminho para o sacerdócio da igreja enfim aberto diante dele, a nuvem continuava lá; e mesmo quando na velha igreja de St. Paul o venerável bispo ergueu os braços brancos sobre o diácono negro[279] — mesmo então o fardo continuava em seu coração, pois a glória que vinha da terra se perdera.

Mas o fogo que Alexander Crummell atravessou não havia queimado em vão. De forma mais gradual e mais sóbria, ele retomou seu plano de vida. Analisou a situação com um olhar mais crítico. Nos recônditos ocultos atrás

---

[278] John Jay II (1817-1894), de uma família tradicionalíssima dos Estados Unidos, neto de um dos "pais fundadores" (Founding Fathers) da nação e filho de um governador de Nova York, foi quem trouxe a público o caso de racismo de que Crummell era vítima. Apesar de seu avô e seu pai serem abolicionistas, a incisividade de Jay naquele caso (e em outros similares que viriam pela frente) chocou a aristocracia da qual fazia parte. Ele publicou seu explosivo artigo "Casta e Escravismo na Igreja Americana" não nos jornais abolicionistas, mas na *New World*, uma publicação tradicional das famílias brancas, e usou sua posição herdada para falar em espaços onde pessoas negras não podiam sequer entrar. Seus colegas da elite de Nova York viraram as costas para ele, muitas portas se fecharam, mas Jay II seguiu denunciando o racismo dentro da Igreja. Descobriu que a direção do seminário havia dissimuladamente mudado seu estatuto para impedir a entrada de Crummell e denunciou aquilo como uma conspiração "deliberada para estabelecer um sistema de castas na Igreja". "Ele foi realmente meu primeiro benfeitor", escreveu Crummell muitos anos depois; "soube do tratamento rude e injusto que eu sofrera, veio manifestar sua simpatia e me socorrer". Depois Jay II ficou famoso como advogado de escravizados que fugiam do Sul, atuou como ativista dos direitos civis e continuou um crítico veemente do racismo das instituições norte-americanas.
[279] Em 1841, Crummell, recém-casado com Sarah Mabitt Elston, foi aceito como candidato ao sacerdócio pela Diocese de Massachusetts, o que levou o casal a se mudar para Boston. No ano seguinte, Crummell foi ordenado diácono na Catedral St. Paul de Boston.

da escravidão e da servidão dos negros, ele viu suas fraquezas, que longos anos de maus-tratos só fizeram se intensificar. A moralidade poderosa e a retidão inflexível do desterrado, percebeu ele, eram seu maior obstáculo, e era a partir daí que poderia começar. Ele juntaria os melhores entre os seus em uma pequena capela episcopal, onde os lideraria, educaria e inspiraria, até que o fermento se espalhasse, até que as crianças crescessem, até que o mundo os escutasse, até que... até que... e então em seu sonho reluziu um resquício de brilho daquela primeira visão da juventude — apenas um lampejo, pois a glória passara pela terra.

Certo dia — foi em 1842, e a primavera travava uma disputa feliz com os ventos de maio na Nova Inglaterra —, ele enfim se instalou em sua própria capela em Providence[280] como um sacerdote da igreja. Os dias passavam acelerados, e o jovem clérigo labutava; escrevia seus sermões com esmero; entoava suas preces com uma voz suave e sincera; rondava as ruas e abordava os passantes; visitava os doentes e se ajoelhava ao lado dos mortos. Trabalhava e se esforçava, semana a semana, dia a dia, mês a mês. E, no entanto, mês a mês a congregação minguava, semana a semana o eco entre as paredes se tornava mais audível, dia a dia as visitas eram menos e menos numerosas, e dia a dia a terceira tentação ficava cada vez mais clara sob o Véu; uma tentação que se apresentava sorridente e quase inexpressiva, apenas com uma sombra de galhofa em seus modos suaves. A princípio chegou de maneira casual, na forma de uma voz cadenciada: "Ah, gente de cor? Sim". Ou então, de forma mais categórica: "O que você *esperava*?". E a voz e o gestual trouxeram a dúvida — a tentação da Dúvida. Como ele a detestava e praguejava contra ela furiosamente! "Claro que eles são capazes", ele gritava; "claro que eles conseguem aprender e se esforçar e conseguir..."; "E claro", acrescentava a tentação com seu tom suave, "que eles não fazem nada disso." De todas as três tentações, essa era a que ressoava mais fundo. Ódio? Ele amadureceu e deixou de lado essa infantilidade. Desespero? Ele fortaleceu seu braço direito e o enfrentou com o vigor da determinação. Mas duvidar da obra de sua vida — duvidar do destino e da capacidade da raça que ele amava de corpo e

---

280 No período em que se preparava para se tornar diácono, Crummell foi colocado como uma espécie de estagiário em diversas paróquias. Uma delas foi Providence, em Rhode Island. Sua função oficial era a de "Lay Reader", a de pessoa laica autorizada pelo bispo para fazer leituras e ajudar nas cerimônias.

alma porque era a sua; encontrar o desinteresse esquálido em vez da iniciativa vigorosa; ouvir seus próprios lábios murmurarem: "Eles não se importam; não sabem aprender; são como um rebanho de gado, por que jogar pérolas aos porcos?" — isso parecia mais do que qualquer homem seria capaz de suportar; e ele fechou as portas, e subiu os degraus do presbitério, e lançou suas vestes contra o chão e se enfureceu.

Os raios de sol do fim da tarde faziam dançar as partículas de poeira na melancólica capela quando ele se levantou. Ele dobrou suas vestes, guardou os hinários e fechou a grande Bíblia. Saiu em direção ao crepúsculo, virou-se para olhar o púlpito pequeno e estreito com um sorriso exausto e trancou a porta. Então foi caminhando a passos largos ao encontro do bispo e disse o que o reverendo já sabia. "Eu fracassei", limitou-se a falar. E, ganhando coragem com a confissão, acrescentou: "O que eu preciso é de uma congregação mais numerosa. Existem relativamente poucos negros aqui, e talvez não sejam os melhores entre eles. Preciso ir para um campo com uma colheita mais vasta e tentar de novo". Então o bispo o mandou para a Filadélfia, com uma carta ao reverendo Onderdonk[281].

O bispo Onderdonk vivia em uma casa com seus degraus brancos na entrada — um homem corpulento, de rosto vermelho, autor de diversos tratados fervorosos de Sucessão Apostólica. Foi depois do jantar, e o bispo se instalara para um agradável momento de contemplação quando o sino tocou, e diante dele surgiram uma carta e um negro alto e desajeitado. O reverendo Onderdonk leu a carta de forma apressada e franziu a testa. Felizmente, sua mente já estava mais clara a essa altura; e ele amenizou a expressão no rosto e encarou Crummell. Em seguida falou, com uma voz lenta e marcante: "Eu o recebo nesta diocese com uma condição: nenhum sacerdote negro terá assento na convenção de minha igreja, e nenhuma igreja negra deverá pedir representação aqui".

Às vezes sinto que consigo até ver a cena: a figura escura e frágil, remexendo nervosamente no chapéu diante do abdome avantajado do bispo

---

[281] O bispo Henry Onderdonk (1789-1858) era irmão do bispo Benjamin T. Onderdonk, que barrou a entrada de Crummell no Seminário Teológico em Nova York. Pode-se imaginar qual era a disposição do bispo da Pensilvânia em relação a Crummell. Os dois poderosos irmãos Onderdonk caíram em desgraça anos depois e foram suspensos de suas funções na Igreja: Benjamin por acusações de assédio sexual; Henry, por problemas com o alcoolismo.

Onderdonk; um casaco puído e desbotado em contraste com a madeira tão escura das estantes de livros, onde O *Livro dos Mártires*, de Fox, se aninhava feliz com *Todo o Dever do Homem*[282]. Me parece possível ver os olhos arregalados do negro passearem pela indumentária do bispo até o local onde as portas de vidro do móvel brilham sob a luz do céu. Uma mosquinha azul está tentando entrar pelo buraco da fechadura. Caminha com passos apressados até lá, olha para a abertura com certa surpresa e esfrega suas antenas de forma pensativa; analisa bem a profundidade do que tem diante de si e, ao notar que não tem fim, recua. O sacerdote de rosto escuro que a observa está se perguntando se a mosca também contemplou seu Vale da Humilhação e se vai mergulhar nele — quando, oh!, o inseto abre as asinhas e vai embora zunindo alegremente, deixando o observador sem asas e sozinho.

É quando todo o peso de seu fardo caiu sobre ele. As paredes ricamente decoradas se afastaram, e diante de Crummell se revelou um pântano frio e sinuoso a percorrer a vida, cindida em duas por uma grande montanha de granito — de um lado o Vale da Humilhação; do outro, o Vale da Sombra da Morte. Não sei qual é mais sombrio — não, eu não. Mas disto eu sei: no distante Vale dos Humildes estão hoje um milhão de homens de pele escura, que voluntariamente suportam "... os açoites e os escárnios do tempo/ A afronta do opressor, o desdém do orgulhoso/ As dores do amor desprezado, o atraso da lei,/ A prepotência do poder, e o ultraje/ Que o meritório paciente recebe do indigno"[283].

---

[282] O *Actes and Monuments*, mais conhecido como *Book of Martyrs*, escrito pelo inglês John Fox (é mais comum grafar Foxe) e publicado originalmente em 1563, tornou-se um dos livros mais populares entre os protestantes. Conta a história dos mártires cristãos, tanto aqueles que foram vítimas das perseguições pelos romanos quanto os que foram vítimas das perseguições feitas pela Igreja Católica. Talvez haja aqui uma certa ironia de Du Bois: a credibilidade de John Foxe como historiador passou a ser bem questionada no século XIX e o livro passou a ser visto como uma simples peça de propaganda sensacionalista, leitura de fanáticos ignorantes. E também parece haver ironia na menção ao *Todo o Dever do Homem* (*The Whole Duty of Man*). Esse livro, de autor anônimo, foi publicado em 1658 e se tornou um popular livro devocional protestante, mas também era visto como livro típico de gente que lê pouco. Na literatura da Grã-Bretanha e nos Estados Unidos do século XIX, consolidou-se como uma espécie de clichê para retratar a aridez intelectual das casas de gente de pouca leitura dizer que havia nelas apenas a *Bíblia* e o *The Whole Duty of Man* na estante.

[283] "... *bear the whips and scorns of time,/ The oppressor's wrong, the proud man's contumely,/ The pangs of despised love, the law's delay,/ The insolence of office, and the spurns/ That patient merit*

Tudo isso e muito mais eles suportariam, se soubessem que era um sacrifício, e não o mero fruto da maldade. Então surgiu um pensamento naquele peito negro e solitário. O bispo pigarreou sugestivamente; então, lembrando que na verdade não havia nada a dizer, teve a consideração de não falar nada e apenas bater o pé no chão, impaciente. Mas Alexander Crummell se manifestou, de forma pausada e solene: "Eu jamais farei parte de sua diocese nesses termos". E, com isso, se virou e entrou no Vale da Sombra da Morte. Você deve conhecer apenas a morte física, o corpo em frangalhos e a tosse dilacerante; mas naquela alma habitava uma morte mais profunda do que essa. Ele foi para uma capela em Nova York — a igreja de seus pais[284]; trabalhou por ela em condições de miséria e fome, em meio às chacotas de seus colegas sacerdotes. Em parte, por desespero, cruzou os mares, um mendigo com as mãos estendidas[285]. Os ingleses atenderam a seu apelo — Wilbeforce e Stanley, Thirlwall e Inglis, e até mesmo Froude e Macaulay; Sir Benjamin Brodie[286] o abrigou enquanto estava no Queens' College em Cambridge, onde ele permaneceu, batalhando pela saúde do corpo e da mente, até se formar em 1853. Ainda inquieto e insatisfeito, tomou o caminho da África[287] e,

---

of the unworthy takes". Trecho do famoso solilóquio de Hamlet no terceiro ato da peça de William Shakespeare.

284 Aparentemente cansado dos embates com o bispo Onderdonk, Crummell resolveu voltar para Nova York, onde foi dirigir a Church of the Messiah, a segunda igreja episcopal para negros na cidade.

285 Em 1847, Crummell, Sarah e seus três filhos foram para a Inglaterra. Crummell foi buscar apoio para sua congregação. E, de fato, conseguiu 8 mil dólares para a igreja. Mas foi também porque estava esgotado, física e psicologicamente, de tantas lutas com o racismo norte-americano. Crummell resolveu ficar com sua família mais algum tempo na Inglaterra. Foi aprovado para estudar no tão tradicional Queens' College, de Cambridge, onde se formou em 1853 (foi o primeiro negro a consegui-lo).

286 Todos da elite intelectual britânica: Samuel Wilberforce (1805-1873, filho do abolicionista William Wilberforce), Arthur Penrhyn Stanley (1815-1881), Connop Thirlwall (1797-1875), John Inglis (1777-1850) eram autoridades da igreja anglicana; James Anthony Froude (1818-1894) foi um dos mais famosos historiadores de seu tempo, discípulo e biógrafo de Thomas Carlyle; o barão Thomas Babington Macaulay (1800-1859), filho do abolicionista Zachary Macaulay, foi, além de historiador, ministro do governo britânico; Sir Benjamin Collins Brodie (1783-1862) era o médico da família real.

287 Nesse período em que ficou na Inglaterra, Crummell desenvolveu seu conceito de pan-africanismo e, depois de formado, em vez de voltar para os Estados Unidos, foi com a família para a Libéria, onde viveu os vinte anos seguintes. Lá criou escolas, igrejas e lutou na tentativa de desenvolver a economia do país e de implantar o cristianismo.

por muitos anos, entre descendentes de contrabandistas de escravos, buscou um novo céu e uma nova terra[288].

Então o homem buscou a luz; tudo aquilo não era a Vida — era a errância de uma alma tentando encontrar a si mesma, uma luta vã por seu lugar no mundo, sempre atormentado pela sombra de uma morte que é mais do que a morte — o apagar-se de uma alma que perdeu de vista seu dever. Por vinte anos ele vagou — vinte anos e mais; e, no entanto, o mesmo questionamento duro e incômodo o atormentava: "Em nome de Deus, para que estou nesta terra?". Na pequena paróquia em Nova York, sua alma parecia comprimida e sufocada. Nos ares antigos e elegantes da universidade inglesa, ele ouvia os milhões que berravam do além-mar. Nos insalubres pântanos da África Ocidental, se sentia desamparado e sozinho.

Você não deve se surpreender com essa estranha peregrinação — você que, em meio ao turbilhão veloz do viver, entre seus paradoxos frios e suas visões maravilhosas, já encarou a vida e perguntou qual era seu enigma face a face. E, se considerou esse enigma difícil de ouvir, lembre-se de que para o menino negro é um pouco mais difícil; e, se é difícil para você encontrar e encarar seu dever, é um tanto mais difícil para ele; se seu coração sente repulsa pelo sangue e a poeira da batalha, lembre-se de que para ele a poeira é mais grossa e a batalha, mais feroz. Não é à toa que os andarilhos tombam! Não é à toa que acusamos o ladrão e o assassino, e a incômoda prostituta, e a procissão sem fim dos mortos sem mortalha! O Vale da Sombra da Morte devolve pouquíssimos de seus peregrinos ao mundo.

Mas devolveu Alexander Crummell. Livre da tentação do Ódio, chamuscado pelo fogo do Desespero, triunfante sobre a Dúvida e endurecido pelo Sacrifício contra a Humilhação, ele enfim cruzou as águas para voltar para casa, humilde e forte, gentil e determinado[289]. Ele se curvou à galhofa e ao

---

[288] Outro retorno ao texto bíblico. Em Isaías 65:17 aparece: "Com efeito, criarei novos céus e nova terra; as coisas de outrora não serão lembradas, nem tornarão a vir ao coração". Em seguida, em Isaías 66:22, lemos: "Sim, da mesma maneira que os novos céus e a nova terra que estou para criar subsistirão na minha presença — oráculo de Iahweh — assim subsistirá a vossa descendência e o vosso nome". Depois, na Bíblia cristã, em Apocalipse 21:1: "Vi então um céu novo e uma nova terra, pois o primeiro céu e a primeira terra se foram, e o mar já não existe".

[289] Em 1873, por causa dos tumultos políticos que tornaram a Libéria perigosa para moradores estrangeiros, Crummell voltou com a família para os Estados Unidos. Foi morar em Washington, onde dirigiu a igreja de Saint Luke por dezenove anos.

preconceito, ao ódio e à discriminação, com a rara cortesia que é a armadura das almas puras. Lutou entre os seus, os desfavorecidos, os gananciosos e os perversos, com a retidão inabalável que é a espada dos justos. Jamais vacilou e quase nunca se queixou; simplesmente trabalhou, inspirando os jovens, repreendendo os velhos, ajudando os fracos, orientando os fortes.

Assim cresceu e trouxe à sua vasta área de influência tudo o que havia de melhor entre os que caminhavam sob o Véu. Aqueles que vivem sem conhecer nem imaginar todo o poder que têm dentro de si, a inspiração poderosa que o tecido translúcido do sistema de castas decretou que a maioria dos homens deveria desconhecer. E, agora que ele se foi, eu suspendo o Véu e, oh!, choro pela alma em cuja homenagem trago este pequeno tributo. Ainda consigo ver seu rosto, escuro e de feições marcantes sob os cabelos brancos; entre luzes e sombras, ora com inspiração para o futuro, ora demonstrando seu sofrimento por alguma perversidade humana, ora lamentando alguma dura lembrança do passado. Quanto mais conhecia Alexander Crummell, mais eu sentia quanto o mundo estava perdendo por saber tão pouco a seu respeito. Em outra época, ele poderia se sentar entre os sábios anciãos com uma toga roxa bordada; em outro país, as mães poderiam cantar a seu respeito para os bebês.

Ele fez seu trabalho — e com nobreza e competência; e, no entanto, lamento que tenha trabalhado sozinho, com tão pouca solidariedade humana. Seu nome hoje, nesta vasta região, não significa muita coisa e chega a cinquenta milhões de ouvidos sem ter sua memória incensada e seu exemplo seguido. E aqui está a tragédia desta época: não que os homens sejam pobres — todo homem já conheceu em alguma medida a pobreza; não que os homens sejam perversos — afinal, quem é bom?; não que os homens sejam ignorantes — afinal, o que é a verdade? Não, a tragédia é os homens conhecerem tão pouco dos homens.

Ele se sentou certa manhã e contemplou o mar. Abriu um sorriso e disse: "O portão está com as dobradiças enferrujadas". Nessa noite, ao despontar das estrelas, um vento veio uivando do oeste e deixou o portão entreaberto, e essa alma por mim amada voou como uma chama sobre os Mares, e em seu lugar ficou a Morte.

Onde será que ele está hoje? Imagino se, no mundo invisível do além, quando ele chegou e entregou os talentos que granjeou a duras penas, se ergueu de seu discreto trono um Rei — um judeu escuro e com perfurações pelo corpo, que conhece os embates dos condenados do mundo — e lhe disse "Muito bem!", enquanto ao redor as estrelas da manhã cantavam[290].

---

[290] Esse trecho faz referência à Parábola dos talentos (Mateus 25:14-30): "Será então como certo homem que, partindo para outro país, chamou os seus servos e lhes entregou os seus bens: a um deu cinco talentos, a outro dois e a outro um, a cada qual segundo a sua capacidade; e partiu. O que recebera cinco talentos foi imediatamente negociar com eles e ganhou outros cinco; do mesmo modo o que recebera dois ganhou outros dois. Mas o que tinha recebido um só fez uma cova no chão e escondeu o dinheiro do seu senhor. Depois de muito tempo voltou o senhor daqueles servos e se pôs a ajustar as contas com eles. Chegando o que recebera cinco talentos, apresentou-lhe outros cinco, dizendo: Senhor, entregaste-me cinco talentos; aqui estão outros cinco que ganhei. Disse-lhe o seu senhor: Muito bem, servo bom e fiel, já que foste fiel no pouco, confiar-te-ei o muito; vem alegrar-te com teu senhor. Chegou também o que recebera dois talentos, e disse: Senhor, entregaste-me dois talentos; aqui estão outros dois que ganhei. Disse-lhe o seu senhor: Muito bem, servo bom e fiel, já que foste fiel no pouco, confiar-te-ei o muito, vem alegrar-te com teu senhor. Chegou por fim o que havia recebido um só talento, dizendo: Senhor, eu soube que és um homem severo, colhes onde não semeaste e recolhes onde não joeiraste; e, atemorizado, fui esconder o teu talento na terra; aqui tens o que é teu. Porém o seu senhor respondeu: Servo mau e preguiçoso, sabias que colho onde não semeei e que recolho onde não joeirei? Devias, então, ter entregado o meu dinheiro aos banqueiros e, vindo eu, teria recebido o que é meu com juros. Tirai-lhe, pois, o talento e dai-o ao que tem os dez talentos; porque a todo o que tem será dado e terá em abundância; mas ao que não tem até o que tem lhe será tirado. Ao servo inútil, porém, lançai-o fora, para as trevas. Ali haverá o choro e o ranger de dentes".

13

SOBRE A VINDA DO PRECURSOR[291]

O que trazem eles sob o céu da meia-noite,
À margem do Rio-Mar?
Trazem consigo o coração humano onde
Nenhuma calmaria noturna pode morar;
Que nunca goteja com o vento,
Nem com o orvalho pode secar;
Ó Deus, acalmai-o; vossa calma é tão imensa
Pode os espíritos também aplacar.
O rio a fluir adiante.[292]

— Sra. Browning

291 O título original deste capítulo, "Of the Coming of John", faz também referência a são João Batista, chamado de "precursor" porque é aquele que anuncia e batiza Jesus.

292 *"What bring they 'neath the midnight,/ Beside the River-sea?/ They bring the human heart wherein/ No nightly calm can be;/ That droppeth never with the wind,/ Nor drieth with the dew;/ O calm it, God; thy calm is broad/ To cover spirits too./ The river floweth on."* — Trecho de "A Romance of the Ganges", outro poema de Elizabeth Barrett Browning (ver nota 234).

293 O spiritual "I'll Hear the Trumpet Sound" talvez tenha relação com a crença comum entre escravizados de que depois de mortos suas almas voltariam para a África: *You may bury me in the East,/ You may bury me in the West;/ But I'll hear the trumpet sound/ In that morning./ In that morning, my Lord,/ How I long to go,/ For to hear the trumpet sound,/ In that morning.// Father Gabriel in that day,/ He'll take wings and fly away,/ For to hear the trumpet sound/ In that morning./ You may bury him in the East,/ You may bury him in the West;/ But he'll hear the trumpet sound,/ In that morning.// Good old Christians in that day,/ They'll take wings and fly away [etc.].// Good old preachers in that day,/ They'll take wings and fly away [etc.].// In that dreadful Judgment day/ I'll take wings and fly away [etc.].* ("Pode me enterrar no Leste,/ Pode me enterrar no Oeste;/ Mas eu vou ouvir o som da trombeta/ Naquela manhã./ Naquela manhã, meu Senhor/ Como eu desejo ir,/ Para ouvir o som da trombeta,/ Naquela manhã.// Pai Gabriel nesse dia,/ Ele ganharia asas e voaria,/ Para ouvir o som da trombeta,/ Naquela manhã./ Pode enterrá-lo no Leste,/ Pode enterrá-lo no Oeste;/ Mas ele vai ouvir o som da trombeta/ Naquela manhã.// Os bons cristãos nesse dia,/ Eles ganhariam asas e voariam [etc.]// Os bons pregadores nesse dia,/ Eles ganhariam asas e voariam [etc.].// O temido Juízo Final é esse dia/ E eu ganharia asas e voaria [etc.]".)

A Carlisle Street segue para oeste do centro de Johnstown, atravessando uma grande ponte preta, descendo uma colina e voltando a subir, passando por pequenas lojas e açougues, por casas de um só pavimento, até acabar de repente diante de um vasto gramado verde. É um lugar aberto e pacífico, com duas grandes construções se destacando contra o poente. Quando no fim da tarde os ventos sopram do leste, e a nuvem de fumaça que cobre a cidade paira pesadamente sobre o vale, o crepúsculo lança seu brilho vermelho e faz a Carlisle Street parecer uma terra de sonho e, ao tocar do sino que os convoca para o jantar, surgem contra o céu as silhuetas em movimento dos estudantes. Altos e escuros, eles caminham devagar, e sob aquela luz sinistra parecem se dirigir à cidade como fantasmas agourentos. Talvez sejam; pois este é o Instituto Wells, e esses estudantes negros têm poucas ligações com a cidade branca mais abaixo.

E, se você reparar bem, noite após noite, há um vulto escuro que sempre aparece por último e segue apressado na direção das luzes cintilantes do Pavilhão Swain — pois Jones nunca é pontual. Trata-se de um sujeito comprido e mal-ajambrado, de pele parda e cabelo duro, que parece estar tentando escapar para fora das roupas, com um caminhar que parece pedir desculpas. Costumava espalhar ondas de risos sobre o sempre silencioso refeitório ao aparecer furtivamente depois que os sinos haviam tocado para o jantar; era a imagem perfeita do desengonçado. E, no entanto, uma rápida olhada em seu rosto serviria para perdoar muita coisa — seu sorriso largo e simpático não escondia nenhum resquício de malícia, parecia borbulhar de boa vontade e genuína satisfação com o mundo.

Chegou até nós vindo de Altamaha, localizada entre os carvalhos encurvados do sudeste da Geórgia, onde o mar canta para a areia e a areia fica escutando até estar semiafogada em suas águas, surgindo apenas aqui e ali nas ilhas compridas e de relevo baixo. O povo branco de Altamaha considerava John um bom rapaz — um trabalhador rural de valor, bom para os campos de arroz, útil em toda parte, e sempre simpático e respeitoso. Mas sacudiram a cabeça em reprovação quando sua mãe quis mandá-lo para a escola. "Isso vai estragar o rapaz — vai arruiná-lo", disseram; como se soubessem o que estavam falando. Mas metade do povo negro o acompanhou com orgulho até a estação, carregando seu estranho e pequeno baú e muitas trouxas. E lá eles apertaram as mãos, e as garotas lhe deram beijos tímidos, e os rapazes, tapinhas nas costas. Então veio o trem, e ele beliscou a bochecha da irmã em um gesto carinhoso e pôs os braços compridos em volta do pescoço da mãe, e então se foi em meio ao ruído e à fumaça para o grande mundo amarelo que queimava e brilhava em torno do temeroso peregrino. Avançando pela costa, passou pelas praças e palmeiras de Savannah, pelas lavouras de algodão e, em meio à noite, por Millville, chegando de manhã ao rebuliço de Johnstown.

E os que ficaram para trás, naquela manhã em Altamaha, e viram o trem levar ruidosamente seu amigo e irmão e filho para o mundo, mais tarde passaram a repetir uma frase sempre recorrente: "Quando John vier". Que festas haveria então, e que sermões nas igrejas; e novos móveis na sala da frente — talvez até uma nova sala; e haveria uma nova escola, com John como professor; e talvez uma grande celebração de casamento; tudo isso e mais — Quando John vier. Mas os brancos só sacudiam negativamente a cabeça.

No início ele voltaria para o Natal — mas as festas de fim de ano eram um período curto demais; e então, no verão seguinte — porém eram tempos difíceis, e a educação custava caro, portanto em vez disso ele ficou trabalhando em Johnstown. E assim chegou o novo verão, e o seguinte — e os amigos se espalharam pelo mundo, e a mãe ficou grisalha, e a irmã foi trabalhar na cozinha da casa do juiz. E a lenda persistia: "Quando John vier".

Na casa do juiz as pessoas gostavam de ouvir essa cantilena; pois eles também tinham um John — um rapaz de cabelos claros e rosto liso, que passara muitos dias de verão brincando com seu xará mais escuro. "Sim, senhor! John está em Princeton", dizia o juiz de ombros largos e cabelos grisalhos toda manhã a caminho da agência do correio. "Mostrando aos ianques do que um cavalheiro sulista é capaz", ele acrescentava; e voltava para casa com suas cartas e jornais. Na casa espaçosa e adornada com pilares, eles esperavam fazia tempo uma carta de Princeton — o juiz e sua esposa de constituição frágil, sua irmã e suas filhas em fase de crescimento. "Para fazer dele um homem", dizia o juiz, "a faculdade é o lugar certo". E então perguntava a sua tímida copeira: "E então, Jennie, como vai o seu John?", e complementava, pensativo: "Uma pena, uma pena mesmo que sua mãe o tenha mandado para lá — vai estragar o rapaz". E a copeira não entendia.

Assim, na cidadezinha sulista, mesmo sem se dar conta ao certo, o mundo ficava à espera da vinda dos dois jovens, sonhando de uma forma não muito bem articulada com as coisas novas que seriam feitas e com os novos pensamentos que todos teriam. E, no entanto, o curioso era que poucos pensavam nos dois

Johns — pois o povo negro pensava em um John, que era negro; e o povo branco pensava em outro John, que era branco. E nenhum dos mundos pensava nos pensamentos do outro, a não ser como uma vaga inquietação.

Em Johnstown, no Instituto, estávamos intrigados havia tempos com John Jones. Por um bom período aquela argila pareceu inapropriada para ser moldada de qualquer forma que fosse. Ele era escandaloso e turbulento, estava sempre rindo e cantando, e nunca conseguia dar continuidade a uma tarefa. Não sabia como estudar; não tinha nenhuma noção de capricho; e sua impontualidade, seu desleixo e seu bom humor desconcertante nos deixavam incomodados e perplexos. Certa noite nos sentamos em uma reunião do corpo docente, sérios e preocupados; pois Jones estava encrencado outra vez. Em seu último deslize, havia ido longe demais, e votamos solenemente "que Jones, em razão de repetido comportamento desordeiro e desatenção às obrigações, seja suspenso pelo resto do semestre".

Nossa impressão foi de que a primeira vez em que a vida pareceu a Jones um assunto sério foi quando o reitor lhe comunicou que ele precisava deixar a escola. Ele ficou olhando para o homem grisalho com uma expressão vazia e os olhos arregalados. "Por que... por que", ele tartamudeava, "mas... eu ainda não me formei!". Então o reitor lhe explicou de forma pausada e clara, lembrando-o dos atrasos e do desleixo, das lições não aprendidas e das tarefas negligenciadas, do barulho e da desordem, até que o sujeito baixou a cabeça, confuso. Em seguida se apressou em dizer: "Mas o senhor não pode contar para mamãe e minha irmã... o senhor não vai escrever para mamãe, não é? Porque assim posso ir para a cidade trabalhar e volto no outro semestre e mostro para vocês". O reitor se comprometeu a acatar o pedido, e John saiu com seu pequeno baú no ombro, sem dirigir uma palavra ou olhar aos outros risonhos rapazes, e saiu pela Carlisle Street em direção à grande cidade, com sobriedade nos olhos e seriedade no rosto.

Talvez tenha sido nossa imaginação, mas de alguma forma pareceu que a expressão séria que se abateu em seu rosto de menino naquela tarde nunca mais o abandonou. Quando voltou a nosso convívio, se pôs a trabalhar com todas as forças. Foi uma luta dura, pois as coisas não eram absorvidas com facilidade por ele — não havia muitas memórias de ensinamentos recebidos na infância para ajudá-lo no novo caminho; mas cada mundo no qual ele labutou passou a ser sua nova casa, construída de forma lenta e penosa. Quando a luz iluminava lentamente suas novas criações, ele observava em silêncio arrebatado aquela visão ou passeava sozinho pelo campus verdejante descobrindo no mundo dos homens, e mais além, um mundo de pensamentos. E os pensamentos às vezes o deixavam dolorosamente confuso; ele não entendia por que o círculo não era quadrado e trabalhou com cinquenta e seis casas decimais certa noite — e teria chegado mais longe, na verdade, se a governanta não tivesse mandado apagar as luzes. Pegou resfriados fortíssimos passando a noite deitado nas campinas, tentando desvendar o sistema solar; alimentava grandes dúvidas sobre a ética da Queda de Roma e desconfiava seriamente que os povos germânicos eram ladrões e malandros, apesar do que diziam os livros; passou muito tempo refletindo sobre o novo mundo helênico, perguntando-se por que uma coisa significava uma coisa e não outra, e como deveria ser pensar tudo em grego. Assim ele refletia e se intrigava — detendo-se perplexo em coisas que os outros deixavam passar de bom grado e atravessando com empenho as dificuldades que faziam os outros parar e desistir.

Assim ele se desenvolveu de corpo e alma, e suas roupas pareceram crescer junto e se ajustar a ele; as mangas do paletó se alongaram, apareceram abotoaduras, os colarinhos ficaram mais limpos. De vez em quando suas botas brilhavam, e uma recém-adquirida dignidade era perceptível em seu andar. E quem via diariamente um novo caráter pensativo aparecendo em seus olhos passou a esperar alguma coisa daquele rapaz esforçado. E assim ele passou da escola preparatória para a faculdade, e nós que o observávamos notamos o efeito daqueles quatro anos de mudanças, que transformaram quase por completo o homem alto e sério que nos fez uma mesura na manhã da aula inaugural. Ele deixou para trás seu mundo de pensamentos exóticos e voltou para o mundo das ações e dos homens. Pela primeira vez parecia seguro de si e se perguntava por que era capaz de ver tão pouca coisa antes. Pouco a pouco começou a sentir quase pela primeira vez o Véu que havia entre o mundo branco e ele; percebeu a opressão naquilo em que antes não parecia haver opressão, diferenças que até então pareciam naturais, restrições e limitações que em sua infância passaram despercebidas ou foram encaradas com risos. Começou a se irritar quando não recebia um tratamento respeitoso dos homens, cerrava os dentes ao falar do vagão Jim Crow[294] e se irritava com a linha de cor que o limitava por dentro e por fora.

---

[294] Ver nota 141.

Um toque de sarcasmo se infiltrou em sua fala, e uma vaga amargura adentrou sua vida; e ele passava longas horas pensando e planejando uma forma de contornar essas injustiças. Todos os dias se incomodava com a vida reprimida e estreita de sua cidadezinha nativa. E mesmo assim planejava voltar para Altamaha — sempre pretendeu trabalhar lá. Porém, à medida que o dia se aproximava, um temor difícil de nomear o fazia hesitar; e no dia seguinte à graduação ele aceitou sem pensar duas vezes a proposta do reitor de mandá-lo para o Norte com o quarteto vocal nas férias de verão para cantar representando o Instituto. Um respiro antes do mergulho, era o que dizia a si mesmo, em parte para se justificar.

Era uma tarde ensolarada de setembro, e as ruas de Nova York estavam cheias de vida com o movimento dos homens. John se lembrou do mar ao se sentar na praça para observá-los, sempre mudando e nunca mudando, tão claros e escuros, tão sérios e alegres. Reparou em suas roupas elegantes e impecáveis, na maneira como moviam as mãos, no formato dos chapéus; espiou as carruagens que passavam apressadas. Então, recostando-se com um sorriso, falou: "Isto é o Mundo". Essa percepção o levou a querer ver para onde o mundo estava indo; pois muitos dos mais ricos e brilhantes pareciam se dirigir apressadamente na mesma direção. Então, quando um jovem alto de cabelos claros e uma moça um tanto falante passaram, ele se levantou com alguma hesitação e se pôs a segui-los. Eles continuaram andando pela mesma rua, com mercados e lojas, até chegar a uma ampla praça, e com outra centena de pessoas entraram pelas portas altas de um grande edifício.

Ele acabou empurrado até as bilheterias junto com os demais e apalpou o bolso em busca da nota de cinco dólares novinha que tinha guardado. Não parecia haver tempo para hesitação, então ele a sacou corajosamente e a passou para o ocupado bilheteiro, recebendo em troca apenas um bilhete e nenhum troco. Quando enfim se deu conta de que havia gastado cinco dólares para entrar sabia-se lá no que, ele deteve o passo, impressionado. "Cuidado", uma voz falou baixo atrás dele, "não vá linchar o cavalheiro de cor só porque ficou parado no seu caminho", e uma garota olhou feio para seu acompanhante de cabelos claros. Um ar de irritação se desenhou no rosto dele. "Você não vai *mesmo* entender como as coisas são no Sul", ele falou, um tanto impaciente, como se continuasse uma discussão. "Apesar de tudo o que vocês professam, não se vê no Norte relações tão cordiais e íntimas entre brancos e negros como as que nós temos todos os dias. Ora, eu lembro que meu amigo mais próximo na infância era um negrinho com o mesmo nome que eu, e com certeza nunca se viu dois... *ora!*" O homem se interrompeu e mexeu nos cabelos, pois bem ao lado das poltronas que havia reservado para ver a orquestra estava sentado o negro em quem esbarrara no saguão. Ele hesitou, mas então, pálido de raiva, chamou o porteiro e, depois de algumas palavras peremptórias, entregou seu cartão e se sentou com gestos lentos. A moça habilmente mudou de assunto.

Tudo isso John não viu, pois contemplava quase atordoado o cenário ao seu redor; a beleza delicada do salão, o leve perfume, a miríade de homens em movimento, as roupas elegantes e o burburinho baixo das conversas pareciam parte de um mundo tão diferente do seu, tão estranhamente mais bonito do que qualquer coisa que já vira, que era como se ele estivesse em uma terra de sonhos, e teve um sobressalto quando, depois de um instante de silêncio, elevou-se bem alta e clara a música do cisne de Lohengrin[295]. A

---

[295] O cavaleiro Lohengrin surge na ópera de Wagner em um barco puxado por um cisne. Germanófilo, Du Bois se nutrira da filosofia de Hegel e Herder (e depois Marx), estudara economia a partir das obras de Gustav von Schmoller e Adolph Wagner (depois Marx), aprendera sociologia com Weber e tinha Goethe como seu poeta favorito, mas Wagner era quase uma religião. Das óperas de Wagner, *Lohengrin* era aquela de que mais gostava. "É um hino de fé', escreveu Du Bois sobre *Lohengrin* com a mesma paixão que dedica aos spirituals. "Algo neste mundo em que o homem pode confiar. Não tudo — mas Algo. Ninguém pode viver duvidando de tudo e todos. Em algum lugar deste mundo, e não acima dele, existe a confiança, e de alguma maneira ela leva à alegria."
Du Bois chegou a fazer a peregrinação até Bayreuth, a cidade que é a Meca do wagnerismo, no auge do regime nazista, em 1936. E conta que, enquanto esteve lá, passava pelo túmulo de Wagner duas vezes por dia.
A própria abertura deste texto, com seu crepúsculo vermelho e o céu em que aparecem as tenebrosas silhuetas dos estudantes, faz lembrar alguma cena de Wagner.
Para Anne E. Carroll (autora do texto "Du Bois and Art Theory: The Souls of Black Folk as a 'Total Work of Art'", publicado em *One Hundred Years of The Souls of Black Folk: a Celebration of W. E. B. Du Bois* – Duke University Press, 2005), o próprio *As Almas do Povo Negro* foi modelado na ideia de Richard Wagner de "Gesamtkunstwerk", a obra de arte total. Assim como Wagner fundiu música, poesia e teatro, Du Bois fez aqui sua justaposição de poemas, trechos de partituras, ensaio sociológico, história, autobiografia, sermão religioso e literatura.
O pesquisador britânico Samuel Dwinell vê o "afro-wagnerismo" de Du Bois como parte intrínseca de sua concepção de internacionalismo negro, do pan-africanismo. E, através de Du Bois, esse "afro-wagnerismo" teria penetrado na cultura negra norte-americana e isso seria perceptível não só no canto de Jessye Norman e Grace Bumbry mas também, por exemplo, na peça *Dutchman*, de Amiri Baraka, no poema "The Negro Speaks of Rivers", de

beleza infinita daquele canto dominou cada músculo de seu corpo e fez desaparecer todo o resto. Ele fechou os olhos e se agarrou aos apoios para os braços da poltrona, tocando sem querer o braço da moça. E ela se afastou. Um sentimento profundo elevou seu coração quando aquela música o transportou da sujeira e da poeira da vida subalterna que o mantinha prisioneiro e imundo. Se ele pudesse viver naquele ar livre com o canto dos pássaros e os crepúsculos sem nem um toque de sangue! Quem o obrigava a ser o escravo e o mais baixo de todos? E, se alguém o obrigava, com que direito, sendo que havia um mundo como aquele à disposição dos homens?

Então começou um novo movimento, e uma harmonia mais rica e poderosa se elevou. Ele olhou ao redor do salão e perguntou por que a bela mulher de cabelos grisalhos parecia tão desinteressada, e o que o homenzinho poderia estar cochichando. Ele não gostaria de estar desinteressado e distraído, pensou, pois com a música sentia um poder despertar dentro de si. Se tivesse algum trabalho importante, um serviço para a vida, difícil — sim, dificílimo, mas sem o medo e o servilismo repugnante, sem o sofrimento cruel que endurecera seu coração e sua alma. Quando enfim os violinos passaram a emitir uma melodia suave de tristeza, lhe veio a visão de seu lar distante, dos olhos grandes de sua irmã, do rosto escuro de sua mãe. E seu coração afundou nas águas, assim como a areia nas praias de Altamaha, e foi elevado novamente quando do último canto etéreo do cisne que desapareceu no céu.

John permaneceu prostrado, tão silencioso e arrebatado que só depois de um tempo notou que o porteiro lhe batia de leve no ombro e dizia com um tom educado: "O senhor poderia me acompanhar, por favor?". Um pouco surpreso, John ficou de pé em um pulo ao sentir o último tapinha e, ao se virar para deixar o assento, deu de cara com o rosto do jovem de cabelos claros. Pela primeira vez o jovem reconheceu seu companheiro de brincadeiras de pele escura, e John notou que era o filho do juiz. O John branco ergueu a mão, mas interrompeu o movimento e ficou imóvel na poltrona; o John negro abriu um leve sorriso e, com uma expressão de novo séria, seguiu atrás do porteiro pelo corredor. O gerente sentia muito, muito mesmo, mas

Langston Hughes, na ficção científica de Samuel Delany e Ralph Ellison, na música de Sun Ra e nas aparições de trechos da ária "O du mein holder Abendstern" em diversos solos de Charlie Parker. E é de se pensar se não haveria algo desse "afro-wagnerismo" em tudo isso que tem sido chamado de "afro-futurismo".

explicou que por algum engano havia vendido ao cavalheiro um assento já reservado; ele devolveria o dinheiro, claro — e lamentava profundamente o ocorrido e assim por diante —, mas antes que terminasse de falar John já tinha ido embora, atravessando a praça com passos apressados e, ao passar pelo parque, abotoou o casaco e disse: "John Jones, você é um grandíssimo tolo". Então foi até o quarto onde estava hospedado e escreveu uma carta, que depois rasgou; escreveu outra e lançou ao fogo. Em seguida pegou um pedaço de papel e anotou: "Querida mãe e irmã, estou chegando — John".

"Talvez", disse John, ao se acomodar no trem, "talvez a culpa seja minha, por me rebelar contra meu destino manifesto só porque parece difícil e desagradável. Meu dever para com Altamaha está bem claro diante de mim; talvez as pessoas me ajudem a resolver os problemas dos negros por lá — talvez não. 'Irei ter com o rei, apesar da lei, e, se for preciso morrer, morrerei'"[296].

---

[296] Ester 4:16. No *Livro de Ester* ela é uma bela judia que, escondendo sua origem, cai nas graças de Assuero, rei da Pérsia, e torna-se a favorita de seu harém. Assuero faz dela sua rainha. Amã, que é o principal conselheiro do rei, odeia o judeu Mardoqueu, sem saber que este é tio de Ester (em algumas versões, Mardoqueu teria criado a sobrinha Ester para ser sua esposa). Para se vingar do que vê como insolência de Mardoqueu, Amã pede ao rei que todos os judeus do reino sejam exterminados e Assuero dá a ele permissão para fazer o que quiser. Amã então marca a data para o massacre.

O desespero toma a comunidade judaica e Mardoqueu manda uma mensagem para Ester avisando-a dos planos de Amã. Ester responde que não há o que ela possa fazer: ninguém pode se aproximar do rei sem ser convocado, e aquele que ousa desrespeitar tal regra é imediatamente executado. "E há trinta dias que não sou convidada a me aproximar do rei!". Além do mais, e isso a autora ou autor bíblico deixa implícito, se Ester se revelar judia, pode ser que ela mesma seja condenada à morte. Mardoqueu percebe o ponto e insiste: "Não imagines que, porque estás no palácio, serás a única a escapar dentre todos os judeus. Pelo contrário, se te obstinares a calar agora, de outro lugar se levantará para os judeus salvação e libertação, mas tu e a casa de teu pai perecereis. E quem sabe se não teria sido em vista de uma circunstância como esta que foste elevada à realeza?". Ester então avisa Mardoqueu que fará o que ele pede: "Irei ter com o rei, apesar da lei, e, se for preciso morrer, morrerei".

Depois de jejuar, Ester se veste com todo o esplendor e vai à sala do trono. Ao vê-la entrar, Assuero lança um olhar tão furioso que a faz desmaiar. O rei então se desespera, a pega nos braços, a beija e promete a ela tudo, até metade do reino se ela quiser. Enfim, a história termina com Amã sendo enforcado, Mardoqueu sendo transformado em principal conselheiro real e os judeus massacrando aqueles que queriam exterminá-los.

É interessante notar que John Jones, ao acordar do sonho em que foi assistir *Lohengrin*, e ainda que tomado por algo que poderia ser chamado de heroísmo trágico wagneriano, retorna à Bíblia. Mas mesmo esse enredo tem seu equivalente em outra ópera de Wagner, na história de Tannhäuser, que deixa o reino de Vênus (com suas ninfas, sereias e bacantes) para retornar ao mundo cristão.

Então se pôs a pensar e sonhar, e planejou o trabalho de sua vida; e o trem avançava para o sul.

Em Altamaha, depois de sete longos anos, todo mundo sabia que John estava vindo. As casas foram limpas e espanadas — uma mais do que todas; os jardins e gramados estavam incomumente bem aparados, e Jennie comprou um novo vestido xadrez. Com uma boa dose de *finesse* e persuasão, todos os metodistas e presbiterianos negros foram induzidos a se juntar a uma enorme recepção na Igreja Batista; e, conforme o dia se aproximava, discussões acaloradas surgiam a cada esquina para determinar a exata extensão e natureza dos feitos de John. E foi na hora do almoço de um dia cinzento e nublado que ele chegou. A porção negra da cidade se aglomerava na estação, com alguns dos brancos ao redor — uma turba feliz, trocando saudações com seu sotaque sulista e rindo e fazendo piadas e brincadeiras. A mãe se sentou em um ponto mais distante, observando pela janela; mas a irmã Jennie se postou na plataforma, remexendo nervosamente o vestido com os dedos, magra e esguia, com uma pele parda e lisa e olhos amorosos e atentos sob os cabelos indomáveis. John apareceu com um ar melancólico quando o trem parou, pois estava pensando no vagão Jim Crow; ele desceu à plataforma e deteve o passo: uma estação pequena e escura, uma multidão de negros malvestidos e sujos, pouco menos de um quilômetro de casas dilapidadas em meio a poças de lama. Uma percepção acachapante da sordidez e da estreiteza do lugar o invadiu; ele procurou em vão por sua mãe, beijou com frieza a garota alta e estranha que o chamou de irmão, emitiu algumas palavras curtas e secas aqui e ali; então, sem se deixar atrair pelos apertos de mão e as fofocas, saiu andando em silêncio pela rua, tirando o chapéu apenas para uma velha tia que lhe pareceu menos ansiosa, para o espanto boquiaberto dela. As pessoas estavam claramente atarantadas. Aquele homem frio e calado — esse era John? Onde estavam seu sorriso e seu aperto de mão caloroso? "Pareceu meio acabrunhado no falar", comentou o pregador metodista, pensativo. "Pareceu mais foi metido a besta mesmo", reclamou uma irmã batista. Mas o carteiro, um homem branco postado a uma certa distância da multidão, expressou com clareza a opinião de seu povo. "Esse maldito crioulo", falou ele, pondo a correspondência nos ombros e o tabaco na boca, "foi pro Norte e voltou cheio de ideia idiota; mas isso não vai dar certo em Altamaha". E a multidão se dispersou.

A cerimônia de boas-vindas na Igreja Batista foi um fracasso. A chuva estragou o churrasco, e o trovão azedou o leite do sorvete. Quando chegou a hora do sermão, à noite, o salão transbordava de gente. Os três pregadores haviam se preparado especialmente para a ocasião, mas de alguma forma o comportamento de John jogou tudo por terra — ele parecia frio e distraído demais, e seu ar de restrição era tal que o irmão metodista não conseguiu imprimir o calor habitual a seu discurso, e não conseguiu arrancar dos presentes um único "Amém"; o pregador presbiteriano teve uma resposta fraca, e até mesmo o pastor batista, apesar de seu entusiasmo fingido, ficou tão desconcertado que se confundiu na hora de proferir sua frase favorita e precisou encerrar sua fala quinze minutos antes do que pretendia. O público se remexeu desconfortavelmente nos assentos quando John se levantou para responder. Sua fala foi pausada e metódica. Era uma época que exigia novas ideias, ele disse; as pessoas eram muito diferentes dos homens dos séculos XVII e XVIII — tinham ideias mais amplas em relação à solidariedade humana e ao destino. Então falou da ascensão da caridade e da educação popular, e em especial da distribuição da riqueza e do trabalho. A questão, portanto, ele acrescentou, pensativo, olhando para o teto baixo e desbotado, era determinar quais negros da região tomariam parte da luta do novo século. Ele esboçou em vagos contornos a ideia da nova escola industrial que poderia surgir em meio aos pinheiros locais e falou em detalhes do trabalho filantrópico que poderia ser implantado, do dinheiro que poderia ser guardado em bancos e investido em negócios. Por fim, exortou a unidade e criticou principalmente as rixas religiosas e denominacionais. "Hoje", ele falou com um sorriso, "pouco importa para o mundo se um homem é batista ou metodista, ou até mesmo se frequenta uma igreja, desde que ele seja bom e confiável. Que diferença faz se um homem é batizado em um rio ou uma vasilha, ou se sequer é batizado? Vamos deixar de lado essas questões menores e pensar grande". Então, sem pensar em mais nada, foi se sentar com gestos lentos. Sussurros de incômodo se espalharam pela plateia lotada. As pessoas não haviam entendido muita coisa do que ele dissera, pois falara em uma língua desconhecida, a não ser aquela última frase sobre o batismo; isso eles conheciam e fizeram um silêncio tamanho que era possível ouvir o tique-taque do relógio. E por fim um resmungo reprimido veio do lugar ocupado pelos fiéis mais fervorosos, e um homem velho e encurvado se levantou, atravessou as fileiras e subiu ao púlpito. Sua pele era negra e enrugada, e os cabelos, grisalhos e enrolados; sua voz e suas mãos tremiam como se ele sofresse de paralisia; mas em seu rosto era perceptível o olhar arrebatado do fanático religioso. Ele pegou sua Bíblia com as mãos grandes e ásperas; por duas vezes a ergueu sem razão e então lançou uma explosão de palavras de uma eloquência terrível e grosseira. Enquanto falava, estremeceu, e oscilou e se curvou; então assumiu uma postura absolutamente majestática, até as pessoas começarem a resmungar e protestar e berrar, e uma gritaria se elevou dos quatro cantos quando os sentimentos reprimidos de todos se uniram e se projetaram pelo ar. John não entendeu com clareza o que velho havia dito; só se sentiu repreendido e denunciado por desdenhar da verdadeira Religião e, espantado, percebeu que sem saber havia tratado sem a menor delicadeza algo que aquele mundinho considerava sagrado. Ele se levantou sem dizer nada e saiu para a noite. Tomou o caminho do mar, sob a luz das estrelas, sem dar atenção à garota que o seguia timidamente. Quando enfim chegou à praia, se virou para a irmã e a encarou com tristeza, arrependido de não ter lhe dado quase nenhuma atenção. Ele a abraçou e a deixou expressar o que sentia com lágrimas em seu ombro.

Por um bom tempo eles ficaram juntos, olhando para a água cinzenta e inquieta.

"John", ela disse", "todo mundo fica... infeliz quando estuda e aprende muita coisa?"

Ele fez uma pausa antes de responder e abriu um sorriso. "Acho que sim", falou.

"E, John, você está contente por ter estudado?"

"Sim", foi sua resposta convicta, apesar de ter demorado a sair.

Ela observou as luzes cintilantes sobre o mar e comentou, pensativa: "Eu queria ser infeliz... e... e...". Sua irmã colocou os dois braços sobre o pescoço dele. "Acho que sou um pouquinho, sim, John."

Foi só vários dias depois que John se dirigiu à casa do juiz para requisitar o privilégio de lecionar na escola dos negros. Foi o próprio juiz que o atendeu na porta da frente, falando bruscamente: "Vá até a porta da cozinha e me espere por lá, John". Sentado nos degraus da porta dos fundos, John ficou olhando para o milharal, absolutamente perplexo. Onde ele estava com a cabeça? Tudo o que fazia ofendia alguém. Voltara para salvar seu povo e antes mesmo de sair da estação já causara mágoas. Tentara ensinar alguma coisa na igreja e insultara seus sentimentos mais profundos. Dissera a si mesmo que precisava ser respeitoso com o juiz e bateu na porta da frente de sua casa. Em todas essas ocasiões suas intenções eram boas — e, no entanto, de alguma forma achava difícilimo se readaptar a seu antigo ambiente, encontrar seu lugar naquele mundo. Ele não se lembrava de nenhuma dificuldade nesse sentido no passado, quando a vida era feliz e alegre. O mundo parecia leve e tranquilo nessa época. Talvez — mas nesse momento sua irmã apareceu na porta da cozinha e avisou que o juiz o esperava.

O juiz estava sentado na sala de jantar abrindo sua correspondência matinal e não disse para John se sentar. Foi direto ao assunto. "Você veio falar da escola, penso eu. Muito bem, John, quero ser bem sincero aqui. Você sabe que sou amigo de sua gente. Ajudei você e sua família, e teria feito mais se não tivesse surgido essa ideia de ir embora. Ora, eu gosto das pessoas de cor e sou simpático a todas as suas aspirações razoáveis; mas você e eu sabemos, John, que neste condado o negro deve continuar sendo subordinado e jamais pode esperar ser igual aos homens brancos. A sua gente, por sua vez, pode tratar de ser honesta e respeitosa; e Deus é testemunha de que vou fazer o que puder para ajudar. Mas, quando a ideia for subverter a natureza e mandar nos brancos, casar com mulheres brancas e se sentar na minha varanda, ora — por Deus! —, nós vamos colocá-los no seu lugar mesmo se for preciso linchar todos os crioulos da região. Então, John, a pergunta que lhe faço é: com sua educação e as ideias que aprendeu no Norte, você vai aceitar essa situação e educar os escurinhos para ser criados fiéis e trabalhadores como foram seus pais? E eu conheci seu pai, John. Meu irmão era dono dele. Era um bom crioulo. Bem... e então? Você vai ser como ele ou vai tentar colocar ideias ridículas de ascensão social e igualdade na cabeça desse povo e deixar todo mundo descontente e infeliz?"

"Eu vou aceitar a situação, juiz Henderson", respondeu John, com uma brevidade que não passou despercebida ao homem mais velho e astuto. Ele hesitou por um instante e em seguida se limitou a dizer: "Muito bem — vamos fazer uma tentativa. Passar bem".

Foi um mês depois da inauguração da escola dos negros que o outro John voltou para casa, alto, alegre e cheio de convicções. A mãe chorou, e as irmãs cantaram. Todos os brancos da cidade se alegraram. O juiz se sentia orgulhoso, e que bela visão era ver os dois andando juntos pela rua principal da cidade. Mas as coisas não estavam tranquilas entre eles, pois o filho não conseguia esconder seu desprezo pela cidadezinha, pois seu coração estava em Nova York. Ora, a maior ambição nutrida pelo juiz era tornar seu filho prefeito de Altamaha, um representante do condado na legislatura estadual e — quem poderia dizer que não? — governador da Geórgia. Portanto a discussão entre os dois muitas vezes era acalorada. "Céus, pai", o jovem dizia depois de comer, quando acendia um charuto ao lado da lareira, "não é possível que você espere que alguém como eu se instale em caráter permanente nesta... nesta cidadezinha esquecida por Deus onde só há lama e crioulos?" "Eu esperava, *sim*", o juiz respondia, lacônico; e nesse dia em particular estava prestes a acrescentar uma afirmação mais enfática, porém os vizinhos já começavam a chegar para admirar seu filho, e a conversa mudou de rumo.

"Ouvi dizer que John tá animando as coisas lá na escola dos escurinhos", comentou o carteiro, depois de uma pausa.

"Que história é essa?"

"Ah, nada de mais... é só aquele ar de metido a besta dele. Acho que disseram que ele fala de Revolução Francesa, igualdade e essas coisas aí. É o que eu chamo de um crioulo perigoso."

"Você o ouviu falar alguma coisa inapropriada?"

"Eu não... mas Sally, a menina lá de casa, contou um monte pra minha mulher. E uma coisa que num sou obrigado a ouvir: que um crioulo não precisa chamar um homem branco de 'senhor', ou que..."

"Quem é esse John?", interrompeu o filho.

"Ora, aquele menino negro, filho da Peggy... aquele que brincava com você."

O rosto do jovem ficou vermelho de raiva e em seguida ele caiu na risada.

"Ah", comentou ele, "o escurinho que tentou se sentar ao lado da dama que eu estava acompanhando..."

O juiz Henderson, porém, não esperou para ouvir o restante. Estava irritado o dia todo e ao ouvir isso se levantou resmungando uma blasfêmia, pegou seu chapéu e sua bengala e foi direto para a escola.

Para John, havia sido um longo trabalho colocar as coisas para funcionar no velho e precário barracão que abrigava sua escola. Os negros estavam divididos em facções favoráveis e contrárias a ele, os pais eram desinteressados, as crianças faltavam muito e quando compareciam estavam sujas, e livros, lápis e papel estavam sempre em falta. Mesmo assim ele insistiu, movido pela esperança, e enfim parecia ver alguma luz no fim do túnel. A frequência nas aulas vinha aumentando, e as crianças estavam um pouquinho mais limpas naquela semana. Até mesmo os que se saíam muito mal na leitura apresentavam um pequeno e reconfortante progresso. Por isso, John trabalhava com uma paciência especial naquela tarde.

"Ora, Mandy", ele falou, animado, "está bem melhor; mas não precisa falar as palavras desse jeito assim tão pausado: 'Se-o-ho-mem-for'. Ora, seu irmãozinho não contaria uma história desse jeito, não é?"

"Não, ele num sabe nem falar."

"Certo; vamos tentar de novo: 'Se o homem...'"

"John!"

A escola toda se sobressaltou, e o professor estava se levantando quando o rosto vermelho e furioso do juiz apareceu na porta aberta.

"John, a escola está fechada. As crianças podem ir para casa trabalhar. As pessoas brancas de Altamaha não vão pagar para encher a cabeça dos negros de mentiras e descomposturas. Saiam! Eu mesmo vou trancar a porta."

Na casa espaçosa e adornada com pilares, o jovem filho pensava na partida abrupta do pai. Ali havia pouca coisa de seu interesse; os livros eram velhos e mofados, o jornal local, sem graça, e as mulheres haviam se recolhido para costurar, ou então porque estavam com dor de cabeça. Ele tentou um cochilo, mas estava calor demais. Então saiu para andar pelos campos, reclamando, desconsolado: "Deus do céu! Quanto tempo mais esse confinamento vai durar?". Não era um mau sujeito — só um pouco mimado e autoindulgente, e cheio de convicções como seu orgulhoso pai. Era um jovem de bela aparência, e se sentou em um grande toco de árvore escurecido à beira do pinheiral, balançando as pernas ociosamente e fumando. "Ora, não há nem mesmo uma garota com quem valha a pena estabelecer um flerte respeitável", resmungou. Foi quando seus olhos viram uma figura alta e esguia vindo apressada em sua direção pela trilha estreita. Ele observou a princípio com interesse e então caiu na gargalhada ao falar: "Ora, se não é Jennie, a empregadinha parda da cozinha! Nunca reparei que ela tinha esse corpo. Olá, Jennie! Ei, você não me deu nenhum beijo desde que voltei para casa", ele falou, todo animado. A garota o encarou com uma mistura de confusão e surpresa, murmurou algumas palavras inarticuladas e tentou passar. Mas o jovem desocupado foi tomado por um estado de ânimo mais voluntarioso e a segurou pelo braço. Assustada, ela escapuliu; e, meio de brincadeira, ele saiu correndo atrás dela pelo pinheiral.

Longe dali, no fim da trilha, perto do mar, John vinha caminhando devagar, de cabeça baixa. Voltava arrastando os pés para casa, saído da escola; pensando em uma forma de proteger a mãe do baque, pensou em interceptar a irmã depois que saísse do trabalho e dar a ela a notícia de sua dispensa. "Eu vou embora", ele falou baixinho. "Vou arrumar trabalho em outro lugar e mandar buscá-la. Não posso mais viver aqui." E então sua raiva feroz e suprimida se elevou em sua garganta. Ele agitou os braços e saiu andando pela trilha com passos apressados.

O grande mar marrom estava em silêncio. O ar mal se mexia. O fim da tarde conferia aos carvalhos retorcidos e aos imponentes pinheiros um tom de preto e dourado. O vento não dava sequer um aviso de que viria, o céu sem nuvens não emitia nem um sussurro. Havia apenas um homem negro pisando duro com o coração apertado, sem dar atenção ao sol nem ao mar, mas que teve um sobressalto como se acordasse de um sonho ao ouvir o grito de medo que despertou o pinheiral, e viu sua irmã de pele escura se debatendo nos braços de um homem de cabelos claros.

Ele não disse uma palavra, mas, apanhando um galho caído, o atacou com toda a fúria reprimida de seu poderoso braço negro, e o corpo tombou pálido e imóvel sob os pinheiros, banhado em sol e sangue. Para John, foi como se fosse tudo uma visão onírica, e ele voltou para casa apressado e disse com uma voz suave: "Mamãe, eu vou embora... Vou ser livre".

Ela o encarou com um ar abobalhado e disse: "Pro Norte, querido, cê vai pro Norte de novo?".

Ele olhou para o local onde a Estrela do Norte brilhava fracamente acima das águas e respondeu: "Sim, mamãe, eu vou... para o Norte".

Sem dizer mais nada, ele saiu pela rua estreita na direção dos pinheiros de troncos retos, tomando a mesma trilha serpenteante, e se sentou no toco de árvore escurecido, observando o sangue no local onde o corpo jazia. Em um passado cinzento, ele brincara com aquele rapaz morto, correndo por entre as árvores solenes. A noite se aprofundou; ele pensou nos colegas de Johnstown. Como Brown teria se saído, e Carey? E Jones... Jones? Ora, ele era Jones, e se perguntou o que todos diriam quando soubessem, quando ficassem sabendo, naquele longo refeitório lotado com centenas de olhos alegres. Então, quando o brilho das estrelas se instalou, ele pensou no teto dourado da enorme sala de concertos, e a música distante do canto do cisne pareceu chegar aos seus ouvidos. Ora, mas era música ou o som de passos apressados e gritos de homens? Sim, claro! Alta e clara, a melodia suave parecia pairar no ar como uma coisa viva, fazendo o chão tremer, como se estivesse sob o tropel de cavalos entre os murmúrios de homens furiosos.

Ele se virou para trás e sorriu para o mar, do qual se erguia uma estranha melodia, distante do ponto além das sombras de onde vinha o ruído de cavalos galopando. Com esforço, se levantou, se curvou para a frente e contemplou a trilha, cantarolando baixinho a "Canção da Noiva":

"Freudig geführt, ziehet dahin."[297]

Entre as árvores, na tímida luz do amanhecer, ele viu as sombras dançando e ouviu os cavalos trovejando em sua direção, até chegarem como uma tempestade, e na frente de todos vinha um homem desalinhado de

---

[297] "Alegremente conduzida, vai adiante" (na versão tradicional brasileira: "Lá vem a noiva, toda de branco"). Muito já se escreveu a respeito das razões para Du Bois, ao fazer a citação da "Marcha Nupcial" da ópera *Lohengrin*, ter trocado "treulich" (fielmente) por "freudig" (alegremente). Na verdade, muito já se escreveu sobre este capítulo em especial. Como ficção, ele permite muitas interpretações. Já se levantou a hipótese, por exemplo, de que John Jones seria meio-irmão do outro John, ambos filhos do juiz Henderson, que teria feito com Peggy o que John Henderson tentou fazer com Jennie. Por isso a cor da pele de John Jones é descrita como parda. Já o professor Charles I. Nero, além de chamar a atenção para o fato de que pouco antes John Jones se identificara com Ester, sustenta que nesse trecho ele assume a posição feminina da noiva ao cantar a "Marcha Nupcial" (talvez reforce a tese notar que Du Bois chama a música de "Canção da Noiva"). Na leitura de Nero, John Jones representa o desejo frustrado de estabelecer uma ligação homossocial e patriarcal com os brancos.
Sem dúvida, há em todo o texto um elogio ao feminino, à delicadeza e ao amor inexpugnável da mãe e da irmã de John. É só graças ao esforço de Peggy, vai saber a que custo, que John tem a chance de estudar e de tentar escapar ao destino reservado aos meninos negros de Altamaha, e é por ela que ele persiste quando chega quase a ser expulso do Instituto Wells. Nessa trilha do feminino, talvez uma pista para o entendimento dessa cena final esteja no início do capítulo, na epígrafe: um trecho de um poema de Elizabeth Barrett Browning, autora também de "The Runaway Slave at Pilgrim's Point". Esse famoso poema abolicionista se apresenta como um monólogo de uma escravizada que viu outro escravo, o amor de sua vida, ser morto e depois foi estuprada pelo senhor branco. Desse estupro nasceu uma criança ("My own, own child! I could not bear/ To look in his face, it was so white" — "Minha criança, minha própria criança/ Eu não suportava/ Olhar seu rosto, era tão branco"). Ela mata o bebê e o enterra na floresta, então se senta ao lado da pequena cova e espera por aqueles que vêm para enforcá-la. Está em paz, porque agora está conciliada com seu bebê e vai a seu encontro, no outro mundo.

cabelos brancos, cujos olhos injetados brilhavam de fúria. Oh, que piedade sentiu do homem — o que sentiu foi piedade —, e se perguntou se o velho trazia consigo a corda enrolada com um laço na ponta. Então, enquanto a tempestade crescia ao seu redor, ele se levantou devagar e voltou os olhos fechados para o mar.

E o mundo zumbiu em seus ouvidos.

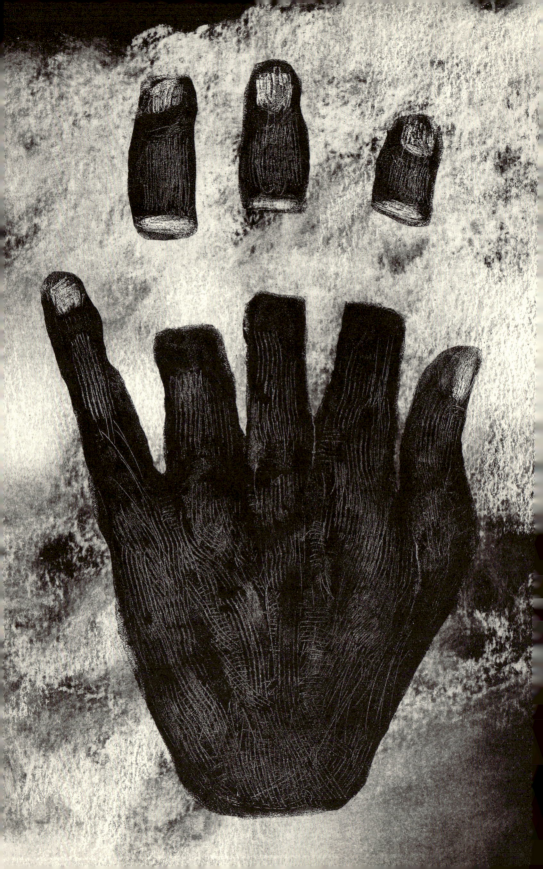

14

SOBRE AS CANÇÕES DE LAMENTO

Caminho pelo cemitério da igreja
Para deitar este corpo;
Vejo surgirem a lua e as estrelas;
Caminho ao luar, caminho sob o céu iluminado;
Vou me deitar na cova e estender os braços
E vou comparecer ao juízo final nesse dia,
E minha alma vai encontrar a tua nesse dia,
Quando eu deitar este corpo. [298]

— Canção negra

298 "I walk through the churchyard/ To lay this body down;/ I know moon-rise, I know star-rise;/ I walk in the moonlight, I walk in the starlight;/ I'll lie in the grave and stretch out my arms,/ I'll go to judgment in the evening of the day,/ And my soul and thy soul shall meet that day,/ When I lay this body down." — Trecho do spiritual "Lay This Body Down", também conhecido como "Oh, Graveyard".

299 O spiritual "Wrestlin' Jacob" se baseia em um dos episódios mais enigmáticos da Bíblia, em Gênesis 32:22-32, no qual Jacó se vê atacado no meio da noite por um homem misterioso. Os dois lutam até que, quando se aproxima a aurora, Jacó consegue prender o desconhecido, que então pede: "Deixe-me ir, está rompendo o dia". Jacó responde: "Não te deixarei ir a menos que me abençoe!". O desconhecido então pergunta: "Qual o seu nome?". "Jacó." "Teu nome não será mais Jacó, mas Israel, porque lutaste com seres divinos e homens e venceste." "Digas seu nome, eu peço." "Por que perguntas meu nome?" Então o desconhecido abençoou Jacó, que por sua vez batizou o lugar em que aconteceu a luta com o nome de Peniel, "porque", disse ele, "eu vi um ser divino face a face (*panim 'el panim*) e continuei vivo". Há 2 mil anos se debate quem seria tal homem misterioso. A maior parte dos tradutores coloca Deus como a tradução de *'elohim* (ser divino ou seres divinos, Deus ou deuses, mas também príncipe ou juiz), mas alguns estudiosos dizem que era um anjo, outros dizem que era um demônio. A belíssima letra de "Wrestlin' Jacob" preserva o enigma: *O wrestlin' Jacob, Jacob, day's a-breakin';/ I will not let thee go!/ O wrestlin' Jacob, Jacob, day's a-breakin';/ He will not let me go!/ O, I hold my brudder wid a tremblin' hand/ I would not let him go!/ I hold my sister wid a tremblin' hand;/ I would not let her go!/// O, Jacob do hang from a tremblin' limb,/ He would not let him go!/ O, Jacob do hang from a tremblin' limb;/ De Lord will bless my soul*. ("Ó Jacó, Jacó lutador, o dia está raiando;/ Eu não vou deixá-lo ir!/ Ó Jacó, Jacó lutador, o dia está raiando;/ Ele não vai me deixar ir!/ Ó, eu seguro meu irmão com uma mão trêmula/ Eu não o deixaria ir!/ Seguro minha irmã com a mão trêmula;/ Eu não a deixaria ir!/// Ó, Jacó o segura com o braço trêmulo,/ Ele não o deixaria ir!/ Oh, Jacó o segura com o braço trêmulo;/ O Senhor abençoará minha alma"). "Tremblin' limb" também pode ser traduzido como "membro trêmulo", dando a possibilidade de entendermos que se refere à perna de Jacó. Assim, Jacó teria usado a perna para prender o seu oponente, e ela estaria trêmula porque havia sido ferida durante a luta: "vendo que não o dominava", o ser "tocou-lhe a coxa, e a coxa de Jacó se deslocou enquanto lutava com ele".

Antigamente eles caminhavam na escuridão e entoavam suas canções — as Canções de Lamento —, pois seus corações estavam abalados. E por isso antes de cada reflexão que registrei neste livro coloquei um trecho, um eco assombroso dessas estranhas canções antigas através das quais a alma do escravo negro falava aos homens. Desde a minha infância essas músicas têm um efeito curioso sobre mim. Vieram de um Sul que me era desconhecido, uma por uma, mas desde o início era como se falassem de mim e fossem feitas para mim. Então, dez anos depois, quando cheguei a Nashville[300], vi o grande templo construído para essas canções se elevando sobre a cidade pálida. Para mim, o Jubilee Hall[301] sempre pareceu ter surgido das próprias canções, com seus tijolos vermelhos por causa do sangue e da terra. Era de lá que se elevavam para mim de manhã, à tarde e à noite as maravilhosas melodias, nas vozes de meus irmãos e irmãs, impregnadas das vozes do passado.

Os Estados Unidos da América legaram ao mundo poucas coisas belas além da grandiosidade crua que Deus estampou em seu seio; o espírito humano neste novo mundo se expressa mais com vigor e engenhosidade do que com beleza. E por um feliz acaso o cancioneiro negro — o lamento ritmado do escravo — é hoje não só a única música norte-americana mas também a mais bela expressão da experiência humana a surgir deste lado do oceano. Essa expressão foi negligenciada, como continua sendo, além de em parte desprezada e acima de tudo frequentemente mal entendida e mal interpretada; mas ainda assim permanece sendo a única herança espiritual da nação e o maior dos dons da população negra.

Nos anos 1830, as melodias dessas canções de escravos causavam sensação no país, mas logo eram esquecidas. Algumas, como "Near the Lake Where Drooped the Willow", se incorporaram às correntes de ar e sua origem foi perdida; outras foram caricaturizadas na época dos "minstrels"[302] de rosto pintado de preto

---

300 Du Bois chegou a Nashville, Tennessee, em 1885, para estudar na Universidade Fisk, onde se formou em 1888.
301 E, de fato, o Jubilee Hall foi construído com dinheiro arrecadado pelos Fisk Jubilee Singers, o coral da universidade Fisk (ver nota 139).
302 "Minstrel" é o equivalente em inglês de "menestrel", mas os "minstrel shows" têm mais relação com os *bänkelsängers* e os espetáculos popularescos itinerantes que há muitos séculos zanzavam pelas feiras e praças da Europa misturando música e esquetes cômicos, em geral brutalmente preconceituosos contra minorias. A especialidade dos "minstrel shows" americanos era o humor racista contra negros, retratados como preguiçosos, estúpidos e sub-humanos. Os artistas se

e sua memória morreu. Então, na época da guerra, veio o singular experimento de Port Royal depois da captura de Hilton Head[303], e talvez pela primeira vez o Norte se viu cara a cara com o escravo do Sul, de coração aberto, sem a intermediação de terceiros. As ilhas das Carolinas, onde se conheceram, tinham um cancioneiro negro de um tipo primitivo, menos influenciado pelo resto do mundo do que em qualquer outra parte fora do Cinturão Preto. Eram pessoas de aspecto rústico, que se expressavam em uma linguagem curiosa, mas seus corações eram humanos, e seu canto tinha um enorme poder de mexer com a sensibilidade dos homens. Thomas Wentworth Higginson[304] foi rápido em registrar essas canções, e pessoas como a sra. McKim[305] e outras instigaram o mundo a conhecer sua rara beleza. Mas o mundo não escutava com muita atenção até que os Jubilee Singers de Fisk passassem a apresentar as canções dos escravos de forma tão profunda que elas jamais poderão ser esquecidas por completo de novo.

    apresentavam em *blackface*, e foi nos *minstrels shows* que nasceu o personagem Jim Crow, que deu origem ao nome das leis segregacionistas surgidas na segunda metade do século XIX. "É a mais imunda escória da sociedade branca", escreveu Frederick Douglass, "roubam de nós o que a natureza negou a eles, para fazer dinheiro e satisfazer o gosto corrompido de seus concidadãos brancos". Mas havia também os *minstrels shows* negros, para plateias negras, alguns deles bem subversivos contra o racismo dos brancos. E, ainda que de maneira involuntária, os *minstrel shows* ajudaram a divulgar a música e outros elementos da cultura afro-americana. Tais espetáculos entraram em decadência no final do século XIX, mas são a base do entretenimento de massa norte-americano, dos quadrinhos aos shows de TV.

303 Ver nota 34.
304 Thomas Wentworth Higginson (1823-1911) foi um escritor, militar e incansável ativista branco dos direitos civis dos afro-americanos e das mulheres. E também um crítico firme do nascente imperialismo norte-americano. Foi um dos Secret Six, o grupo de apoio a John Brown (ver nota 113), e liderou uma frustrada conspiração para tentar resgatar o velho guerrilheiro da prisão. Higginson foi muito ativo no apoio a afro-americanos fugitivos do Sul e carregava no rosto uma cicatriz resultante de um dos tantos embates armados contra escravagistas. Na Guerra Civil, foi encarregado de comandar um batalhão de soldados negros e avisou seus oficiais brancos: "Nós, seus oficiais, não vamos lá para dar aulas, mas para recebê-las. Há lá mais de cem homens no batalhão que voluntariamente enfrentaram mais perigos em sua fuga da escravidão do que qualquer um dos nossos jovens capitães incorreu em toda a sua vida". E, no final de sua vida, Higginson foi ativo na construção do movimento socialista. Mas, além de tudo, Higginson era um literato, autor de romances, biografias, livros de memórias e também poesia. Foi o mentor da poeta Emily Dickinson e um pioneiro no registro e na valorização da poesia dos spirituals.
305 Lucy McKim Garrison (1842-1877) foi uma pesquisadora da música afro-americana e coeditora da fundamental antologia *Slave Songs of the United States*, publicada em 1867.

Houve certa vez um filho de um ferreiro nascido em Cadiz, Nova York, que em tempos de mudança lecionou em Ohio e ajudou a defender Cincinnati de Kirby Smith. Depois disso lutou em Chancellorsville e Gettysburg e acabou se tornando funcionário do Gabinete dos Libertos em Nashville[306]. Lá ele fundou uma escola dominical para crianças negras em 1866, e cantou com elas, e as ensinou a cantar. Elas, por sua vez, também o ensinaram a cantar, e quando a glória das canções do Jubilee Hall entrou no coração de George L. White ele entendeu que a missão de sua vida era fazer com que aqueles negros cantassem para o mundo da mesma forma como cantaram para ele. Então, em 1871, começou a peregrinação dos Jubilee Singers de Fisk. Eles viajaram para o norte de Cincinnati — quatro rapazes negros e cinco moças que nem sequer tinham roupas para o clima que enfrentariam —, liderados por um homem com uma causa e um propósito. Fizeram uma parada em Wilberforce, a mais antiga das escolas para negros, onde foram abençoados por um bispo negro. Então seguiram viagem, sofrendo com o frio e a fome, rejeitados em hotéis e ridicularizados[307], mas sempre indo cada vez mais para o norte; e sempre a magia de sua música animava os corações, até que a grande aclamação no Conselho Congregacional em Oberlin os revelou ao mundo[308]. Eles foram para Nova York, e Henry Ward Beecher[309] teve a coragem de

---

[306] Du Bois se refere a George Leonard White (1838-1895), um abolicionista branco muito envolvido com a Underground Railroad antes da Guerra Civil. Foi já nessa época que ele, que era um bom músico, apaixonou-se pelos spirituals, e pode ter sido então que começou a transcrevê-los, um trabalho de valor inestimável sem o qual muitas preciosidades teriam sido perdidas. White dirigia uma escola para crianças negras em Ohio quando a Guerra Civil começou. Ele se alistou no exército da União e lutou em batalhas como as de Gettysburg, Lookout Mountain e Chancellorsville. Também participou da defesa de Cincinnati contra o cerco realizado pelo general confederado Edmond Kirby Smith. Depois da guerra, foi para Nashville e tornou-se tesoureiro e professor de música da Fisk, que, nesses tempos iniciais, vivia em permanente crise financeira. Os professores passavam meses sem receber e a própria existência da escola estava em perigo. White então teve a ideia de levar o coro da Fisk, que havia batizado com o nome Jubilee Singers, para uma espécie de turnê, a fim de arrecadar dinheiro. Ele usou suas próprias economias para bancar o projeto, que foi um grande sucesso e salvou a escola.
[307] Os Jubilee Singers foram obrigados a dormir em depósitos, impedidos de entrar em muitos restaurantes, rejeitados por igrejas e ameaçados pela própria Klu Klux Klan.
[308] Essa apresentação em Oberlin (Ohio) aconteceu em 16 de novembro de 1871.
[309] O pastor abolicionista Henry Ward Beecher (1813-1887) era irmão de Harriet Beecher Stowe (a autora de *A Cabana do Pai Tomás*) e uma grande celebridade nos Estados Unidos. Nos anos anteriores à Emancipação, promoveu coletas de dinheiro para comprar e libertar escravizados, e para

acolhê-los, embora os jornais tratassem com ironia seus "menestréis crioulos". Assim suas canções foram conquistando espaço, até eles conseguirem se apresentar por todo o país e no além-mar, diante da rainha e do kaiser, na Escócia e na Irlanda, na Holanda e na Suíça. Por sete anos eles cantaram, e voltaram com cento e cinquenta mil dólares em doações para a Universidade Fisk.

Desde então, vêm sendo imitados — às vezes bem, pelos cantores de Hampton e Atlanta, às vezes mal, por quartetos mal-ajambrados. A caricaturização também ameaçou arruinar a delicada beleza da música, preenchendo o ar com melodias empobrecidas que os ouvidos vulgares nem sequer conseguem diferenciar das verdadeiras. Mas o cancioneiro negro continua vivo no coração daqueles que o ouviram ser entoado como se deve, e no coração da população negra.

O que são essas canções, e qual é seu significado? Eu conheço pouquíssimo de música e sou incapaz de usar sua linguagem técnica, mas conheço algumas coisas sobre os homens, e por isso sei que essas canções são a mensagem articulada do escravo para o mundo. Há quem diga que nesses tempos o escravo negro levava uma vida alegre, despreocupada e feliz. Consigo acreditar sem dificuldades que esse era o caso de alguns, de muitos. Mas nem se todo o antigo Sul ressurgisse dos mortos para afirmar o contrário seria possível negar o caráter tocante dessas canções, que são a música de um povo infeliz, de filhos da desolação; falam sobre a morte e o sofrimento e um desejo não expressado por um mundo mais verdadeiro, de andanças nebulosas e caminhos secretos.

As canções são na verdade resultado de séculos; a música é muito mais antiga que as letras, e podemos constatar aqui e ali sinais de sua evolução. A avó de meu avô foi capturada por um terrível traficante holandês dois séculos atrás; e atravessando os vales do Hudson e do Housatonic, negra, muda e magra, estremeceu e se encolheu sob os ventos implacáveis do norte, lançando seu olhar cobiçoso para as colinas, e muitas vezes entoava a seguinte melodia pagã para a criança em seu colo:

---

enviar rifles aos abolicionistas que faziam a luta armada contra o escravismo no Kansas. Essas armas costumavam ser enviadas em caixas marcadas como de livros, por isso passaram a ser conhecidas como "Beecher's Bibles". O bom pastor Beecher acreditava "que um rifle Sharp tem mais poder moral para convencer os escravocratas do Kansas que uma centena de Bíblias".

A criança a cantou para seus filhos, que por sua vez a cantaram para os filhos de seus filhos, e assim por duzentos anos ela foi transmitida a nós, que a cantamos para nossos filhos, sabendo tão pouco quanto nossos pais sobre o que essas palavras querem dizer, mas conhecendo muito bem o significado da música.

Trata-se de uma música africana primitiva; pode ser vista em uma forma mais extensa no estranho canto que precede o texto "Sobre a vinda do precursor" e que é a própria voz do exílio:

Pode me enterrar no Leste,
Pode me enterrar no Oeste,
Mas eu vou ouvir o som da trombeta naquela manhã[310]

---

310 *"You may bury me in the East,/ You may bury me in the West,/ But I'll hear the trumpet sound in that morning"*.

Dez canções principais, mais ou menos, podem ser destacadas da floresta de melodias de origem inegavelmente negra, com características específicas da época da escravidão, que são popularíssimas hoje em dia. Uma é essa que acabei de mencionar. Outra, cujas notas abrem este livro, é "Nobody Knows the Troubles I've Seen". Quando, diante de uma condição repentina de pobreza, os Estados Unidos se recusaram a cumprir a promessa de dar terras aos libertos, um general-brigadeiro foi às ilhas das Carolinas para dar a notícia. Uma mulher idosa posicionada à margem da multidão começou a cantar essa música; toda a massa presente se juntou a ela, balançando no mesmo ritmo. E o militar chorou.

A terceira é uma cantiga infantil que todos conhecem — "Swing Low, Sweet Chariot" —, cujos compassos abrem a história de vida de Alexander Crummell. Há também a canção sobre muitas águas, "Roll, Jordan, Roll", um coro poderoso com cadências mais suaves. Existiam muitas canções sobre fugitivos, como a que abre o texto "Sobre as asas de Atalanta", e a mais conhecida "Been A-Listening"[311]. A sétima é a canção sobre o Fim e o Começo — "My Lord, What a Mourning! When the Stars Begin to Fall"; uma parte dela foi reproduzida antes de "Sobre o raiar da liberdade". A canção do desejo de aprender — "My Way's Cloudy" — está no início de "Sobre o significado de progresso"; a nona é a canção deste capítulo — "Wrestlin' Jacob, the Day Is A-Breaking" —, um louvor à labuta e à esperança. A última entre as principais canções — "Steal Away" — aparece em "Sobre a fé dos ancestrais".

Existem muitas outras músicas do cancioneiro negro tão impactantes e características quanto essas, como as que aparecem no terceiro, no oitavo e no nono capítulos deste livro; e outras que com certeza mereceriam

---

[311] Outro dos spirituals divulgados ao mundo pelos Jubilee Singers: *I've been a-list'ning all the night long,/ Been list'ning all de day,/ I've been a-listening all de night long,/ To hear some sinner pray// Some say that John the Baptist,/ Was nothin' but a Jew,/ But the Bible doth inform us/ Dat he was a preacher too.// Go head the fifth of Matthew,/ An' a-read de chapter thro',/ It is a guide to Christians,/ An' a-tells dem what to do.// I've been a-list'ning [etc]// Dere was a search in heaven,/ An' a-all de earth around, /John stood in sorrow hoping/ Dat a Saviour might be found.* ("Estou à espera toda a noite,/ Estou à espera todo o dia,/ Estou à espera noite e dia,/ Para ouvir se um pecador rezaria// Dizem que João Batista,/ De um simples judeu não passava,/ Mas é a Bíblia que nos conta/ Que a palavra ele pregava.// Vá até Mateus capítulo cinco,/ E leia do início ao fim,/ É um guia para os cristãos,/ E todos devem agir assim.// Estou à espera [etc.]// Houve uma busca pelos céus,/ E pela terra em cada quinhão,/ João se manteve na triste espera/ Do Salvador e sua aparição.")

fazer parte de uma coletânea com propósitos mais científicos. Há também as canções que parecem já um tanto distantes das mais primitivas: a labiríntica fusão de melodias "Bright Sparkles", que aparece em "O Cinturão Preto"; o cântico pascal "Dust, Dust and Ashes"[312]; a fúnebre "My Mother Took Her Flight and Gone Home"[313]; e a explosão de melodia que abre "Sobre o falecimento do primogênito": "Espero que minha mãe esteja lá naquele lindo mundo lá de cima".[314]

Essas representam um terceiro estágio de desenvolvimento na canção dos escravos, do qual "You May Bury Me in the East" faz parte do primeiro, e músicas como "March On" — reproduzida no sexto capítulo — e "Steal Away" representam o segundo. O primeiro é a música africana, o segundo é a afro-americana, e o terceiro é uma fusão da música negra com a que foi aprendida no novo território. O resultado ainda é distintamente negro, com um método de fusão bastante original, mas seus elementos são tanto negros como caucasianos. É possível ir além e encontrar um quarto estágio nesse desenvolvimento, no qual as canções dos brancos norte-americanos foram claramente influenciadas pela música dos escravos ou incorporaram fraseados inteiros das melodias negras, como em "Swanee River"[315] e "Old Black

---

312 Também conhecido simplesmente como "Dust an' Ashes".
313 Essa música talvez seja também conhecida como "Before This Time Another Year": *Before this time another year/ I may be gone,/ Out in some lonesome graveyard,/ Oh Lord, how long?// My mother took her flight and gone/ Oh Lord, how long/ By the grace of God I'll follow on/ Oh Lord, how long?* ("Antes deste dia em outro ano/ Eu posso não estar aqui,/ Em um cemitério esquecido,/ Oh, Senhor, por quanto tempo?// Minha mãe partiu e alçou seu voo/ Oh, Senhor, por quanto tempo/ Pela graça de Deus eu também vou/ Oh, Senhor, por quanto tempo?")
Ou talvez seja uma variação de "Don't You Grieve For Me": *My sister took her flight/ And gone home/ And the angels's waiting at the door/ My sister took her flight/ And gone home/ And the angel's waiting at the door// Tell all-a-my Father's children/ Don't you grieve for me/ Tell all-a-my Father's children/ Don't you grieve for me// She has taken up her crown/ And gone home/ And the angel's waiting at the door* ("Minha irmã alçou seu voo/ E foi para casa/ E o anjo está à espera na porta/ Minha irmã alçou seu voo/ E foi para casa/ E o anjo está à espera na porta// Diga a todos os filhos de meu Pai/ Não chorem por mim/ Diga a todos os filhos de meu pai/ Não chorem por mim// Ela tomou sua coroa/ E foi para casa/ E o anjo está à espera na porta").
314 *"I hope my mother will be there in that beautiful world on high."*
315 Também conhecida como "Old Folks at Home", "Swanee River" foi criada para um *minstrel show* em 1851 pelo célebre compositor Stephen Foster (autor de outros clássicos do cancioneiro norte-americano do século XIX, como "Oh! Suzanna"). Fala da nostalgia de um afro-americano pelos tempos em que era escravo em uma fazenda sulista: *"Sadly I roam/ Still*

Joe"[316]. Lado a lado com essa evolução estão também as desfigurações e as imitações — as canções dos "minstrels" com o rosto pintado de preto e os diversos hinos "gospel", além das chamadas canções "coon"[317] contemporâneas —, uma massa musical na qual um incauto pode se perder sem nunca encontrar as verdadeiras melodias negras.

Em suas canções, conforme mencionei, o escravo se comunicava com o mundo. Naturalmente, trata-se de uma mensagem velada e semiarticulada. As letras e as melodias se desvincularam, e novos cantos com versos de uma teologia apenas parcialmente compreendida substituíram os sentimentos mais antigos. De vez em quando ainda vemos uma palavra estranha de um idioma desconhecido, como o "Mighty Myo"[318], retratado como um rio da morte; com mais frequência letras mais desleixadas ou vulgares se juntam

---

longing for de old plantation" e por aí vai. Foi durante muito tempo uma espécie de hino do estado da Flórida, tocado na posse das autoridades, por exemplo. Mas, apesar das várias modificações na letra ao longo das décadas, em 2008 acabou retirada da função diante das tantas acusações de racismo.

316 Outra das canções de Stephen Foster.

317 "Coon" é um termo ofensivo para se referir a afrodescendentes. As *coon songs* surgiram nos *minstrels shows* e sobreviveram a eles, entrando pelo século XX com muito sucesso. Pode-se dizer que elas foram parte da trilha sonora do segregacionismo implantado a partir do final do século XIX, ajudando a criar o novo estereótipo de negro. Se nos *minstrels shows* típicos os negros eram retratados como preguiçosos e tolos, nas *coon songs* eles continuavam preguiçosos, mas passavam a ser também malandros, beberrões, lascivos, escandalosos e tendentes ao crime, pessoas a se manter à distância. Apesar disso, vários negros compuseram e cantaram *coon songs* e, em alguns casos, elas puderam expressar um senso de humor e um amor à vida estranhos ao puritanismo branco. O próprio inaugurador do gênero, Ernest Hogan (1865-1909), autor do hit "All Coons Look Alike to Me", era negro, e foi a partir do imenso sucesso dessa música que surgiram as imitações, feitas por negros e brancos. Até mesmo Irving Berlin e Scott Joplin compuseram músicas do gênero. As *coon songs* ajudaram a desenvolver e tornar popular a música afro-americana e tiveram muita influência sobre, por exemplo, as letras dos blues.

318 A letra de "My Army Cross Over" diz que seu exército atravessará as águas nas quais o exército do Faraó se afogará, e vai citando quais são essas "águas": "might river" (rio poderoso), "river Jordan" (rio Jordão), "danger water" (água perigosa) e, por fim, "might Myo" (poderoso Myo). Thomas Higginson, que coletou a música, admite:

"Não consegui descobrir uma explicação para esse 'poderoso Myo'. Um velho homem me disse que seria o rio da morte. Talvez seja uma palavra africana. No dialeto de Camarões, 'mawa' significa 'morrer'".

Não se sabe ao certo de onde Higginson retirou tal tradução, mas a pista parece boa: de fato, na língua fula (falada na África Ocidental, onde se localiza Camarões), "mawa" significa rio.

a uma música de beleza singular. As canções exclusivamente seculares são menos numerosas, em parte porque muitas foram transformadas em hinos religiosos com a alteração das letras, e em parte porque esses arroubos lúdicos quase nunca chegavam aos ouvidos dos forasteiros, e a música não se disseminava tanto. Em quase todas as canções, porém, a música tem um tom identificável de lamento. As dez principais mencionadas por mim tratam em verso e melodia sobre tribulações e exílio, sobre lutas e fugas; evocam algum poder invisível e pedem por descanso quando chegar o Fim.

As letras que chegaram até nós não são desprovidas de interesse e, quando despidas dos evidentes excessos, guardam muito da verdadeira poesia e dos significados ocultos por trás da teologia convencional e da mera rapsódia sem sentido. Como todo povo primitivo, o escravo vivia próximo do coração da Natureza. A vida era um "mar encrespado e agitado" como as águas marrons do Atlântico nas ilhas das Carolinas; a "Selva" era o lar de Deus, e o "vale solitário" abrigava o caminho da vida. "Winter'll Soon Be Over" [O inverno logo vai acabar] era um retrato da vida e da morte na imaginação tropical. As tempestades repentinas do Sul deixavam os negros impressionados — e ora seu trovejar lhes parecia "choroso", ora imperioso:

Meu Senhor me chama,
Ele me chama através do trovão,
A trombeta faz o chamado ressoar em minha alma.[319]

O trabalho monótono e a exposição aos elementos são retratados em muitas letras. É possível imaginar o lavrador arando a terra quente e úmida e cantando:

Não tem chuva para molhar você,
Não tem sol para queimar você,
Continue se esforçando, ó fiel,
Eu quero ir para casa.[320]

---

[319] "*My Lord calls me,/ He calls me by the thunder,/ The trumpet sounds it in my soul*" — Trecho de "Steal Away".
[320] Do spiritual "I Want to Go Home": *Dere's no rain to wet you,/ O, yes, I want to go home./ Dere's*

O homem velho e encurvado repete três vezes sua súplica: "Ó Senhor, não me deixe afundar"[321], e quem responde é o demônio da dúvida, que sussurra: "Jesus está morto e Deus se foi para nunca mais voltar"[322].

Mas o apetite da alma ainda está lá, a inquietação do selvagem, o lamento do nômade, e sua queixa é expressa em um breve verso:

no sun to burn you/ O, yes, I want to go home./ Oh, push along, believer/ I want to go home./ Dere's no hard trial/ O, yes, I want to go home./ Dere's no whips a-crackin/ O, yes, I want to go home./ My brudder on de wayside/ O, yes, I want to go home./ O, push along, my brudder/ O, yes, I want to go home./ Where dere's no stormy weather/ O, yes, I want to go home./ Dere's no tribulation/ O, yes, I want to go home. ("Não tem chuva para molhar você,/ Oh, sim, eu quero ir para casa./ Não tem sol para queimar você/ Oh, sim, eu quero ir para casa./ Continue se esforçando, ó fiel/ Eu quero ir para casa./ Não há mais provações/ Oh, sim, eu quero ir para casa./ Não mais chibatadas! Oh, sim, eu quero ir para casa./ Meu irmão do outro lado/ Oh, sim, eu quero ir para casa./ Continue se esforçando, ó meu irmão/ Oh, sim, eu quero ir para casa./ Onde não tem tempestade/ Oh, sim, eu quero ir para casa./ Onde não tem tribulações/ Oh, sim, eu quero ir para casa.")

321 Trecho de "Keep Me from Sinking Down": *O Lord, O my Lord/ O my Lord, keep me from sinking down/ I shall tell you what I mean to do/ Keep me from sinking down/ I mean to get to heaven too/ Keep me from sinking down/ Sometimes I'm up, sometimes I'm down/ Keep me from sinking down/ Sometimes I'm almost on the ground/ Keep me from sinking down/ I bless the Lord I'm going to die/ Keep me from sinking down/ I'm going to Judgement by and by/ Keep me from sinking down* ("Ó Senhor, Ó meu senhor/ Ó meu senhor, não me deixe afundar/ Vou dizer o que quero quando for para o além/ Não me deixe afundar/ Eu quero ir para o céu também/ Não me deixe afundar/ Às vezes estou de pé, às vezes oprimido/ Não me deixe afundar/ Às vezes estou quase caído/ Não me deixe afundar/ Graças a Deus desse mundo vou embora/ Não me deixe afundar/ E passar pelo Juízo Final quando chegar a hora/ Não me deixe afundar").

322 "Jesus is dead and God's gone away", do spiritual "Cry Holy": *Cry holy, holy!/ Look at de people dat is born of God./ And I run down de valley, and I run down to pray,/ Says, look at de people dat is born of God./ When I get dar, Cappen Satan was dar,/ Says, look [etc.]/ Says, young man, young man, dere's no use for pray./ Says, look [etc.]/ For Jesus is dead, and God gone away/ Says, look [etc.]/ And I made him out a liar and I went my way,/ Says, look [etc.]/ Sing holy, holy!// O, Mary was a woman, and he had one Son,/ Says, look [etc.]/ And de Jews and de Romans had him hung,/ Says, look [etc.]/ Cry holy, holy!// And I tell you, sinner, you had better had pray./ Says, look [etc.]/ For hell is a dark and dismal place,/ Says, look [etc.]/ And I tell you, sinner, and I wouldn't go dar!/ Says, look [etc.]/ Cry holy, holy!* ("Grite santo, santo! Veja as pessoas que nasceram de Deus./ E eu percorro o vale, e corro para rezar,/ Eu disse veja as pessoas que nasceram de Deus./ Quando cheguei, capitão Satanás estava lá,/ Eu disse veja [etc.]/ E disse jovem, jovem, não adianta rezar./ Eu disse veja [etc.]/ Porque Jesus está morto e Deus se foi para nunca mais voltar/ Eu disse veja [etc.]/ E eu chamei ele de mentiroso e continuei a caminhar,/ Eu disse veja [etc.]/ Cante santo, santo!// Oh, Maria era uma mulher, e um Filho ao mundo deu,/ Eu disse veja [etc.]/ E foi enforcado pelos romanos e pelos judeus,/ Eu disse veja [etc.]/ Grite santo, santo!// E eu digo a você, pecador, é melhor começar a rezar./ Eu disse veja [etc.]/ Porque o inferno é um lugar sombrio e de assustar,/ Eu disse veja [etc.]/ E estou avisando, pecador, você não vai querer ir para lá/ Eu disse veja [etc.]/ Grite santo, santo!").

Sobre os pensamentos íntimos dos escravos e suas relações pessoais, é perceptível que a sombra do medo estava sempre presente. Mas do resto temos apenas vislumbres aqui e ali, misturados com silêncios e omissões eloquentes. As mães e as crianças são cantadas, mas quase nunca o pai; o exausto andarilho fugitivo pede clemência e afeição, mas pouco se fala de afeto e casamento; as rochas e as montanhas são bem conhecidas, mas não o lar. Uma estranha mistura de amor e desamparo é cantada no refrão:

Bem longe está minha velha mãe,
Vagando pelo morro por tanto tempo.
Chegou a hora dela fazer a travessia;
E ir para casa ao meu lado.[323]

Em outras letras vemos o choro dos "sem mãe" e coisas como "adeus, adeus, meu único filho".

---

323 Do spiritual "O'er The Crossing": *Yonder's my old mudder,/ Been a-waggin' at de hill so long./ It's about time she'll cross o'er;/ Get home bimeby./ Keep prayin', I do believe/ We're a long time waggin'o'er de crossin'./ Keep prayin', I do believe/ We'll get home to heaven bimeby.// Hear dat mournful thunder/ Roll from door to door/ Calling home God's children;/ Get home bimeby./ Little chil'en, I do believe/ We're a long time, &c./ Little chil'en, I do believe/ We'll get home, &c.// See dat forked lightnin'/ Flash from tree to tree/ Callin' home God's chil'en;/ Get home bimeby./ True believer, I do believe/ We're a long time, &c./ O brudders, I do believe/ We'll get home to heaven bimeby.* ("Bem longe está minha velha mãe,/ Vagando pelo morro por tanto tempo./ Chegou a hora dela fazer a travessia;/ E ir para casa ao meu lado./ Continue rezando, eu acredito/ Estamos vagando por um tempão nessa travessia./ Continue rezando, eu acredito/ Vamos chegar ao céu lado a lado.// Escute aquele trovão de lamento/ Ouvido de porta em porta/ Chamando os filhos de Deus para casa;/ Chegar ao céu lado a lado./ Criancinhas, eu acredito/ Estamos vagando por um tempão [etc.]/ Criancinhas, eu acredito/ Vamos chegar ao céu [etc.]// Veja aquele raio bifurcado/ Brilhando de árvore em árvore/ Chamando os filhos de Deus para casa;/ Chegar ao céu lado a lado./ Verdadeiro fiel, eu acredito/ Estamos um tempão [etc.]/ Ó irmãos, eu acredito/ Nós vamos chegar ao céu lado a lado".)

As canções de amor são raras e se enquadram em duas categorias — as leves e frívolas e as tristes. Sobre casos de amor bem-sucedidos há um perturbador silêncio, e em uma das mais antigas dessas canções existe uma profunda camada de contexto histórico e significado:

Sobre essa canção, uma mulher negra falou: "Não pode ser cantada se não for de todo coração e com o espírito abalado". A voz exigida aqui é a mesma que canta em uma música folclórica alemã: "Jetz Geh i' an's brünelle, trink' aber net"[324].

O negro demonstrava pouco medo da morte, mas falava com familiaridade sobre atravessar as águas, e talvez — quem pode saber? — voltar a suas antigas selvas. Mas o tempo transfigurou seu fatalismo, e em meio à terra e à sujeira o escravo cantava:

---

[324] "Agora vou ao poço, mas não vou beber". É mais comum grafar "Jetzt gang i an's Brünnele".

Pó, pó e cinzas, se acumulam sobre o meu túmulo,
Mas o Senhor há de carregar meu espírito para casa.[325]

Elementos claramente apropriados do mundo exterior são submetidos a uma transformação característica na boca do escravo. Isso vale em especial para as referências bíblicas. "Weep, O Captive Daughter of Zion" (Chora, ó filha cativa de Sião[326]) ganha o curioso título "Zion, weep-a-low" (Sião, chora baixo), e as rodas de Ezequiel[327] giram por toda parte no sonho místico do escravo, que diz: "Tem uma pequena roda girando no meu coração"[328].

Como nos tempos antigos, as letras desses hinos religiosos são improvisadas pelo cantor principal de uma banda de louvor. No entanto, as circunstâncias dessas reuniões, o ritmo das canções e as limitações do que podia ser dito confinaram a poesia em sua maior parte a uma ou duas frases, que raramente se expandiam em quadras ou estrofes mais longas, embora haja exemplos de esforços de maior fôlego, em especial no caso de paráfrases da Bíblia. Três pequenas sequências de versos sempre me atraíram — a que abre este capítulo, sobre a qual Thomas Wentworth Higginson declarou de forma bastante apropriada: "Nunca, ao meu ver, desde que o homem passou a viver e sofrer, esse infinito desejo de paz foi expresso em uma súplica mais comovente". A segunda e a terceira são descrições do Juízo Final — sendo aquela uma improvisação mais recente, com alguns traços de influência externa:

Ó, as estrelas dos céus estão caindo,
E a lua se desfaz em sangue,
E os salvos pelo Senhor estão voltando para Deus,
Abençoado seja o nome do Senhor.[329]

---

325 "*Dust, dust and ashes, fly over my grave,/ But the Lord shall bear my spirit home*" — Trecho de "Dust, Dust and Ashes".
326 Em Isaías 10:32 e 52:2, a "filha de Sião" é Jerusalém.
327 As rodas do carro de Iahweh (ou seja, Deus), de que se fala em Ezequiel 1:4-28.
328 "*There's a little wheel a-turnin' in-a-my heart*" — Spiritual que se transformou em uma tradicional cantiga infantil.
329 "*Oh, the stars in the elements are falling,/ And the moon drips away into blood,/ And the ransomed of the Lord are returning unto God,/ Blessed be the name of the Lord*". Aparentemente, essa é uma variação do spiritual "My Lord, What a Mourning" (ver nota 25).

E esta um retrato mais antigo e familiar das terras planas do litoral:

Miguel, traga o barco para a margem,
Então você vai ouvir a trombeta que eles sopram,
Então você vai ouvir o som da trombeta,
O som da trombeta no mundo todo,
O som da trombeta para o rico e o pobre,
O som da trombeta para o Jubileu,
O som da trombeta para você e eu.[330]

---

[330] "Michael, haul the boat ashore,/ Then you'll hear the horn they blow,/ Then you'll hear the trumpet sound,/ Trumpet sound the world around,/ Trumpet sound for rich and poor,/ Trumpet sound the Jubilee,/ Trumpet sound for you and me." — Du Bois transcreve aqui uma versão de "Michael Row the Boat Ashore", um spiritual ouvido e registrado pelo abolicionista Charles Pickard Ware na ilha Sta. Helena, uma das Sea Islands da Carolina do Sul, durante a Guerra Civil. Ware incluiu a canção no livro *Slave Songs of the United States*, que organizou com o primo Willia Francis Allen e Lucy McKim Garrison (ver nota 305) em 1867. Apesar da citação aqui neste *As Almas do Povo Negro*, a música ficou esquecida até que, em dezembro de 1955, o cantor folk Pete Seeger a apresentou em um histórico show contra a onda macarthista (na época, Seeger estava na chamada lista dos artistas malditos feita por rádios, TVs e casas de espetáculo). Foi um grande sucesso e a música chegou, em 1961, ao topo das paradas dos Estados Unidos, numa versão do grupo folk The Highwaymen. "Michael Row the Boat Ashore" foi um dos hinos do movimento pelos direitos civis nos Estados Unidos, gravado por vários artistas, de Harry Belafonte aos Beach Boys. Aqui a letra como aparece em *Slave Songs*: Michael row de boat ashore, Hallelujah!/ Michael boat a gospel boat, Hallelujah!/ I wonder where my mudder deh./ See my mudder on de rock gwine home./ On de rock gwine home in Jesus' name./ Michael boat a music boat./ Gabriel blow de trumpet horn./ O you mind your boastin' talk./ Boastin' talk will sink your soul./ Brudder, lend a helpin' hand./ Sister, help for trim dat boat./ Jordan stream is wide and deep./ Jesus stand on t' oder side./ I wonder if my maussa deh./ My fader gone to unknown land./ O de Lord he plant his garden deh./ He raise de fruit for you to eat./ He dat eat shall neber die./ When de riber overflow./ O poor sinner, how you land?/ Riber run and darkness comin'./ Sinner row to save your soul. ("Miguel, traga o barco para a margem, Aleluia!/ O barco de Miguel é o barco do evangelho, Aleluia!/ Não sei onde está minha mãe lá./ Vejo minha mãe na rocha que é sua casa./ Na rocha que é sua casa em nome de Jesus./ O barco de Miguel é um barco musical./ Gabriel toca a trombeta./ Oh, tome cuidado com suas bravatas/ As bravatas vão condenar sua alma./ Irmão, me dê uma mão./ Irmã, ajude a alinhar este barco./ O Jordão é largo e profundo./ Jesus está do outro lado./ Não sei se mamãe está lá./ Meu pai foi para uma terra desconhecida./ Oh, é lá que o Senhor planta seu jardim./ Ele cultiva o fruto para você comer./ Quem comer nunca morre./ Quando o rio transbordar./ Ó pobre pecador, como fica a sua terra?/ O rio em cheia e a escuridão chegando./ Pecador, reme para salvar a sua alma.")

Em meio a toda a tristeza das Canções de Lamento, há uma esperança — uma fé na justiça final das coisas. As cadências suaves de desespero muitas vezes se transformam em triunfo e confiança serena. Às vezes surge a fé na vida, às vezes a fé na morte, e às vezes a garantia de justiça irrestrita em um mundo justo no além-vida. Mas, seja como for, o significado é sempre claro: em algum momento, em algum lugar, os homens julgarão os outros homens por suas almas, não pela cor da pele. Essa esperança é justificada? As Canções de Lamento expressam uma verdade?

Uma percepção que vem crescendo silenciosamente em nossa época é a de que o período de provações raciais já ficou no passado, e que as raças mais atrasadas de hoje tiveram sua ineficiência comprovada e não são dignas de salvação. Isso é fruto da arrogância de gente que não entende o conceito de Tempo e é ignorante a respeito dos feitos humanos. Mil anos atrás essa suposição, que não seria considerada implausível, tornaria difícil para os teutos provarem seu direito de existir. Há dois mil anos esse dogmatismo, que seria recebido sem contestação, teria desdenhado da ideia de que raças louras poderiam ser capazes de liderar uma civilização. O conhecimento sociológico é tão lamentavelmente desorganizado que o significado de progresso, o significado de "acelerado" e "lento" no que diz respeito às ações humanas, e também os limites do aprimoramento do homem são esfinges veladas ainda não decifradas no território da ciência. Por que Ésquilo compôs seus versos dois mil anos antes de Shakespeare nascer? Por que a civilização floresceu na Europa e tremeluziu, mas não conseguiu manter sua chama acesa na África? Enquanto o mundo permanece calado diante desses questionamentos, este país deveria mesmo declarar sua ignorância e seus preconceitos profanos negando a liberdade de oportunidade para aqueles que trouxeram as Canções de Lamento para a Terra dos Poderosos[331]?

Seu país? Seu país desde quando? Antes de os Peregrinos chegarem, nós já estávamos aqui[332]. Trouxemos nossos três dons e os misturamos

---

[331] No original está "Seats of the Mighty" (assentos dos poderosos), que é o título de um romance histórico de 1896, escrito pelo canadense Gilbert Parker (1862-1932). O livro, que se tornou um dos maiores best-sellers da época e, em 1914, um filme estrelado pelo astro Lionel Barrymore, louva a presença anglo-saxã na América do Norte.

[332] A Colônia de Plymouth, em Massachusetts, foi criada em 1620 pelos puritanos, calvinistas especialmente rigorosos também conhecidos como "peregrinos". Eles chegaram no navio

com os seus: um dom para criar histórias e canções — uma melodia suave e cativante para uma terra sem harmonia e nada melodiosa; o dom para transpirar e usar a força para domar a natureza, conquistar o solo e estabelecer as fundações deste vasto império econômico duzentos anos antes que suas mãos fracas pudessem fazer isso; e o terceiro, o dom do Espírito. Foi ao nosso redor que a história desta terra girou ao longo de trezentos anos; do coração de nosso país, nós convocamos tudo o que havia de melhor para enfrentar e subjugar tudo o que havia de pior; fogo e sangue, reza e sacrifício, tudo isso recaiu sobre esse povo, que só encontrou alguma paz no altar do Deus da Retidão. E nosso dom do Espírito também não foi apenas passivo. De forma ativa, nós nos integramos ao tecido desta nação — lutamos suas batalhas, compartilhamos de suas tristezas, misturamos nosso sangue com o dos demais, e geração após geração apelamos a um povo teimoso e descuidado que não desprezasse a Justiça, a Misericórdia e a Verdade, caso contrário sobre este país se abateria uma praga. Nossa música, nosso trabalho, nossa alegria e nosso alerta foram cedidos a esta terra com um sentimento fraternal. Tudo isso não vale nada? Não é fruto de trabalho e luta? Os Estados Unidos da América seriam o que são sem suas pessoas negras?

    Mesmo assim, é a esperança que se ouve nas canções que meus ancestrais tão bem cantaram. Se em algum lugar neste turbilhão caótico habita o Bem Eterno, misericordioso além de poderoso, então em Seu tempo os Estados Unidos da América arrancarão o Véu, e o aprisionado será livre. Livre como o sol que entra de manhã nestas minhas janelas altas, livre como as vozes jovens e distantes que chegam até mim das cavernas de tijolo e cimento embaixo da terra — em um cantar que ganha corpo, de uma vitalidade instintiva, com sopranos trêmulos e graves severos. Minhas crianças, minhas criancinhas, estão cantando para o nascer do sol, e cantam assim:

Mayflower. Foi o primeiro assentamento inglês permanente na Nova Inglaterra e consolidou-se no imaginário dos Estados Unidos como o ponto de partida da existência do país. Mas, antes de Plymouth, houve a colônia de Jamestown, na Virgínia, que chegou a receber africanos escravizados em 1619 (ver nota 167).

E o viajante se prepara, e volta seu rosto para a Manhã, e segue seu caminho.

333 Trecho do spiritual "Let us cheer the Weary Traveler". A letra completa: *Let us cheer the weary traveler,/ Cheer the weary traveler,/ Let Us Cheer the weary traveler,/ Along the heavenly way.// I'll take my gospel trumpet,/ And I'll begin to blow,/ And if my Saviour helps me,/ I'll blow wherever I go.// And if you meet with crosses/ And trials on the way,/ Just keep your trust in Jesus,/ And don't forget to pray.* ("Nos deixem saudar o exausto viajante,/ Saudar o exausto viajante,/ Nos deixem salvar o exausto viajante,/ No caminho da salvação.// Vou pegar minha trombeta do evangelho,/ E vou começar a tocar,/ E se meu Salvador me ajudar,/ Vão me ouvir por onde eu passar.// E se deparar com cruzes/ e provações no caminho, /Basta manter sua fé em Jesus,/ E não esquecer de fazer sua oração".)

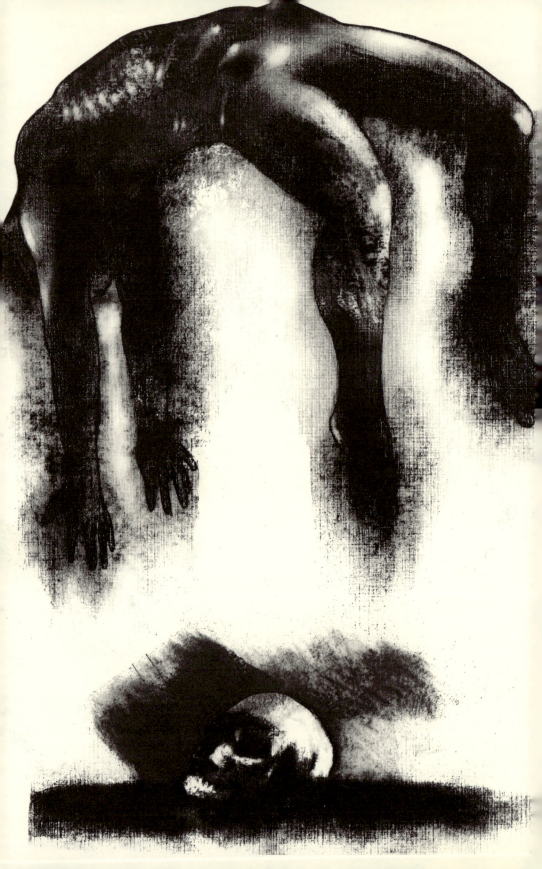

REFLEXÃO POSTERIOR

Ouça meu apelo, Ó Deus Leitor; não permita que este livro caia natimorto na aridez do mundo. Que brotem destas folhas, Gentil Leitor, o vigor do pensamento e a ação consciente para obter uma maravilhosa colheita. Que nos ouvidos dos culpados ecoe a verdade, e setenta milhões aspirem à retidão que elevou as nações, nestes dias duros em que a fraternidade humana é encarada com riso e deboche. Que em Seu devido tempo a infinita razão endireite o torto, e que estas anotações tortuosas em uma frágil folha não sejam o

FIM.

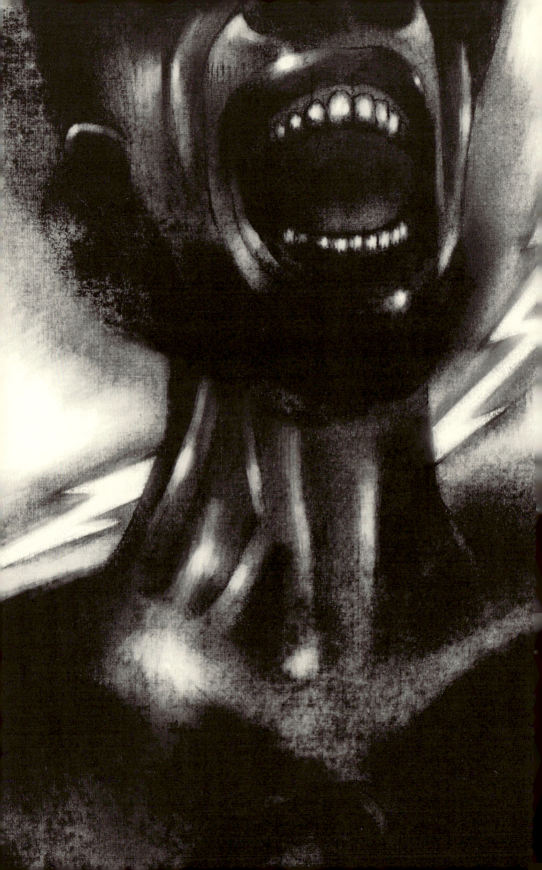

PREFÁCIO À EDIÇÃO DO ANIVERSÁRIO DE CINQUENTA ANOS DE *AS ALMAS DO POVO NEGRO* (1953)[334]

No fim do século XIX, surgiu em Chicago um movimento para criar um polo literário e editorial no Meio-Oeste dos Estados Unidos. Os Browne, pai e filho, editores da A. C. McClurg & Company, começaram a procurar por autores novos e desconhecidos. Eu tinha acabado de publicar meus dois primeiros livros: um relato histórico sobre a supressão do tráfico de escravos africanos para a América (*The Suppression of the African Slave-trade to the United States of America, 1638-1870*), que foi o primeiro volume da então recém-lançada coleção Harvard Historical Studies em 1896; e *The Philadelphia Negro* [O Negro na Filadélfia], lançado pela editora da Universidade da Pensilvânia em 1899. Eu também havia escrito alguns ensaios que apareceram em revistas como *The Atlantic Monthly*, *The Dial* e outros periódicos.

Os editores da McClurg me escreveram por volta de 1900, perguntando se eu teria algum material que eles pudessem avaliar. Na época, eu estava

---

[334] No auge do chamado macarthismo, a perseguição anti-comunista liderada pelo senador Joseph McCarthy (1908-1957), Du Bois resolveu relançar este livro pela Blue Heron Press, editora que havia sido criada pelo escritor Howard Fast (1914-2003), na época membro do Partido Comunista dos Estados Unidos. Fast, que havia inclusive cumprido pena de prisão por suas atividades políticas, criou a Blue Heron para poder publicar seus livros, já que estava na lista negra das grandes editoras norte-americanas. A Blue Heron estreou em 1952 com o lançamento do romance histórico *Spartacus*, que Fast começara a escrever na prisão. *As Almas do Povo Negro* foi o primeiro livro da Blue Heron de outro autor que não Fast.

de mudança para a Universidade de Atlanta, onde esperava compor minha obra, que seria um estudo amplo e abrangente sobre o problema do negro nos Estados Unidos. Descrevi esse meu projeto aos editores, mas eles naturalmente estavam atrás de algo menos extenso e voltado para o público em geral. Sendo assim, o que fiz foi reunir alguns de meus ensaios publicados e inéditos, acrescentando alguns novos escritos.

Eles gostaram da proposta e se prontificaram a publicar o livro. Fiquei hesitante, porque tinha certeza de que, com mais tempo e reflexão, poderia fazer um trabalho melhor; em mais de um sentido, tratava-se de um trabalho incompleto e insatisfatório. Mas no fim criei coragem e, cinquenta anos atrás, *As Almas do Povo Negro* veio ao mundo. A obra foi bem recebida e reeditada inúmeras vezes.

Em diversas ocasiões planejei uma edição revisada do livro para torná-lo mais atualizado em relação a meu pensamento e responder a algumas críticas. Mas sempre hesitava e por fim decidi deixá-lo da maneira como foi impresso, como uma representação daquilo que eu pensava e sentia em 1903. Minha esperança era a de que os outros livros deixassem claras as mudanças em termos de fatos e posicionamentos.

Na edição atual, eu mantive essa decisão, e meus pensamentos aparecem outra vez conforme foram escritos. Fiz menos de meia dúzia de alterações em palavras e expressões, mas não para alterar a forma como os pensamentos foram expressos, e sim para evitar possíveis mal-entendidos sobre o que eu quis dizer à época[335].

Relendo essas mensagens de mais de meio século atrás, percebo dois problemas que não são exatamente omissões de minha parte, mas indicações de coisas que na época eu não sabia ou de que não me dava conta: a primeira é a influência de Freud e seus colegas no estudo da psicologia; a segunda é o tremendo impacto de Karl Marx no mundo moderno.

Como um estudioso dos escritos de James, Santayana e Royce[336], eu não fui pego desprevenido pela revolução no campo da psicologia ocorrida no século XX; mas *As Almas do Povo Negro* não leva em conta como deveria

---

335 Ver nota 217.
336 William James (1842-1910), além de um dos mais influentes filósofos de sua época, foi o pioneiro da psicologia nos Estados Unidos. Ele e os também filósofos George Santayana (1863--1952) e Josiah Royce (1855-1916) foram professores de Du Bois na Universidade Harvard.

o papel do pensamento inconsciente e dos costumes no crescimento e na influência do preconceito racial.

Minha formação universitária de forma nenhuma ignorou Karl Marx. Ele era citado em Harvard e comentado em Berlim. Não foi uma questão de omissão, e sim de falta de ênfase ou compreensão entre meus professores sobre a revolução em termos de pensamento e ação representada por Marx. Portanto, talvez eu deva concluir esta retrospectiva simplesmente afirmando o seguinte: continuo achando hoje, como achava ontem, que a linha de cor é um grande problema deste século. Mas hoje vejo com mais clareza do que ontem que, por trás do problema da raça e da cor, existe um problema maior que ao mesmo tempo o obscurece e o consolida: o fato de que muitas pessoas civilizadas estão dispostas a viver no conforto mesmo sabendo que o preço a ser pago por isso é a pobreza, a ignorância e a doença para a maioria de seus semelhantes; para manter esse privilégio, os homens foram à guerra, e até hoje a guerra tende a ser universal e contínua, e o pretexto para isso continua a ser em grande parte questões ligadas a raça e cor de pele.

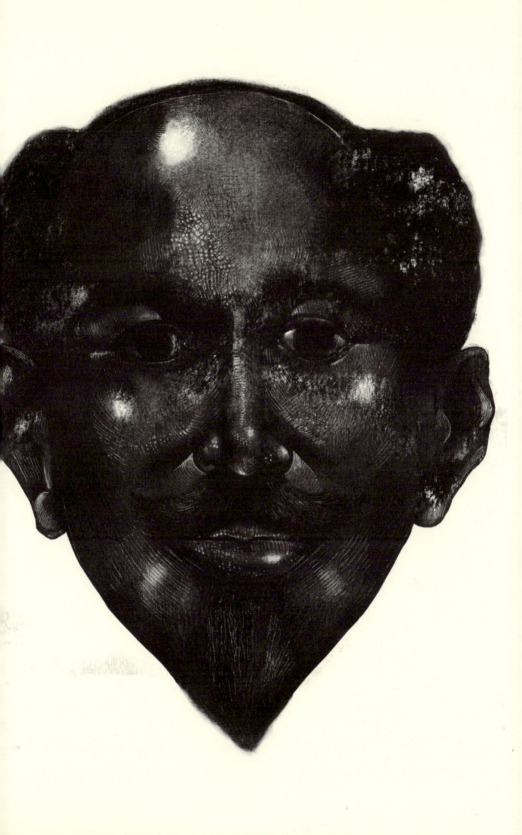